KB150712

**025**

팸플릿 025

# 헌법과
# 지방자치권

## 지방자치를 위한 권력·제도·심성

김해원 지음

한티재

# 목차

# V. 지방자치권과 지방선거에서의 정당공천제도

# VI. 지방자치를 위한 정치공동체의 심성구조

# VII. 마치며

## 추천의 글

차재권 (부경대학교 정치외교학과 교수)

2022년 올해는 개인적으로 뜻깊은 한 해이다. 2012년 한국연구재단 사회과학연구지원사업(Social Science Korea)의 소형단계 연구프로젝트로 시작된 '지방정치-지역발전 통합모형 구축' 연구사업이 중형과 대형단계로 성장해 올해로 10년째를 맞고 있기 때문이다. 하지만 10년 만기의 대형 연구프로젝트를 책임지고 마무리하는 이 시점에서 뒷맛이 개운치는 않다. 10년을 허송세월한 느낌 때문이다. 15명의 쟁쟁한 박사급 연구원들이 매년 6억 가까운 연구비를 소진해가며 일구어낸 연구성과가 초라하기 때문은 아니다. 강산도 변한다는 10년 세월 동안 나름 지방자치의 확대와 지역발전을 위해 노력했건만 예나 지금이나 우리의 지방자치는 이렇다 할 큰 변화를 찾아볼 수 없기 때문이다.

지난 10년간 우리의 지방자치 시스템을 조금이라도 개선하기 위한 아이디어를 찾아 동분서주하던 와중에 극약 처방이라도 마다하지 않아야겠다는 생각에 지역에서 뜻을 같이하는 몇몇 언론인과 시민단체 활동가, 지방의원, 기초지자체 공무원들을 모아 소위 '지역의 역습' 프로젝트를 추진한 바 있다. 지역의 현실에 부합하지 않거나 풀뿌리 지방자치를 옭아매고 있는 중앙의 불합리한 법령체계를 바꿀 수 있는 지역 차원의 자치조례를 만들어 법령의 변화를 유도해 보자는 취지였다. 지방의회 스스로가 법령의 범위를 넘어서는 자치권을 요구하는 조례를 제정해 집행부와 중앙행정기관의 반대를 무릅쓰고라도 재의결을 시도함으로써 최악의 경우 중앙정부와 한판 법적 다툼이라도 만들어보자는 계산도 한몫했다.

프로젝트는 1년을 넘게 추진되었고 결국 3개의 조례안을 발의하며 끝을 맺었다. 하지만 프로젝트의 최종적 결과물은 냉정히 평가해 볼 때, 처음의 기대를 절반도 충족시키질 못했다. 지방의회를 통한 자치조례의 의결과 재의결을 거쳐 대법원과 헌법재판소를 오가는 통 큰 싸움을 상상했던 우리의 예상은 여지없이 빗나갔다. 모반과 실험의 정신을 담고자 했던 역습을 위한 자치조례가 집행부의 법제 심사와 의회의 승인 과정을 거치면서 누더기로 전락해 버렸기 때문이다. 대법원과 헌법재판소에서 법리적 다툼을 가져볼 여지조차 없이 '지역의 역습'이 남긴 3개의 조례 중 2개는 그저 그런 평범한 조례로 남게 되었고, 나머지 한 조례는 집행부의 반대에 부딪혀 아예 지방의회의 문턱조차 넘지 못한 채 폐기되었다.

사태가 그 지경에 이르게 된 데는 여러 가지 요소들이 복합적으로 작용했다. 무엇보다 먼저, '법령의 범위'를 벗어난 조례는 꿈도 꾸지 못하게 만드는 현행 지방자치제도의 자치입법권에 대한 강고한 제약을 들 수 있겠다. 지방자치단체에서 자치법규 심사를 담당하고 있는 공무원에게 법령과 조금이라도 갈등을 일으키는 조례는 그것이 아무리 지역주민의 복리를 획기적으로 증진할 수 있는 혁신적인 조례라 할지라도 그 가치를 인정받기 어려웠다.

문제는 그뿐만이 아니었다. 지방자치의 주체인 지역주민, 지방의원, 지방자치단체장의 의식 속에 내재해 있던, 지역 이전에 국가가 있고 주민이기에 앞서 국민이라는 지역 내부의 식민성도 '조례의 역습'을 실패로 이끈 요인으로 작용했다. 지방자치의 주체 스스로가 갖는 이런 내부적 식민성은 결국 조례를 제정해 나가는 과정에서 자기 검열을 강화하는 기제로 작용하게 되었고 그 결과, 역습의 도구로 활용하고자 했던 자치조례의 예봉을 스스로 무디게 만드는 아이러니를 연출하기도 했다. 이 책의 저자인 김해원 교수가 주도해 만든 '지역의 역습'을 대표하는 조례였던 '지방자치단체의 자치권 확대를 위한 기본 조례(안)'의 위법성을 행정안전부의 자치법규 심사 가이드라인을 들이대며 성토하던 시청 공무원의 어릿광대짓은 지금도 눈에 선하다.

이 책은 저자가 적극적으로 참여했던 '조례의 역습' 프로젝트가 마주했던 우리 지방자치의 암울한 현실에 대한 저자 나름의 문제의식을 이론적·실천적 차원에서 정리한 책이기에 더욱 값진 연구성과라 할 수 있다. 저자가 자치입법권에 대한 새로운 헌법적 해석이 겨냥해야 할 과녁으로 제시하고 있는 '법령의 범위 안'과 '자치에 관한' 규정에 대한 해석은 이런 점에서 단순한 이론적 통찰의 차원을 넘어 우리 지방자치의 구체적인 경험적 현실을 천착하고 있다. '조례의 역습' 과정에서 우리를 가장 당혹스럽게 만들었던 지역 내부의 식민성의 문제 역시 지방자치를 위한 정치공동체의 심성구조를 다루는 VI장의 내용을 읽어보면 쉽게 이해되면서 해결의 실마리를 찾을 수 있다. 국민인 동시에 주민이기도 한 개인의 정체성에 대한 분열적이면서도 통합적인 인식의 중요성에 대한 저자의 통찰은 또 다른 '조례의 역습 시즌 2'를 준비하기 위한 새로운 출발점을 마련해주는 느낌이다. 지방분권형 개헌을 요구하기에 앞서 현행 헌법이 보장하는 자치권에 대한 보다 적극적이고 능동적인 해석, 그리고 주민의식과 국민의식의 변증법적 결합을 통해 지방자치에 최적화한 정치공동체의 심성구조를 제대로 복원해낼 때, 우리의 지방자치가 형식적인 제도 개선의 단순한 차원을 넘어 새로운 질적 진화의 지평을 열게 될지도 모른다는 점에서 이 책은 우리나라 지방자치의 현재와 미래를 고민하는 독자에게 새로운 지적 자극을 주기에 충분하다.

# 프롤로그

이 책은 지방자치의 실질적 구현을 위한 이론적 기초와 실천적 대안을 담고 있다. 특히 헌법에 입각해서 지방자치를 위한 권력과 그 권력을 창출하는 제도를 검토하고 그 이면에 도사린 정치공동체의 심성 및 신념 체계를 조명하고 있다. 요컨대 원칙적 지방자치권자인 '지방자치단체'와 보충적 지방자치권자인 '국가기관' 상호 간 권력배분에 관한 헌법원칙을 논증하면서 국가기관이 개입할 수 없는 지방자치 고유의 영역을 규명하고(II), 이러한 원칙과 영역을 보장·구현하는 데 이바지할 입법안(조례안) 및 제도적 대안을 제시하고 있다(III, IV). 그리고 지방자치를 위한 구체적 권력을 창출하는 핵심 제도인 선거제도와 정당제도가 교착하는 지점에 있는 '지방선거에서의 정당공천제도'를 비판적으로 검토하고 개선 방향을 밝힌 후(V), 지방자치가 구현되는 정치공동체인 대한민국의 존엄한 구성원인 우리가 자신을 온전히 실현하기 위해서는 주민의식과 국민의식 각각을 각성시켜 분별하면서도 동시에 권력 소외로부터 비롯된 '신체배반적 의식화'를 경계하며 신체와 정신의 통합을 도모해야 한다는 점을 환기하고 있다(VI).

따라서 이 책은 추상적이고 이론적인 전제로부터 출발하여 구체적 현안을 거쳐 미시적 차원으로 논의를 심화하고자 하는 연구자나 숙달된 독자라면 저자의 사유가 진행된 흐름을 반영하고 있는 목차의 순서대로 읽어도 좋겠지만, 더 좋은 지방자치를 위해 자신과 공동체를 성찰한 후 점차로 자치에 관한 현실적 문제들과 마주하면서 지방자치에 개입하는 권력을 점검하고 이와 대결하는 힘을 키워가려는 독자라면 제1장(I. 시작하며)의 문제의식을 확인한 후 제6장(VI. 지방자치를 위한 정치공동체의 심성구조)부터 시작하여 제5장(V. 지방자치권과 지방선거에서의 정당공천제도), 제3장(III. 자치행정권) 및 제4장(IV. 자치사법권) 그리고 제2장(II. 자치입법권)의 순서로 읽는 것이 더 효과적일 것이다. 그리고 주민을 위해 필요한 정책을 고안하고 자치에 관한 규정(특히 조례)을 제정하려는 지방정치인들의 진지한 노력을 법령위반으로 치부하면서 빈번하게 위축·좌절시켜온 권력에 대항할 수 있는 규범적 근거와 논리가 필요한 독자라면 특히 제2장이 도움 될 것이며, 무분별하게 위임사무를 떠맡겨 국가기관이나 다른 지방자치단체(특히 광역지방자치단체)의 수족 노릇을 강요하거나 이를 방관하고 있는 상층 권력기관에 저항하면서도 주어진 대부분의 업무 시간을 해당 지역과 주민을 위해 헌신하려는 진정한 지방자치단체의 공직자에게는 특히 제3장에서 제기한 문제의식과 내용이 좋은 참고가 될 수 있을 것이다. 나아가 주민의 정치적 의사 형성에 참여하려는 단체나 지방정치에 입문하려는 예비정치인에게는 제5장이, 지방자치가 구현되는 대한민국의 진정한 주체로 거듭나기 위한 성찰에 갈증이 있는 독자에게는 제6장이 무엇보다 유익할 것이며, 짧은 시간에 전체 내용과 쟁점을 훑고자 하는 독자는 제7장(Ⅶ. 마치며)의 요약·정리 부분(Ⅶ. 1)을 정독한 후 필요한 경우에 본문의 해당 부분을 찾아서 심화하는 방법으로, 그리고 지방자치에 대한 불신과 회의감이 깊은 독자는 이 책의 마지막 내용인 제7장의 과제 부분(Ⅶ. 2)을 먼저 읽고 관련 고민을 이어가는 방법으로 이 책을 활용할 수도 있을 것이다. 그러므로 이 책은 지방자치 및 지방자치권을 학문적으로 탐구하려는 연구자나 이를 현실에서 구체적으로 실현해야 하는 정치인과 공직자는 물론이고, 지방자치와 관련해서 다양한 견해와 입장을 가진 정치공동체의 모든 구성원을 위한 성찰의 계기가 될 수 있을 것으로 본다.

이 책은 현행 헌법에 기대어 지방자치권을 행사하는 국가기관과 지방자치단체가 준수해야 할 당위적 규준을 밝히고 있다는 점에서, 분명 규범학 특히 헌법학의 책이다. 하지만 이러한 당위적 규준에 따른 가치 배분 과정에서 나타난 권력과 관련 제도에 대한 분석 및 비판을 담고 대안을 밝히고 있다는 점에서, 정치학이나 정책학과도 어울렸으면 한다. 그러나 무엇보다도 대한민국 지방자치의 진정한 주인으로서 우리가 지녀야 할 심성과 신념을 환기하고 실천을 독려하고 있다는 점에서, 정치공동체의 집단적 심성구조와 그 형성에 주목하고 있는 사회심리학의 전통과도 소통할 수 있는 실천의 계기가 되었으면 한다.

# I

## 시작하며

# 1. 글의 목적

    지방(地方)은 중앙의 지도를 받는 아래 단위의 기구나 조직을 중앙에 상대하여 이르는 말이지만, 기본적으로는 '어느 방면의 땅'을 의미한다.[1] 그런데 우리는 항상 '어느 방면의 땅'에 발 딛고 산다. 따라서 실존하는 삶의 터전인 지방은 관념의 산물인 중앙과 구별된다. 물론 헌법 제3조에 따라 한반도와 그 부속도서를 영토로 하는 대한민국의 한가운데인 중앙(中央)은 동경 128° 02' 02.5" 북위 38° 03' 37.5"(강원도 양구군 국토정중앙면 도촌리 산48)이다.[2] 하지만 지리적 차원의 특수한 맥락이 아니

---

라면, 그 누구도 강원도 양구군 국토정중앙면 도촌리 일대를 대한민국의 중앙으로 그리고 이곳에 형성된 일정한 세력을 대한민국의 중앙권력으로 인식하지 않는다.[3] 설사 우리의 정신이 중앙을 지향하고 중앙권력에 사로잡혀있다고 하더라도, 육체는 지방에 머물러 있을 수밖에 없다. 국회나 대법원 혹은 정부의 수뇌부에 해당하는 대통령이나 국무총리 등과 같은 국가 차원의 주요한 권력기관조차도 관념적으로는 '중앙'에 있다고 할 수 있을지언정, 정작 그 실체는 현존하는 243개의 지방자치단체들 중 하나인 서울특별시에 주소를 두고 있다.[4] 이러한 점

정중앙면 도촌리 산48의 정확한 위치에 관해서는 양구군청 https://www.yanggu. go.kr/user_sub.php?gid=www&mu_idx=524 및 국토정보플랫폼 http://map.ngii. go.kr/mn/mainPage.do 참조).

3    실제로 정치적·사회적·경제적·문화적 맥락에서 사용되는 '중앙'은 '어떤 대상의 한가운데가 되는 곳'이란 장소적 의미보다는, 관념적 차원에서 '중심이 되는 중요한 곳'이란 의미로 이해하는 것이 일반적이다(국립국어원 표준국어대사전(https:// stdict.korean.go.kr/main/main.do), 검색어: 중앙(中央)). 헌법상 "중앙" 또한 (지리적 혹은 공간적 차원이 아니라) 관념적 차원에서 사용되고 있다(헌법 전체에서 단 3번 확인되는 "중앙"이라는 표현은 모두 "중앙선거관리위원회"라는 단어 속에서 확인되는데, 여기서 중앙은 당연히 선거관리와 관련해서 중심이 되는 중요한 기관을 두드러지게 하는 관념적 언어로 기능한다. 이러한 점은 "선거관리위원회를 둔다"라고 하면서도 동시에 중앙선거관리위원회와 각급 선거관리위원회를 분별하고 있는 헌법 제114조를 통해서도 뒷받침된다).

4    물론 더 정확히 말하면 국회·대법원·대통령·국무총리 등과 같은 국가기관은 서울특별시와는 구분되는 별도의 독자적인 지방자치단체인 구(자치구)에 주소를 두고

에서 대한민국이라는 정치공동체의 구성원인 국민이면서 동시에 대한민국에 속하는 특정한 지역에 거주하는 주민이라는 두 지위를 함께 보유하고 있는 우리에게, '(한반도와 그 부속도서를 아우르는 국가 전체적 차원의 과제나 업무 및 목적을 위하여 설치한 중앙의 기구나 조직인) 국가기관과 (한반도와 그 부속도서에 속하는 특정한 장소나 지역적 차원의 과제나 업무를 자치적으로 수행하는 기구 내지는 조직이라고 할 수 있는) 지방자치단체가 어떤 기준으로 상호 간 권력관계를 어떻게 구축해야 하는지'를 규명하는 것은, 회피할 수 없는 중요한 실존적 과제가 된다. 왜냐하면 국가기관과 지방자치단체는 각각 국민의 지위 보장과 주민의 지위 보장을 위해 복무하면서 국민이자 주민인 우리의 존엄을 증명해야 할 도구인 공권력주체이며, 우리는 이러한 권력체를 잘 활용하고 통제 및 조종해서 우리의 행복을 실현해나가야 할 정치공동체의 목적인 최고 존엄이기 때문이다. 특히 우리가 중앙이라는 관념에 완전히 포획되어 중앙의 종속변수나 중앙집권 국가의 부속물로 전락하거나 혹은 중앙이라는 관념으로부터 철저히 유리된 고립상태나 중앙이 해체된 내란 상황 속에서의 생

---

있다(예컨대 국회는 서울특별시 영등포구에 주소를 두고 있다). 분명한 것은 대한민국의 중앙에 주요한 국가기관들이 위치한 것이 아니라, 오히려 이러한 기관들이 위치한 곳을 우리가 중앙으로 여기는 경향이 강하다는 것이다.

존을 바라는 것이 아니라면, 국민과 주민을 분별하면서도 분별된 양 지위로부터 초래되는 내적 긴장과 분열을 통찰하고 이를 실천적 차원에서 조화롭게 종합할 수 있는 '대한민국의 국민이면서 동시에 지방자치단체의 주민'인 총체적 존재로 거듭날 필요가 있다. 우리의 거듭남 없이 우리가 통제하고 조종해야 할 권력체인 국가기관과 지방자치단체의 거듭남을 기대하는 것은, 환상에 가깝기 때문이다. 이 글은 이러한 두 거듭남을 위하여 현재를 성찰하고 미래를 위한 이론적·실천적 대안을 마련하기 위한 노력의 일환으로서, 무엇보다도 국가기관과 지방자치단체 상호 간 관계 맺음의 기본원칙 및 구현되어야 할 권력관계의 내용을 밝혀 지방자치의 실질적 구현을 위한 이론적 기초 및 실천적 대안 마련에 이바지할 수 있는 성찰의 계기를 구축하는 데 그 목적이 있다.

## 2. 출발점 : 대한민국헌법

　우리 헌법은 국민과 주민을 분별하고 국가기관과 지방자치단체를 뚜렷하게 대립시켜 이들의 이질성과 갈등을 전제하고 있음에도 불구하고, 동시에 이들 모두의 지위나 역할이 현실에서 조화롭게 보장되고 구현되어야 한다는 당위적 요청에서 이들 모두를 대한민국이라는 정치공동체 안에 함께 결속시키고 있다.[5] 이러한 대한민국헌법을 본 글은 논의의 출발점으로 삼

―――――

5　헌법전 곳곳에서 "국민"이라는 표현은 아주 빈번하게 등장한다(69회). 하지만 '지방자치'를 표제어로 삼고 있는 헌법 제8장에서는 "국민"이란 단어는 나타나지 않고 특별히 "주민"이란 단어가 명시적으로 등장한다(제117조 제1항). 이러한 점에서 헌법은 국민과 주민을 분별하고 있다고 보아야 할 것이다. 양자를 분별하지 않고자 했다면, 이들을 굳이 다른 단어로 포착할 이유가 없기 때문이다. 같은 맥락에서 헌법은 "국가기관"을 제26조 제1항과 제111조 제1항 제4호에서, 그리고 "지방자치단체"를 제111조 제1항 제4호와 제117조 및 제118조에서 각각 명시하고 있는데, 특히 양자를 함께 명시하고 있는 제111조 제1항 제4호에서 권한쟁의에 관한 심판과 관련하여 "국가기관과 지방자치단체 간"이라는 표현을 사용하면서 양자를 대립시켜 대립당사자로 규정하고 있다. 따라서 헌법상 서로 분별되며 일정한 경우에는 대립 관계에 놓여 있긴 하지만, "국민", "주민", "국가기관", "지방자치단체" 모두 헌법에 명시적으로 등장하는 헌법적 차원의 개념인바, 이들은 헌법 전체적 체계 속에서 조화롭게 그 지위나 역할이 보장되고 구현되어야 한다. 이와 관련해서 특히 헌법은 상호 간 조화가 필요한 상

을 것이다. 왜냐하면 ①헌법은 정치공동체의 구성원들이 전제한 혹은 합의한 최소한의 규준이자 지향점이란 점에서, 헌법을 출발점으로 삼는 것은 논의의 시작에서부터 대한민국이라는 독립된 정치공동체에 결집한 다양한 구성원들을 소외시키지 않고 이들로부터 폭넓은 설득력을 얻는 데 유리할 뿐만 아니라, ②헌법은 정치공동체에서 발생하는 다양한 가치충돌과 규범갈등을 근본적으로 성찰케 하는 공통의 기준이자 최고의 심급이란 점에서, 국가기관과 지방자치단체 상호 간 발생하는 각종 문제와 갈등을 가장 높은 차원에서 그리고 가장 근본적으로 해결하는 데 중요한 실마리가 되며, 나아가 ③헌법은 추상과 이념의 세계에 놓여 있는 관념적 차원의 거룩한 규준이 아니라, 정치공동체 내에 실재하는 최고권력인 주권의 발동으로 등장하여 주권에 의해 보증되고 있을 뿐만 아니라 무엇보다도 (독립된 정치적 통일체 내에서 폭력의 독점을 성공적으로 관철한 존재인) 국가[6]를 굴복시켜 직접적인 규율대상으로 삼아 국가 내에

---

반된 가치와 존재들을 담아내고 있는 상반규범적 특성이 강한 규범이란 점을 기억할 필요가 있다(헌법의 상반규범성에 관해서는 특히 김해원, 『헌법개정: 개헌의 이론과 현실』, 한티재, 2017, 30-35쪽 참조).

**6** Vgl. M. Weber, Politik als Beruf (Oktober 1919), in: GPS, J. Winckelmann (Hrsg.), J.C.B. Mohr, 5. Aufl., 1988, S. 506.

존재하는 모든 공권력주체의 행위를 지도하고 그 행위를 통제 및 평가하는 실천규범이라는 점에서, 현실에서 발생하는 국가기관과 지방자치단체 상호 간 정치적·사법적 권력 다툼을 정리 및 해결하는 데 유효한 실천적 도구이기 때문이다.[7] 실제로 지방자치단체 차원에서 이루어지는 자치에 관한 규정(조례나 규칙)을 제정하고 이를 집행하는 행위와 지방자치단체 상호 간 혹은 지방자치단체의 내부기관 상호 간 발생한 공권력 행위는 물론이고, 지방자치와 관련된 국회 입법행위와 그 결과물인 법률들(예컨대, 「지방자치법」·「지방교육자치에 관한 법률」·「지방자치분권 및 지방행정체제개편에 관한 특별법」·「지방재정법」·「지방세기본법」·「지방세법」·「지방세징수법」·「지방회계법」·「지방행정제재·부과금의 징수 등에 관한 법률」 등등) 그리고 이러한 법률을 실행하는 국가기관이나 지방자치단체의 구체적인 행정행위와 지방자치와 관련된 분쟁에 참여한 법원이나 헌법재판소 등의 사법행위까지도 모두 정치공동체의 최고규범인 헌법을 기준으로 지도 및 평가되고 통제되어야 할 대상이며, 특히 일정한 경우에는 헌법재판을 통해서 문제 된 공권력 행위의 효력을 상실시키거나 해당

---

7    헌법의 특성과 기능에 관해서는 김해원, 헌법, 『민주시민교육 가이드 BOOK』(이재성 외 8인, 대구평생교육진흥원/민주시민교육공동체 모디), 2020, 29-31쪽.

행위에 책임 있는 권력기관을 탄핵할 수 있는 제도가 구축되어 비교적 안정적으로 활용되고 있다.[8]

아울러 헌법개정을 통해서 지방자치와 관련된 현실적 문제들을 해결하려는 시도를 꾀한다고 하더라도, 그러한 시도의 출발점 또한 마땅히 현행 헌법이어야 하고 또 그럴 수밖에 없다. 헌법개정 또한 현행 헌법이 규정하고 있는 한계와 절차에 따라서 행해지는 것이며, 무엇보다도 지방자치와 관련해서 현행 헌법의 어떤 부분이 문제이거나 혹은 미흡한 것인지, 그리고 그러한 미흡함을 현행 헌법 체제 내에서 헌법개정이라는 방법보다 법률제·개정 등과 같은 상대적으로 더 수월한 방법을 통해서도 해결할 수 있는지를 먼저 점검하는 것이 바람직할 뿐만 아니라 합리적이기 때문이다.[9]

---

8  이는 헌법 제65조·제111조, 그리고 대통령에 대한 두 번의 탄핵심판 후에도 헌법은 여전히 건재하며, 정치인들이 자신의 정치행위의 정당성 근거를 헌법에서 찾는 현실을 통해서도 뒷받침될 수 있다.

9  헌법개정 및 지방자치와 헌법개정의 관계에 대해서는 특히 김해원, 앞의 책(주 5), 21-61쪽, 140-141쪽.

## 3. 겨냥점 : 헌법 제117조 제1항 "법령의 범위 안"과 "자치에 관한" 상호 간 갈등 상황

우리 헌법은 전문을 두고 바로 이어서 제1장 총강, 제2장 국민의 권리와 의무를 밝힌 다음, 제3장에서부터 제7장에 이르기까지 국회·정부·법원·헌법재판소·선거관리위원회 등과 같은 국가기관을 집중적으로 규율한 후(제3장~제7장), 특별히 지방자치를 별도의 장(제8장 지방자치)으로 편제하고 그 아래에 다음과 같은 2개의 조문을 마련해서 지방자치단체와 지방의회 및 지방자치단체의 장 등과 같은 공권력주체를 명시하고 있는바, 무엇보다도 이러한 규정들은 지방자치 및 지방자치권과 관계된 영역이나 문제에서 특별한 세심함으로 면밀히 검토될 필요가 있다. 다만 여기서는 본격적인 논의에 앞서서, 중앙차원의 공권력주체인 국가기관과 지방차원의 공권력주체인 지방자치단체 상호 간 권력관계에 있어서 특별히 주목해야 할 문제상황을 환기해 둔다.

**제8장 지방자치**

제117조 ①지방자치단체는 주민의 복리에 관한 사무를 처리하고 재산을 관리하며, 법령의 범위 안에서 자치에 관한 규정을 제정할 수 있다.

②지방자치단체의 종류는 법률로 정한다.

제118조 ①지방자치단체에 의회를 둔다.

②지방의회의 조직·권한·의원선거와 지방자치단체의 장의 선임방법 기타 지방자치단체의 조직과 운영에 관한 사항은 법률로 정한다.

우선 헌법 '제8장 지방자치'의 규율 내용을 보면, 헌법은 중앙의 권력기관이라고 할 수 있는 국가기관이 지방자치 영역에 침투 및 개입할 가능성을 열어두고 있음을 어렵지 않게 확인할 수 있다. 헌법은 제117조 제1항에서 ("지방자치단체는 […] 법령의 범위 안에서 자치에 관한 규정을 제정할 수 있다."라고 명시하고 있다는 점에서) 국가기관인 법령정립권자(국회·대통령·국무총리·행정 각부의 장 등)가 "자치에 관한" 일정한 입법권을 보유하고 있음을 전제하고 있으며, 나아가 제117조 제2항 및 제118조 제2항을 통해서 국회가 법률로 지방자치단체의 종류 및 지방의회의 조직·권한·의원선거와 지방자치단체의 장의 선임방법 기타 지방자치단체의 조직과 운영에 관한 사항을 정할 수 있음을 밝히고 있기 때문이다. 특히 헌법은 지방자치단체의 자치입법권("자치에 관한 규정" 정립권)과 관련해서 "법령의 범위 안"이라는 한정어를 덧붙이고 있는바, 일정한 경우에 '국가기관인 법령정립권자가 지방자치단체의 자치입법권을 법령을 통해서 무한 축소할 수 있는 여지를 부여한 것'은 아닌가 하는 의문과 함께 '법령을 통해서 축소 혹은 통제된 범위에서만 자치에 관한 영역이 인정된다거나 그러한 범위에서만 지방자치단체의 자치행정권이 기능할 수 있는 것'은 아닌가 하는 의심 또한 제기해 볼 수 있을 것이다. 실제로 지방의회의 입법권행사에 대해 입법과정에서부터 법령위반을 내세워서 조례제정을 좌절시키거나 제안된 조례안을 누더기로 만드는 현상이 적지 않고, 국가기관이 '자치법규 품질 향상'을 내세우며 지방자치단체의 조례나 규칙이 법령에 위반되거나 불합리한 것인지를 적극적이고 대대적으로 조사 및 검토한 소위 '자치법규 정비사업'이나 '불합리한 자치법규 정비방안' 등을 통해서 지방자치단체의 자치입법권을 위축시키고 통제 및 훼손하는 일종의 검열 기능을 수행하고 있다는 비판이 있으며,[10] 지방자치단체의 장이 법령

---

10  차재권/서선영, 『지역의 역습: 그 1년의 기록』, 세리윤, 2022, 22쪽, 199-205쪽.

위반을 이유로 재의결을 요구하고 이러한 재의결요구가 지방의회에서 관철되지 않으면 다시 대법원에 조례안재의결무효확인 소송을 제기하는 경우 또한 드물지 않게 확인된다.[11] 나아가 법령을 통해서 국가기관은 지방자치단체를 지원하기는커녕 자신의 과제나 임무를 지방자치단체에게 떠맡겨 지방자치단체를 자신의 위장기관으로 이용하고 자치업무를 위해 활용되어야 할 지방자치단체의 인적·물적 능력과 기반을 소진케 했다는 의심으로부터도 자유롭지 않다.

하지만 헌법 제117조 제1항 "법령의 범위 안"과 같은 헌법 명시적 문언에 기대어 국회 등과 같은 국가기관이 지방자치 영역에 침투·개입할 가능성이 열려있음에도 불구하고, 국가기관이 아무런 제한이나 통제 없이 지방자치 영역에 무분별하게 개입 및 침투할 수 있다는 주장이나 이해는 지방자치에 관한 헌법의 기본적 태도와 상충하는 것으로서 받아들이기 어려운 측면이 있다. 그 이유는 다음과 같다: ①헌법이 제118조 제

---

11 최근의 사건으로는 부산광역시의회가 2021. 7. 23. '부산광역시 납품도매업 지원에 관한 조례안'에 관하여 한 재의결에 대해 부산광역시장이 대법원에 조례안재의결무효확인 소송을 제기한 사건을 언급할 수 있겠다. 이 사건 조례안의 일부 조항에 대해서 대법원은 위법하다고 판단하고 이 사건 조례안에 대한 재의결의 효력을 전부 부정했다(대법 2022. 4. 28. 2021추5036 참조).

1항에서 "지방자치단체에 의회를 둔다."라고 하여 지방자치단체와 지방의회를 필수적 헌법기관으로 규정하고 있는 것은, 지방자치단체의 지방의회는 다른 기관에 의해 대체될 수 없는 고유의 권한과 역할을 헌법이 인정한 것이라고 보아야 한다. 물론 그 고유의 권한이나 역할의 구체적 범위나 내용에 대해서는 다툼의 여지가 있을 수 있다. 하지만 국가기관이 간섭할 수 없는 지방자치 고유의 독자적 영역의 존재나 내용에 관해서 헌법이 침묵하고 있다는 이유로 국가기관인 법령정립권자가 헌법 제117조 제1항 후단 "법령의 범위 안"을 매개해서 아무런 제약 없이 지방자치 영역으로 자유롭게 침투해올 수 있다는 취지의 주장은, 필수적 헌법기관인 지방자치단체와 지방의회의 헌법상 지위와 권한(특히 자치입법권 : 헌법 제117조 제1항 "지방자치단체는 […] 자치에 관한 규정을 제정할 수 있다.")을 형해화하는 것과 다르지 않으며, 모든 헌법기관은 서로 존중하고 배려하며 협조하는 방식으로 권한을 행사해야 한다는 헌법기관충실원칙(Grundsatz der Verfassungsorgantreue)과도 어울리기 어렵다.[12] ②민주적 법치국가에서 행정은 입법자의 의사를 구체적으로 실현

---

12   Vgl. BVerfGE 90, 286 (337f.); N. Achterberg/M. Schulte, Art. 44, in: H. v. Mangoldt/F. Klein/C. Starck (Hrsg.), Kommentar zum Grundgesetz, 5. Aufl., 2005, Rn. 52.

하는 역할을 해야 하며, 규범이 전제되어야 발동할 수 있음이 원칙이다(법치행정). 헌법은 제117조 제1항 전단에서 "지방자치단체는 주민의 복리에 관한 사무를 처리하고 재산을 관리하며"라고 규정하여, 지방자치단체에 일정한 행정권(자치행정권)을 부여하고 있다. 그런데 만약 이러한 자치행정권의 발동과 그 내용이 헌법 제117조 제1항 후단 "법령의 범위 안"을 매개로 자치입법권을 형해화 혹은 무력화한 법령정립권자에 의해 좌우된다면, 이는 헌법으로부터 자치행정권을 직접 부여받은 지방자치단체가 국가기관인 법령정립권자의 의사를 구체적으로 실현하기 위한 수족으로 전락하고 지방자치단체의 헌법상 자치행정권이 유명무실해진다는 것을 의미한다고 해도 과언이 아닐 것이다. 따라서 헌법 제117조 전단에 근거한 지방자치단체의 자치행정권 보장을 위해서라도, 헌법 제117조 후단 "법령의 범위 안"이라는 한정어는 국가기관이 지방자치 영역에 아무런 한계나 제한 없이 침투할 수 있는 계기로 활용되거나 해석되어서는 안 된다. ③헌법이 여러 국가기관과 분별하여 별도의 독립된 장을 마련해서 지방자치를 규율하고 있는 취지와 헌법상 지방자치의 이념 및 본질을 존중해야 한다. 요컨대 "자치(自治)"는 스스로 다스리는 것, 즉 어떤 사안에 대하여 자기책임으로 스스로 결정할 수 있음을 일컫고 지방은 중앙에 상대하여 이르는 말이라는 점에서, 헌법 제8장 "지방자치"에는 지방의 사무처리에 있어서 국가기관과 같은 중앙권력으로부터의 지시나 명령에서 벗어나 독립된 자율적 결정 및 자기 책임성을 지방이 보장받아야 한다는 함의가 내포되어 있을 수밖에 없을 것이고, 이러한 점에서 국가기관에 의해 지방자치의 본질 내지는 핵심이라고 할 수 있는 고유한 자율적 지배와 자기책임의 영역이 훼손되거나 무의미하게 되는 것을 헌법이 용납하고 있는 것으로 볼 수 없다. 따라서 국가기관이 법령을 통해서도 개입할 수 없는 지방자치의 핵심영역(본질내용)이 존재하며, 이 영역은 헌법에 근거해서 지방자치단체가 관할하는 것이라고 해야 한다. ④헌법적 논증의 대표자라고 할 수 있는 헌법재판소 또한 "지방자치의 본질적 내용인 핵심영역(자치단체·자치기능·자치사무의 보장)은 어떠한 경우라도 입법 기타 중앙정부의 침해로부터 보호되어야 한다는 것"을 여러 결정들을 통해서 거듭 확인해오고 있으며,[13] 이러한 헌법재판소의 입장은 학계로부터

---

13  헌재 2014. 1. 28. 2012헌바216, 판례집 26-1(상), 94쪽; 같은 취지의 판례로는 헌재 1998. 4. 30. 96헌바62, 판례집 10-1, 385쪽; 헌재 2006. 2. 23. 2004헌바50, 판례집 18-1(상), 182쪽; 헌재 2014. 6. 26. 2013헌바122, 판례집 26-1(하), 566쪽; 헌재 1999. 11. 25. 99헌바28, 판례집 11-2, 551-552쪽: "지방자치제도의 헌법적 보장은 국민주권의 기본원리에서 출발하여 주권의 지역적 주체인 주민에 의한 자기통치의 실현으로 요약할 수 있으므로, 이러한 지방자치의 본질적 내용인 핵심영역은 입법 기타 중앙

도 지지를 받고 있다.[14]

바로 이 지점에서 지방 차원에서 '자치에 관한' 업무를 처리하는 공권력주체인 지방자치단체와 법령 등을 통해서 '자치에 관한' 영역에 개입할 수 있는 공권력주체인 국가기관 상호 간 권력관계가 어떤 기준으로 정돈되고 어떻게 처리되어야 하는지 더 구체적이고 더 면밀하게 검토해야 할 필요성이 뚜렷해진다. 특히 헌법상 지방자치의 이념을 현실에서 잘 구현하고자 하는 지방자치단체는 물론이고, 지방자치단체를 잘 지원 및 감독해서 (지방자치제를 통해서 헌법이 의도 및 추구하는 가치라고 할 수 있는) 국가 전체적 차원에서의 다양성 증대와 위험 분산 및 민주주의·법치주의·권력분립 등과 같은 가치가 생활 속에서 고

---

정부의 침해로부터 보호되어야 함은 헌법상의 요청인 것이다. 중앙정부와 지방자치단체 간에 권력을 수직적으로 분배하는 문제는 서로 조화가 이루어져야 하고, 이 조화를 도모하는 과정에서 입법 또는 중앙정부에 의한 지방자치의 본질의 훼손은 어떠한 경우라도 허용되어서는 안되는 것이다."; 헌재 2010. 10. 28. 2007헌라4, 판례집 22-2(상), 780-781쪽: "법령에 의하여 지방자치단체의 지방자치권을 제한하는 것이 가능하다고 하더라도, 지방자치단체의 존재 자체를 부인하거나 각종 권한을 말살하는 것과 같이 그 제한이 불합리하여 지방자치권의 본질적인 내용을 침해하여서는 아니된다."

**14** 방승주, 중앙정부와 지방자치단체와의 관계 – 지방자치에 대한 헌법적 보장의 내용과 한계를 중심으로 –, 공법연구 35-1(한국공법학회), 2006, 102쪽: "과잉금지의 원칙과 상관없이 지방자치권의 본질내용이나 핵심영역은 그 어떠한 한이 있더라도 침해되어서는 안 된다는 원칙이 일반적으로 받아들여지고 있다."

양되는 정치공동체로서의 대한민국을 이룩하려는 국가기관의 처지에서도, 그리고 대한민국이라는 정치공동체의 구성원인 국민이면서 동시에 어느 방면의 땅에 발 딛고 살아가는 특정 지방자치단체의 주민일 수밖에 없는 우리들의 존엄과 자율·자치 및 참여를 위해서라도, 헌법 제117조 제1항의 "법령의 범위 안"과 "자치에 관한"이 갖는 의미와 내용이 면밀하게 성찰되고 이에 기반해서 나름의 실천 방향과 대안이 마련되어야 할 필요성이 크다고 하겠다. 왜냐하면 헌법 제117조 제1항의 "법령의 범위 안"은 지방자치 영역에 국가기관이 개입·침투할 수 있는 두드러진 헌법적 통로이자 근거이며, 헌법 제117조 제1항의 "자치에 관한"은 지방자치단체가 헌법으로부터 부여받은 자신의 자치권의 범위와 내용을 확인하고 이를 확장할 수 있는 토대이면서 동시에 자치영역에 개입하는 국가기관과 대결할 수 있는 계기이기 때문이다. 이러한 점에서 헌법 제117조 제1항의 "법령의 범위 안"과 "자치에 관한"은, 중앙권력과 지방권력 상호 간 질서정연한 관계 정립을 모색하면서 헌법에 부합하는 지방자치권의 실질적 구현을 위한 규범 논리적 토대를 제공하고 관련 과제를 환기하면서 나름의 대안을 제시하려는 활동에서 마주할 수밖에 없는 과녁이 된다.

## 4. 입각점과 얼개

한편 권력이라고 함은 일반적으로 A가 B를 조종·지배할 수 있는 사실적 차원의 실력이나 의지를 의미하겠지만,[15] 규범 특히 법의 세계에서 권력은 본질상 권한일 수밖에 없다. 왜냐하면 규범은 '마땅히 ~해야 한다'라는 당위적 가치에 기대어 사실적 차원에 놓여 있는 실력에 일정한 한계를 설정하고 그 실력이 미치는 현실적 범위를 규율하기 때문이다. 따라서 헌법에 부합하는 지방자치권의 실질적 구현이라는 문제의식에 입각하고 있는 본 글에서 검토하려는 국가기관의 권력과 지방자치단체의 권력 상호 간의 관계는, 기본적으로 사실적·경험적 차원의 접근을 통해서 규명될 관계가 아니라, 헌법의 해석 및 적용을 통해서 확인되고 평가 및 통제되어야 할 권한관계(즉 규범

---

15  권력의 개념에 관해서는 김종호, 권력의 개념과 권력론의 구조 – 루크스, 루만, 라스웰의 권력론 비교 –, 법이론실무연구 9-2(한국법이론실무학회), 2021, 174쪽 이하 참조; 스기타 야쓰시(지음)/이호윤(옮김), 『권력』, 푸른역사, 2015, 10-15쪽; 타자 안에서 자신의 연속성을 창출하려는 의지로서 권력(Macht)을 이해하는 입장으로는 한병철(지음)/김남시(옮김), 『권력이란 무엇인가』, 문학과지성사, 2016, 15쪽 이하 참조.

적 차원에서의 권력관계)일 수밖에 없다. 이러한 점에서 본 연구의 방법과 범위 또한 다분히 국가기관과 지방자치단체의 권력관계를 지도·조종하는 당위적 규준을 밝히고 이를 정돈하여 헌법이 지향하는 지방자치권의 현실적 구현을 추동할 수 있는 설득력 있는 규범적 대안 및 논거 마련에 입각해 있을 뿐, 국가기관과 지방자치단체의 권력 행사와 상호 간 권력 다툼을 둘러싼 구체적 현실에 대한 상세한 묘사나 경험적 분석 및 전망을 시도하려는 것은 아님을 밝혀둔다.

그리고 권력은 규범(특히 법)과의 기능적 관련 속에서 일반적으로 규범을 정립하는 권력(입법권)과 정립된 규범을 구체적 문제와 관련해서 적극적이고 미래지향적으로 실현하는 권력(행정권) 그리고 정립된 규범을 구체적 분쟁과 관련해서 소극적이고 보수적으로 실현하는 권력(사법권)으로 분별할 수 있으며, 이러한 분별은 우리 헌법의 기본적 태도와도 상응한다.[16] 이 글의 중심얼개 또한 국가기관과 지방자치단체 상호 간 권력관계를 입법권·행정권·사법권으로 구분하여 각각의 경우와 관련해서 지방자치권의 실질적 구현을 위한 이론적 토대를 마련하

---

16   헌법은 제40조에서 "입법권은 국회에 속한다."라고 규정하면서, 제66조 제4항에서 "행정권은 대통령을 수반으로 하는 정부"에, 제101조 제1항에서 "사법권은 법관으로 구성된 법원에" 각각 속한다는 점을 명시적으로 밝히고 있다.

고 구체적 대안을 제시하거나 성찰의 계기를 모색하는 것으로 짜여질 것이며(Ⅱ, Ⅲ, Ⅳ), 이에 덧붙여 지방선거에서의 정당공천제도가 비판적으로 검토될 것이다(Ⅴ). 왜냐하면 원칙적으로 지방자치권은 지방선거를 통해서 정당성을 부여받은 지방자치단체의 기관(특히 지방의회 지방의원과 지방자치단체의 장)에 의해 행사되는데, 지방선거가 지방자치단체 외부 행위자의 개입을 통해 좌우되거나 영향을 받게 되면 지방자치권의 구체적 행사 또한 왜곡되거나 개입한 외부 행위자를 위해 복무할 가능성이 있기 때문이다. 그리고 지방자치를 위한 수단인 지방자치권 또한 정치공동체의 구성원으로부터 비롯된 혹은 비롯해야 하는 권력이란 점에서 그 권력이 놓여 있는 정치공동체의 집단적 심성 및 신념으로부터 자유롭기 어려울 것인바, 지방자치를 위한 정치공동체의 심성구조 및 신념체계를 지방자치의 본질에 주목하여 환기하고 지방자치가 구현되는 대한민국이라는 정치공동체에서 국민이면서 동시에 주민으로 살아가야 할 우리들이 형성하고 경계 및 극복해야 할 심성 및 신념을 성찰한 후(Ⅵ), 전체적 내용을 요약·정리하면서 남겨진 과제를 간단히 언급하는 것으로 갈무리할 것이다(Ⅶ).

# II

# 자치입법권

# 1. 서두

　입법영역에서 헌법상 지방자치권의 실질적 구현(자치입법권의 실질적 구현)을 모색하기 위해서는, 무엇보다도 헌법이 지방자치단체의 입법권과 국가기관의 입법권을 어떻게 규율하고 있는지부터 확인할 필요가 있다. 관련해서 헌법은 제40조에서 "입법권은 국회에 속한다."라고 규정하면서도 제75조·제95조·제108조·제113조·제114조 등을 통해서 다양한 국가기관(대통령·국무총리·행정각부의 장·대법원·헌법재판소·중앙선거관리위원회 등)에게 다양한 형태(대통령령·총리령·부령·규칙 등)로 일정한 범위의 입법권을 부여함과 동시에, 특히 제117조 제1항에서 "지방자치단체는 […] 법령의 범위 안에서 자치에 관한 규정을 제정할 수 있다."라고 명시하고 있다. 따라서 국가기관인 법령정립권자(국회 등)와 지방자치단체 양자 모두 일응 "자치에 관한 규정"을 정립할 수 있는 권한을 보유하고 있다고 할 수 있다. 다만 헌법 제117조 제1항 "자치에 관한 규정" 정립과 관련해서 국가기관인 국회 등이 지방자치의 어떤 영역까지 침투할 수 있을 것인지, 그리고 침투 가능한 영역에서 지방자치단체와 국회 등의 입법권 갈등은 어떻게 해결되어야 하는지, 나아가 지방자치단체가 지방자치 영역을 벗어나 국가사무를 규율할 수 있는지 등이 문제가 된다.

한편 헌법은 지방자치단체의 기관으로서 "지방의회"와 "지방자치단체의 장"을 알고 있음에도 불구하고 입법권행사와 관련하여 지방자치단체의 특정 기관을 명시적으로 언급하지 않고 단지 "지방자치단체는 […] 자치에 관한 규정을 제정할 수 있다."라고 함으로써 헌법 제117조만으로는 구체적인 헌법현실에서 지방자치단체의 어떤 기관이 지방자치단체의 입법권을 대표할 수 있는지가 명확하지 않은 측면이 있다.[17] 하지만 헌법 제118조 제1항이 (입법활동을 그 본연의 업무로 하는 대의기관이라고 할 수 있는) 의회를 지방자치단체에 두어야 하는 필수적 헌법기관으로 규율하고 있다는 점에서, 적어도 "자치에 관한" 지방자치단체의 입법의사는 해당 지방자치단체의 의회(즉, 헌법

---

**17**  특히 헌법 제117조 제2항 "지방자치단체의 종류"와 제118조 제2항 "지방자치단체의 조직과 운영"을 구체적으로 형성하고 있는 「지방자치법」이 지방의회와 지방자치단체의 장 모두에게 일정한 입법권을 부여하고 있다는 점 ──「지방자치법」은 지방의회에게 "조례"에 대한 독점적 의결권한을, 지방자치단체의 장에게 "규칙"을 제정할 수 있는 권한을 부여하고 있다(「지방자치법」 제28조~제33조 참조) ── 을 고려하면, 헌법 제117조 제1항이 갖는 불명확함의 문제가 해석을 통해서 해소되어야 할 필요성이 크다.

제118조 제2항 "지방의회")가 대표한다고 이해해야 할 것이다.[18][19]

---

**18** 국민에 의해 선출된 의원으로 구성된 합의체 국가기관인 의회(국가의 의회), 즉 국회는 입법작용을 담당하는 것을 그 본연의 업무로 삼고 있는바, 국가의 입법의사를 대표하는 기관이라는 점에 대해서는 의문의 여지가 없을 것이다(헌법 제40조 참조). 이러한 점을 고려한다면 (「지방자치법」 제37조 및 제47조 제1항 등을 통해서도 뚜렷하게 확인될 수 있는 것처럼) 헌법이 명시하고 있는 지방자치단체의 의회인 "지방의회"가 담당하고 있는 본연의 업무는 지방자치 수준에서의 입법활동이라고 할 수 있을 것이며, 지방자치단체의 입법의사는 지방의회가 대표하는 것(혹은 지방의회에 의해서 결정되는 것)으로 이해하는 것이 합리적이라고 생각한다. 관련하여 지방자치단체의 부분 기관인 지방자치단체의 장에게 지방자치단체를 대표할 권한을 부여하고 있는 「지방자치법」 제114조("지방자치단체의 장은 지방자치단체를 대표하고, 그 사무를 총괄한다.")에 대해서 위헌의 의심이 있다. 왜냐하면 헌법이 지방자치제를 보장하고 있는 중요한 이유가 단계화된 민주주의(gegliederte Demokratie)의 구현에 있다는 점과(Vgl. BVerfGE 52, 95(111)), 헌법 제118조 제2항이 "지방자치단체의 장의 선임방법"에 관한 사항은 법률로 정하도록 규정한 점 등을 고려해볼 때, 지방자치단체의 의사는 (국가기관인 국회에서 행해지는 입법활동, 즉 법률개폐를 통해서 중앙정부로부터 임명되거나 혹은 지방의회로부터 선임될 수도 있는 "지방자치단체의 장"이 아니라) 주민에 의해 선출된 대표자로 구성된 합의제기관인 "지방의회"가 대표하는 것으로 이해하는 것이 헌법의 의미에 더 부합할 것이기 때문이다. 요컨대 주민자치를 요체로 하는 지방자치를 구현하기 위한 헌법기관인 지방의회는 주민의 대의기관이며(관련하여 「지방자치법」 제37조 참조), 지방자치단체의 장은 주민이 선출하지만 기본적으로 집행기관으로 이해되어야 한다는 것이다(관련하여 "집행기관"이라는 표제어 아래에 지방자치단체의 장을 규율하고 있는 「지방자치법」 제6장 집행기관 제1절 지방자치단체의 장 참조). 따라서 적어도 지방자치단체의 장이 지방자치단체의 입법의사까지 대표하는 것으로 「지방자치법」 제114조를 해석하는 것은 위헌이라고 해야 할 것이다. 그러므로 만약 자치입법권 행사를 둘러싸고 국회와 (지방자치단체의 입법의사를 대표한다고 할 수 있는) 지방의회 상호 간 권한다툼이 발생한다면, 이는 국가기관과 지방자치단체 내부기관 상호 간 권한다툼이 아니라, 국가기관과 지방자치단체

그리고 법령정립권자에 해당하는 국가기관으로 헌법은 국회와 더불어 여러 국가기관을 예정하고 있지만,[20] 헌법 제40조를 통해서 국회 중심의 입법원칙을 밝히고 있으며, 대통령은 소위 집행명령을 발하는 경우가 아니라면 법률에서 구체적으로 범위를 정하여 위임받은 사항에 대해서 대통령령을 발할 수

---

간의 권한다툼으로 이해하여 헌법재판소가 관장하는 "권한쟁의에 관한 심판"으로 해결해야 할 것으로 생각한다(헌법 제111조 제1항 제4호). 관련하여 김하열 교수는 권한분쟁에 관한 현행법상 관할의 흠결을 지적하면서 '국가기관'과 '지방자치단체의 기관' 상호 간의 권한분쟁도 권한쟁의심판사항으로 규정함이 입법론적으로 바람직하다는 견해를 피력하고 있다(이에 관해서는 김하열, 『헌법소송법』 박영사, 2014, 536쪽).

19   김해원, 국회와 지방자치단체 상호 간 입법권한 배분에 관한 헌법적 검토-국회의 입법권 수권행위에 대한 헌법적 통제를 중심으로-, 지방자치법연구 16-2(한국지방자치법학회), 2016, 326쪽.

20   물론 헌법상 법령정립권자가 아주 명확하다고 할 수는 없다. 특히 헌법상 "법령"을 "법률"과 "령"을 아우르는 개념으로 이해하더라도, "법률" 및 "령"과 동등한 서열을 갖는 다른 형태의 규범들도 헌법 제117조 제1항의 "법령"의 개념에 포함될 수 있을지 여부는 별도로 고민되어야 한다. 관련해서 헌법에 등장하는 성문규범들 간의 서열관계는 상위규범부터 차례대로 다음과 같은 계층구조를 이루고 있다(허완중, 명령·규칙에 대한 법원의 위헌·위법심사권, 저스티스 135(한국법학원), 2013, 56쪽 참조) : ① 헌법, ② 법률(제52조, 제53조)·법률대위명령(제76조 제1항: 긴급재정경제명령, 제2항: 긴급명령)·국회의 동의를 요하는 조약(제6조 제1항, 제60조 제1항)·법률의 효력이 있는 일반적으로 승인된 국제법규(제6조 제1항), ③ 대통령령(제75조)·국회규칙(제64조 제1항)·대법원규칙(제108조)·헌법재판소규칙(제113조 제2항)·내부규율에 관한 중앙선거관리위원회규칙(제114조 제6항), ④ 총리령, ⑤ 부령, ⑥ 자치에 관한 규정(제117조 제1항)·선거/국민투표관리 및 정당사무에 관한 중앙선거관리위원회규칙(제114조 제6항).

있다는 점(헌법 제75조), 그리고 이러한 제한은 대통령보다 민주적 정당성이 낮은 국무총리 및 행정각부의 장이 보유하고 있는 입법권과 관련해서도 유지되는 것이 권력분립 및 민주주의 원칙상 마땅하다는 점 등을 고려한다면, 국가기관으로서의 입법권과 관련해서는 무엇보다도 법률정립과 관련된 국회의 입법권이 중심에 놓여야 할 것이다. 따라서 입법권을 둘러싼 국가기관과 지방자치단체 상호 간의 권한관계는 결국 국회의 입법권과 지방의회의 입법권 상호 간의 관계로 수렴된다고 해도 과언이 아닐 것이다. 이러한 점을 염두에 두고 이하에서는 우선 헌법 제117조 제1항 "자치에 관한 규정"이 갖는 의미를 간단히 환기한 후(Ⅱ. 2), 지방자치 영역에 개입하는 국회의 입법권에 대한 헌법적 통제규준을 설명하면서 국가기관의 입법권과 지방자치단체의 입법권을 정돈하고(Ⅱ. 3) 나아가 지방자치단체가 입법권을 행사해서 국가사무를 규율할 수 있는지에 관한 문제를 간단히 언급한 후(Ⅱ. 4), 전체의 내용을 일목요연한 표로 제시하도록 한다(Ⅱ. 5).[21]

---

21  이하의 내용은 기본적으로 김해원, 앞의 글(주 19), 329-348쪽의 논의를 가져오되, 최근 전면 개정된 「지방자치법」의 내용을 반영하여 필요한 부분을 수정 및 보완했다.

## 2. 헌법 제117조 제1항 "자치에 관한 규정"의 의미

일반적으로 "자치(自治)"는 자기 스스로 다스리는 것, 즉 자신의 일에 대하여 자기 책임으로 스스로 결정하는 것을 일컫고 지방(地方)은 중앙에 상대하여 이르는 말인바, 헌법 제8장 "지방자치"는 지방의 사무처리에 있어서 중앙권력으로부터의 지시나 명령에서 독립된 자율적 결정 및 자기 책임성을 지방이 보장받아야 한다는 함의를 갖는 것으로 이해해야 할 것이다.[22] 그런데 여기서 지방이 자신의 권력, 특히 입법권력을 활용해서 스스로 결정할 수 있는 대상, 즉 (헌법 제117조 제1항이 규정하고 있는) "자치에 관한" 것이 과연 무엇인지를 판별하는 것은 쉬운 일이 아니다. 실제로 헌법현실에서 지방자치단체는 자치에 관한 사무(자치사무 혹은 고유사무)뿐만 아니라, 일정한 국가사무도 위임받아 처리하고 있다는 점에서 자치에 관한 것과 그렇지 않은 것, 혹은 자치사무와 국가사무의 분별이 중요함에도 불구하고, 그러한 분별은 구체적이고 개별적으로 검토되어야 할 까다

---

22  방승주, 앞의 글, 83-84쪽.

로운 문제로 인식되고 있을 뿐,[23] 분별과 관련된 확립된 일반적 기준이 존재하는 것도 아니다. 관련하여 독일 연방헌법재판소는 지방자치단체의 행정력이 아니라, 해당 사무가 시민의 참여를 목표하고 있는지에 주목하면서,[24] 무엇보다도 역사적 발전 및 자치행정의 다양한 역사적 발현형태를 고려해서 특정 사무가 자치사무에 해당하는지를 판단해야 한다는 입장을 피력하고 있다.[25] 하지만 특정 사무가 지방자치단체에 귀속되는 것(자치사무)인지 혹은 국가에 귀속되는 것(국가사무)인지 여부가 역사적 발전과정에서 유동해왔을 뿐만 아니라, 오늘날 지역공동체와 광역공동체 혹은 국가가 동일하게 관심을 가지며 참여하는 사무들이 증가하고 있다는 점에서 독일 연방헌법재판소가 피력한 자치사무와 국가사무의 분별기준 또한 실제 적용에 있

---

**23**  예컨대 홍정선,『新지방자치법』, 박영사, 2013, 441쪽: "자치사무와 위임사무의 구분은 개별적인 사무 그 자체로부터 자명하게 이루어지는 것이 아니다."; 조성규, 지방자치단체의 고유사무, 공법학연구 5-2(한국비교공법학회), 2004, 107쪽: "지방자치단체에게는 헌법상 지방자치의 보장을 통해 자기책임에 의해 처리할 수 있는 고유사무로서의 지역적 사무가 보장되지만, 모든 지방자치단체에게 보장되는 지역적 사무의 객관적 목록은 존재하지 않으며, 이는 항상 개별적 심사를 필요로 한다는 것이다."

**24**  Vgl. BVerfGE 79, 151.

**25**  Vgl. BVerfGE 11, 266(274); BVerfGE 59, 216(226).

어서는 어려움이 적지 않다.[26] 한편 우리 대법원은 "법령의 규정 형식과 취지를 우선 고려하여야 할 것이지만 그 외에도 그 사무의 성질이 전국적으로 통일적인 처리가 요구되는 사무인지 여부나 그에 관한 경비부담과 최종적인 책임귀속의 주체 등도 아울러 고려하여 판단하여야 한다."는 것을 기본적인 입장으로 삼고 있다.[27] 하지만 "자치에 관한"은 헌법 제117조 제1항에 등장하는 헌법상 개념인바, 어떤 사무가 "자치에 관한" 것인지를 판별함에 있어서는 대법원이 "우선 고려하여야 할 것"으로 언급하고 있는 "법령의 규정 형식과 취지"를 검토하기에 앞서서, 무엇보다도 이를 판별할 수 있는 헌법적 차원의 규준을 도출해내고, 이러한 규준에 따라서 관련 법령에 대한 헌법적 통제(규범통제)를 먼저 행하는 것이 마땅하다. 헌법을 통해 통제되어야 할 심사대상인 법령을 검토해서 심사기준인 헌법적 차원의 개념이나 규준을 판단하는 것은 헌법의 최고규범성에 반하는 것일 뿐만 아니라, 논리 역진적 태도이기 때문이다. 이러한 맥락에서 특히 지방자치단체의 기능과 사무를 규율하고 있

---

**26** Vgl. E. Schmidt-Aßmann, Kommunalrecht, in: ders. (Hrsg.), Besonderes Verwaltungsrecht, 11. Aufl., 1999, S. 18f. Rn. 16ff.; 조성규, 앞의 글, 121-122쪽.

**27** 대판 2008. 6. 12. 2007추42; 대판 2010. 12. 9. 2008다71575; 대판 2022. 4. 28. 2021추5036 참고.

는 「지방자치법」 제11조(사무배분의 기본원칙) · 제12조(사무처리
의 기본원칙) · 제13조(지방자치단체의 사무 범위) · 제14조(지방자치
단체의 종류별 사무배분기준) · 제15조(국가사무의 처리 제한) 등과 같
은 법률 규정들[28]을 당연시하여 이를 준수하는 데 급급하기에
앞서서, 헌법상 "자치에 관한" 것에 기대어 자치사무와 국가사
무를 판별할 수 있는 헌법적 차원의 기준을 마련하고 이를 통
해서 해당 법률 규정들이 밝히고 있는 자치사무와 국가사무의
구분 기준 및 그에 따른 구체적 내용이 헌법에 부합하는 것인
지를 먼저 살펴야 할 것이다.

물론 이러한 판별규준을 헌법에 기초하여 더 구체적이고 예
측가능하게 정립하기 위해서는 무엇보다도 헌법 제117조 제
1항 문언에 주목하여 '주민의 복리에 관한 사무', '재산관리',
'자치에 관한 규정 제정' 등이 갖는 의미를 규명하는 것에 집중
해야겠지만,[29] 헌법 전체적 체계 내에서 지방자치가 갖는 민주

---

**28** 구체적 내용은 이 책 참고 자료 : 성찰 및 대결의 대상으로서 「지방자치법」 참조.
**29** 관련하여 헌법재판소는 강남구청과 대통령 간의 권한쟁의가 문제 된 사건에서
"헌법이 규정하는 이러한 자치권 가운데에는 자치에 관한 규정을 스스로 제정할 수
있는 자치입법권은 물론이고, 그 밖에 그 소속 공무원에 대한 인사와 처우를 스스로
결정하고 이에 관련된 예산을 스스로 편성하여 집행하는 권한이 성질상 당연히 포함
된다. 다만, 이러한 헌법상의 자치권의 범위는 법령에 의하여 형성되고 제한된다."라
고 판시한 바 있다. 이에 관해서는 헌재 2002. 10. 31. 2001헌라1, 판례집 14-2, 370-

주의와 권력분립원칙의 실현 및 주민의 기본적 인권을 신장하는 기능 또한 함께 고려할 필요가 있을 것이다.[30] 다만 본 연구는 구체적인 헌법현실에서 세밀하게 자치에 관한 사항이 무엇인지를 경험적으로 밝히거나 수집하려는 데 목적이 있는 것이 아니라, 규범적 차원에서 "자치에 관한" 권한 행사를 둘러싼 국가기관과 지방자치단체 상호 간 권한 배분에 주목하고 있다. 따라서 여기에서는 헌법 제117조 제1항 "자치에 관한 규정"을 일반적 관점에서 '지방공동체에 뿌리를 두고 있거나 지방공동체와 특유한 관련이 있는 사무에 관한 규정'으로 이해하고,[31] 국가적 차원의 입법기관인 국회와 지방자치단체 차원에서의 입법기관인 지방의회의 관계에 특별히 주목해서 논의를 계속하도록 한다.

---

371쪽.

**30** 방승주, 앞의 글, 76-77쪽.

**31** Vgl. BVerfGE 79, 127(151); Vgl. BVerfGE 50, 195(201); BVerfGE 52, 95(120); BVerfGE 8, 122(134): "Angelegenheiten des örtlichen Wirkungskreises sind nur solche Aufgaben, die in der örtlichen Gemeinschaft wurzeln oder auf die örtliche Gemeinschaft einen spezifischen Bezug haben und von dieser örtlichen Gemeinschaft eigenverantwortlich und selbständig bewältigt werden können."

# 3. 지방자치 영역에 침투하는 국회입법권에 대한 헌법적 통제

## (1) 국회입법권 행사와 관련된 최외곽 한계선으로서의 지방의회유보 원칙

우선 앞서 제기한 물음을 다시 소환해본다: '국가기관인 국회는 자치에 관한 것이면, 그 구체적 내용이 무엇이든지 간에 상관없이 해당 사항을 규율할 수 있는 권한을 갖는 것인가?' 물론 지방자치단체가 "법령의 범위 안에서" "자치에 관한" 규정을 제정할 수 있다는 것(헌법 제117조 제1항)은 자치에 관한 사항이 법령(법률·명령)의 형식으로도 규율될 수 있음을 전제하고 있는 것임을 부정할 수는 없다. 하지만 이러한 전제로부터 '국회가 법률로써 지방자치단체를 배제하고 자치에 관한 모든 사항을 직접 규율하거나 이러한 규율권한을 타 기관에게 수권할 수 있는 것'으로 이해하는 것은 성급한 해석으로 생각된다. 왜냐하면 만약 자치에 관한 특정 사항이 지방자치단체가 제정할 수 있는 "자치에 관한 규정"보다 규범서열체계상 상위에 놓여 있는 규범인 "법령"에 의해 규율됨으로써 헌법이 직접 보장하고 있는 지방자치단체의 자치입법권한("자치입법권은 실질적인 지방자치제도의 구현을 위하여 반드시 보장되어야 할 가장 중요한 자치고권"으로서 헌법 제117조 제1항으로부터 직접 수권 받아 "법령의 범위 안에서 자치에 관한 규정"을 제정할 수 있는 지방자치단체의 고유한 입법권한을 의미한다.)[32]의 형해화로 귀결될 수밖에 없다면, 적어도 해당 사항에 대한 규율권한만큼은 지방자치단체(특히 지방의회)에 전속하는 것으로 해석하는 것이 헌법상 보장된 "지방자치"의 의미 및 자치입법권을 보장하고 있는 헌법 제117조 제1항에 부합하는 것이기 때문이다. 요컨대 헌법이 어떤 규정을 마련하여 일정한 제도를 설치하거나 어떤 사항을 규율하면서 그 제도 혹은 규율사항의 구체적인 내용의 형성을 입법권자인 국회에 맡겼다고 하더라도 그러한 경우에 입법권자인 국회가 갖는 형성권한은 일정한 한계가 있으며, 특히 그 어떠한 경우라도 헌

---

32   이에 관해서는 김진한, 지방자치단체 자치입법권의 헌법적 보장 및 법률유보원칙과의 관계 – 헌법재판소 결정례의 비판적 분석을 중심으로 –, 헌법학연구 18-4(한국헌법학회), 2012, 106쪽, 특히 124쪽: "지방자치단체의 자율적 권한 가운데 가장 중요한 것이 입법고권이다. 지방자치단체의 자기책임성은 해당 지방자치단체의 주민과 지역이 당면한 문제에 관하여 지역적 특성에 맞는 규율을 스스로 찾아내고 이를 규범으로 정립할 수 있을 때 가능할 수 있기 때문이다."; 김명식, 지방자치의 본질과 자치입법권에 관한 재고찰, 공법학연구 16-4(한국비교공법학회), 2015, 85쪽.

법상 제도나 규율 사항 그 자체를 유명무실하게 만드는 입법을 할 수 없고 가능한 한 헌법이 규율하는 내용이 헌법현실에서 잘 구현될 수 있도록 해야 할 의무를 부담한다는 것은 헌법의 규범적 효력(즉 헌법의 최고규범성 및 효력우위)으로부터도 당연히 도출될 수 있는 것인바,[33] 지방자치권은 지방자치의 본질을 침해하지 않는 한도 내에서 법률유보하에 놓여 있을 수 있는 것이라고 해야 한다.[34] 따라서 이 지점에서는 국회의 입법권한은 멈춰야 할 것인바,[35] 만약 국회가 "법률로써" 「지방자치단체가 스스로 규율여부를 결정해야 할 자치(입법)권의 본질 내지는 핵심영

---

**33** 김진한, 앞의 글, 116쪽; 방승주, 앞의 글, 86쪽.

**34** 조성규, 앞의 글, 115쪽; 관련하여 특히 윤재만 교수는 헌법 제117조 제1항의 "법령의 범위 안에서"라는 문언에 주목하여 다음과 같은 의문을 던지고 있다(윤재만, 자치입법권의 국가입법권에 의한 제한, 공법학연구 14-1(한국비교공법학회), 2013, 250-251쪽): "[…], 헌법은 지방자치단체가 오직 법령의 범위 안에서 자치에 관한 규정을 제정할 수 있다(제117조 제1항)고 규정하고 있다. 그러나 이 헌법규정이 반드시 법령이 무슨 내용을 규정하든 법령의 규정을 통하여 지방자치권을 무한축소시킬 수 있고, 형해화시킬 수도 있다는 의미일까? 만약 이렇게 헌법이 규정해 놓은 지방자치권을 법령으로 얼마든지 무한축소하여 형해화시킬 수 있다는 의미라면 헌법이 굳이 지방자치제도를 헌법에 규정해 놓을 필요가 있었을까? 법령으로 얼마든지 형해화시킬 수 있는 지방자치제도를 헌법이 보장한다고 하는 것은 […] 실제로는 헌법이 지방자치제도를 보장하지 않음을 의미하지 않을까?"

**35** 관련하여 조성규, 앞의 글, 124쪽: "법률유보는 그 한계가 설정되지 않는다면, 자치행정보장에 대해 아킬레스건으로 작용할 수 있는 결과, 법률유보의 한계를 설정하는 것이 중요한 문제가 된다."

역에 해당하는 사항」<sup>36</sup>을 직접 규율하거나 혹은 그 규율권한을

**36** 국가로부터 훼손되면 안 되는 자치(입법)권의 본질(Wesensgehalt) 혹은 핵심사항(Keren bereich) ——K. Stern의 견해를 차용하면, 지방자치권의 본질 혹은 핵심사항이라 함은 지방자치제도의 구조 내지 전형적인 형태를 변경하지 않고서는 제거할 수 없는 사항이라고 할 수 있겠다(Vgl K. Stern, Das Staatsrecht der Bundesrepublik Deutschland, Bd. Ⅰ, 2. Aufl., 1984, S. 416). —— 이 무엇인지를 규명하는 것은 지방자치단체의 입법영역에 침투하는 국회입법권 행사에 대한 최외곽의 한계(die äußerste Schranke)를 설정한다는 점에서 중요한 의미를 갖고 있다(Vgl. M. Nierhaus, Art. 28, in: M. Sachs, Grundgesetz Kommentar, 4. Aufl., 2007, Rn. 64). 하지만 이러한 규명활동은 헌법 제37조 제2항 "자유와 권리의 본질적인 내용"이 무엇인지를 규명하는 것에 대비될 수 있을 만큼 매우 까다로운 작업으로 생각된다(지방자치권의 핵심영역 파악에 대한 어려움에 대해서는 홍정선, 앞의 책, 73쪽). 물론 헌법의 구체적 해석을 통해서 지방자치제도의 핵심내용과 윤곽이 그려질 수 있을 것인바(방승주, 앞의 글, 87쪽), 이를 바탕으로 자치영역에 대한 아주 극단적이거나 자의적인 국회입법권의 침투에 대해서는 '지방자치권의 본질 혹은 핵심영역'이라는 관념 그 자체가 절대적인 차단벽으로서 유효하게 기능할 수도 있겠지만, 일반적으로 지방자치단체가 보유하고 있는 자치(입법)권의 핵심사항(혹은 본질내용)이 보다 구체적으로 규명되지 않고서는 자치(입법)권 보장에 효과적인 역할을 기대하기는 어려울 것이다(Vgl. E. Schmidt-Aßmann, a.a.O., S. 21, Rn. 21; 조성규, 앞의 글, 125쪽). 관련하여 지방자치권의 본질 혹은 핵심영역을 규명하려는 방법으로서 독일 연방행정법원으로부터 공제방법(Subtraktionsmethode)이 제안된 바 있지만(Vgl. BVerwGE 6, 19 (25); BVerwGE 6, 342 (345)), '지방자치영역에 대한 국가의 개입 이후에 지방자치단체에게 어떠한 활동가능성이 잔존하는가?'라는 발상을 통해서 지방자치권한의 핵심영역을 확인하고자 하는 공제방법 내지는 공제이론은 결국 지방자치단체에게 잔존하는 권한이 거의 남아있지 않을 경우 혹은 잔존하는 권한이 사라지기 직전에 비로소 의미를 갖게 될 뿐이란 점에서 큰 비판을 받고 있다(Vgl. W. Löwer, Art. 28, in: von Münch/Kunig, Grundgesetz-Kommentar, 3. Aufl., 1995, Rn. 48; 조성규, 앞의 글, 125쪽). 지방자치(입법)권의 본질 혹은 핵심영역이 무엇인지를 규명하는 작업과

다른 국가기관이나 지방자치단체에게 수권했다면, 이러한 국회의 규율행위는 (단순히 지방자치단체의 입법권한을 확인해주는 정도에 그치는 것이 아닌 한) 원칙적으로 "주민에 의한 자기통치의 실현"을 달성하기 위한 헌법기구인 지방자치단체(특히 지방의회)의 입법기능을 형해화하고 나아가 자치입법에 기초한 자치사무의 보장을 거덜낼 수 있는 위헌적인 권한남용으로 평가되어야 할 것이다.[37] 헌법재판소 또한 "지방자치의 본질적 내용인 핵심영역

---

관련하여 여러 가지 어려움과 비판이 존재하고 있긴 하지만, 그럼에도 불구하고 필자는 지방자치(입법)권의 본질 혹은 핵심영역에 대한 관념을 포기하거나 이를 상대화하려는 시도는 극복되어야 한다고 본다. 왜냐하면 지방자치 영역의 본질 내지는 핵심에 대한 중앙정부의 개입을 차단할 수 있는 중요한 이론적 근거를 포기하지 않는 것이 독립된 별도의 장을 통해서 지방자치를 직접 규율하고 있는 헌법의 태도와 잘 부합할 뿐만 아니라, 무엇보다도 다원화된 분권국가를 지향해야 할 현실적 과제 수행을 위해서도 바람직하다고 생각하기 때문이다. 그리고 국가기관이 침투 혹은 개입할 수 없는 자치영역의 구체적 내용을 확보하는 것은 규범이론적 논의에 기대기보다는 지방자치를 겨냥한 실천과 정치적 투쟁에 의존하는 것이 마땅하고 합리적이라고 본다. 이러한 문제의식에서 비롯된 구체적 제안에 관해서는 아래 목차 'III. 자치행정권'에서 구상된 조례안(지방자치단체의 사무분별 및 사무처리에 관한 기본조례안) 참조.

**37** 지방의회의 입법기능이 형해화된다는 것은 결국 자치입법에 기초한 자치사무의 보장 —— 헌법재판소는 "자치사무의 보장"을 "지방자치의 본질적 내용인 핵심영역"으로 언급하고 있다(헌재 2014. 1. 28. 2012헌바216, 판례집 26-1(상), 94쪽 참조) —— 또한 형해화됨을 의미하며, 결국 지방자치단체는 국가의 입법의사를 집행하는 중앙정부의 하수인 내지는 수족과도 같은 지위로 전락할 수 있는 계기가 마련되는 것이다. 따라서 만약 자치에 관한 모든 사항(내용)이 오직 법률을 통해서 직접 규율되도록 하거나 혹은 모든 사항에 대해 반드시 법률의 위임이 있어야만 비로소 지방자치단체가

(자치단체·자치기능·자치사무의 보장)은 어떠한 경우라도 입법 기타 중앙정부의 침해로부터 보호되어야 한다는 것"을 여러 결정들을 통해서 확인해오고 있으며,[38] 학설 또한 기본적으로 이러한 헌법재판소의 입장을 지지하고 있는 것으로 보인다.[39] 같

---

입법권을 행사할 수 있도록 하는 법률을 제정했다면, 이러한 국회의 입법행위는 실질적으로 자치입법권을 무의미하게 하고 지방의회의 존재를 유명무실하게 하거나 지방의회를 국회의 하수인으로 전락시키는 것과 다르지 않다는 점에서 헌법이 보장하고 있는 지방자치단체의 자치권 및 지방의회를 형해화하는 위헌법률이라고 해야 할 것이다.

**38** 헌재 2014. 1. 28. 2012헌바216, 판례집 26-1(상), 94쪽; 같은 취지의 판례로는 헌재 1998. 4. 30. 96헌바62, 판례집 10-1, 385쪽; 헌재 2006. 2. 23. 2004헌바50, 판례집 18-1(상), 182쪽; 헌재 2014. 6. 26. 2013헌바122, 판례집 26-1(하), 566쪽; 헌재 1999. 11. 25. 99헌바28, 판례집 11-2, 551-552쪽: "지방자치제도의 헌법적 보장은 국민주권의 기본원리에서 출발하여 주권의 지역적 주체인 주민에 의한 자기통치의 실현으로 요약할 수 있으므로, 이러한 지방자치의 본질적 내용인 핵심영역은 입법 기타 중앙정부의 침해로부터 보호되어야 함은 헌법상의 요청인 것이다. 중앙정부와 지방자치단체 간에 권력을 수직적으로 분배하는 문제는 서로 조화가 이루어져야 하고, 이 조화를 도모하는 과정에서 입법 또는 중앙정부에 의한 지방자치의 본질의 훼손은 어떠한 경우라도 허용되어서는 안 되는 것이다."; 헌재 2010. 10. 28. 2007헌라4, 판례집 22-2(상), 780-781쪽: "법령에 의하여 지방자치단체의 지방자치권을 제한하는 것이 가능하다고 하더라도, 지방자치단체의 존재 자체를 부인하거나 각종 권한을 말살하는 것과 같이 그 제한이 불합리하여 지방자치권의 본질적인 내용을 침해하여서는 아니된다. 따라서 국회의 입법에 의하여 지방자치권이 침해되었는지 여부를 심사함에 있어서는 지방자치권의 본질적 내용이 침해되었는지 여부만을 심사하면 족하고, 기본권 침해를 심사하는 데 적용되는 과잉금지원칙이나 평등원칙 등을 적용할 것은 아니다."

**39** 방승주, 앞의 글, 102쪽: "과잉금지의 원칙과 상관없이 지방자치권의 본질내용이나 핵심영역은 그 어떠한 한이 있더라도 침해되어서는 안 된다는 원칙이 일반적으로

은 맥락에서 해당 사항에 대한 규율권한을 지방의회가 타 기관 —— 특히 지방자치단체의 장 혹은 교육감 등 —— 에게 수권했다면, 이는 지방의회 스스로가 규율해야 할 본질적인 내용(핵심영역)을 지방의회 스스로가 규율하지 않음으로써 헌법 제117조 제1항에 근거하는 자신의 규율권한을 스스로 잠탈한 것인바, (헌법 제40조로부터 도출될 수 있는 의회유보원칙에 상응하여)[40] 지방의회유보원칙에 위반된다고 말할 수 있겠다.

## (2) 자치사무와 관련된 국회입법권 행사의 제1차적 차단막으로서의 보충성원칙

이어지는 의문들은 다음과 같다: 자치에 관한 사항 중에서 자치입법권의 핵심에 해당하는 것이어서 반드시 지방의회에 의해 규율되어야 할 사항(지방의회유보원칙이 관철되어야 하는 사항)이 아니라면, 과연 국회는 규율내용과 관련하여 아무런 헌법적 한계 없이 법률로써 이를 직접 규율하거나, 이에 대한 규

---

받아들여지고 있다."

40　의회유보원칙에 관해서는 김해원, 수권법률에 대한 수권내용통제로서 의회유보원칙 - 기본권심사를 중심으로 -, 공법학연구 16-2(한국비교공법학회), 2015, 88-95쪽.

율권한을 지방자치단체나 다른 기관에게 수권할 수 있는가?
또 이러한 국회의 입법권행사를 통제할 수 있는 권한법적 차
원에서의 헌법적 규준 내지는 심사기준은 없는 것인가? 이러
한 의문에 대답하기 위해서는 무엇보다도 자치입법영역에 대
한 국회입법권한의 침투와 관련하여 (앞서 언급한 국회입법권 행
사의 최외곽 한계선이라고 할 수 있는 지방의회유보원칙 외의) 또 다른
헌법적 차원의 차단막 내지는 국회입법권을 제한할 수 있는 헌
법적 근거로서 보충성원칙[41]이 주목될 수 있겠다.[42] 왜냐하면
'공동체 내에서 개인이나 더 작은 혹은 하급 조직단위가 자신

---

**41** 헌법 제40조에 근거하는 국회입법권을 통제 혹은 심사하는 기준으로서 보충성
원칙이 활용될 수 있으려면, 무엇보다도 보충성원칙 또한 헌법적 차원의 규범이라는
점이 확인되어야 한다. 우리 헌법이 명시적으로 보충성원칙을 언급하고 있는 것은 아
님에도 불구하고, 보충성원칙이 헌법으로부터 도출될 수 있는 심사기준 내지는 헌법
상의 일반원칙이란 점에 대해서는 학설과 판례 모두 긍정하고 있다(특히 홍완식, 헌
법과 사회보장법에 있어서의 보충성의 원리, 공법연구 28-4(2)(한국공법학회), 2000,
178-182쪽; 정극원, 헌법상 보충성의 원리, 헌법학연구 12-3(한국헌법학회), 2006,
189쪽; 홍성방, 헌법상 보충성의 원리, 공법연구 36-1(한국공법학회), 2007, 618-619
쪽; 허영,『한국헌법론』, 박영사, 2008, 794쪽: "지방자치는 헌법상의 일반원칙인 '보충
의 원리'(Subsidiaritätsprin zip)를 실현하기 위한 중요한 헌법상의 제도라는 점이 강
조되어야 한다."; 헌재 1989. 12. 22. 88헌가13, 판례집 1, 378쪽: "토지거래허가제는
헌법이 정하고 있는 경제질서와도 아무런 충돌이 없다고 할 것이므로 이를 사적자치
의 원칙이나 헌법상의 보충의 원리에 위배된다고 할 수 없다.").
**42** 윤재만, 앞의 글, 268-269쪽.

의 능력만으로 자신의 과제를 완수할 수 없는 경우에만 더 큰 혹은 상급 조직단위가 그 과제의 수행에 착수해야 한다는 것'을 내용으로 하는 보충성원칙[43]은 지방자치를 헌법규범 안으로 밀어 넣도록 만든 정당화 근거 내지는 당위성에 관한 논리이면서 동시에 국가와 지방자치단체 상호 간 헌법적 차원의 권한·기능 분배규준이기 때문이다.[44] 따라서 국가행위의 헌법적 합성여부를 판단하는 잣대인 보충성원칙에 주목하여 우리는 다음과 같이 말할 수 있을 것이다:「국가의 개입 없이도 헌법현실에서 지방자치단체가 순조롭게 잘 처리할 수 있는 자치에 관한 사항을 국가차원에서의 입법권자인 국회가 법률로써 직접 규율하거나 규율권한을 수권함으로써 피수권자인 지방자치단체의 입법권행사에 직·간접적으로 개입한다면, 이러한 국회의 입법행위 및 그 입법의 산물인 법률은 (단순히 지방자치단체의 입법권한을 확인 혹은 지원해주는 것에 그치는 것이 아닌 한) 보충성원칙

---

43  홍성방, 앞의 글, 601쪽.

44  헌법이 제8장에서 지방자치 및 지방의회를 규율하고 있는 이유는 지역적 차원에서 이루어지는 아래로부터 위로의 단계화된 민주주의의 구현과 이러한 민주성에 기초하여 중앙정부와 지방정부 상호 간의 권한배분, 즉 분권화를 달성하기 위함이란 점을 고려한다면, 분권화된 사무배분을 위한 실체적 규준이라고 할 수 있는 보충성원칙은 헌법 제8장에 내재된 헌법적 차원의 규준이라고 할 수 있겠다(특히 조성규, 지방자치제의 헌법적 보장의 의미, 공법연구 30-2(한국공법학회), 2001, 422쪽 참조).

에 합치되지 않아 위헌이라고 평가해야 할 것이며,[45] 같은 맥락에서 "자치에 관한" 사항 중에서도 지방자치단체의 업무처리능력을 기대할 수 없거나 기대하기 어려운 경우 혹은 그 기대치가 낮을수록 그에 비례하여 광역지방자치단체나 국가기관이 개입할 수 있는 여지가 커질 수 있을 것이다.」 그리고 바로 이러한 지점에서 지방자치단체와 국가기관 상호 간 권한·기능 분배규준으로 작동하는 보충성원칙은 지방자치단체의 업무처리능력에 주목하여 자치영역에 개입하는 국가기관의 행위를 통제하기 위한 헌법적 빗장 내지는 심사기준일 뿐만 아니라, 지방자치단체의 자기책임성을 담보할 수 있는 헌법적 장치로서 그 의미를 뚜렷하게 드러낸다.[46]

한편 '자치에 관한 특정 사항을 해당 지방자치단체가 스스로 잘 처리할 수 있고, 해당 지방의회가 이를 잘 규율할 수 있는지

---

**45**  홍성방, 앞의 글, 619쪽: "법규범이 보충성의 원리에 합치되지 않는 한 그 법규범은 위헌임을 면하지 못할 것이다."

**46**  지방자치영역에 개입하는 국가행위를 평가함에 있어서 지방자치단체의 업무처리능력에 주목하는 견해로는 특히 방승주, 앞의 글, 83-84쪽; 옥무석/최승원, 국가와 지방자치단체와의 관계 - 중앙과 지방 간의 행정의 일관성과 독자성 -, 지방자치법연구 2-2(한국지방자치법학회), 2002, 52쪽; Vgl. D. Ehlers, Die verfassungsrechtliche Garantie der kommunalen Selbstverwaltung, in: DVBl, 2000, S. 1305.

에 관한 판단(지방자치단체의 업무처리능력에 관한 판단)'은 지방자치단체의 행정력이나 재정적 여건, 면적 및 구조나 소속된 주민의 수 등과 같은 헌법현실과 (규율대상에 해당하는) 자치에 관한 특정 사항이 갖는 광역적·국가적 공익과의 관련성 등을 고려해서 구체적으로 행해져야 하겠지만,[47] 일반적으로 규율대상에 해당하는 자치에 관한 사항이 광역적·국가적 공익과의 관련성이 높으면 높을수록, 그리고 지방자치단체의 업무처리능력이 낮으면 낮을수록, 보충성원칙에 기초해서 국가개입을 통제할 수 있는 심사강도는 상대적으로 낮아진다고 할 수 있을 것이다.[48] 그러나 단순히 행정 간소화나 일반적인 경제성·효율성 및 절약의 원칙에 근거한 사무박탈 및 입법적 개입은 가급적 억제 혹은 금지되어야 할 것이다.[49] 그리고 구체적 사안에서

---

**47** 관련하여 윤재만 교수는 "국가입법권이 자치입법권을 보충할 경우는 지방자치단체의 자치입법권에 의하여 입법할 경우보다 국가입법권에 의하여 입법할 경우 주민의 기본권을 보다 신장하여 보장할 수 있는 경우라고 할 수 있을 것"이라고 하면서 기본권적 관점에서 보충성원칙의 위반여부를 판단하고 있다(윤재만, 앞의 글, 268쪽). 하지만 이러한 견해는 권한행사의 가능성 내지는 조건에 관한 문제와 권한행사의 결과에 관한 문제를 혼동하고 있다는 점에서 논리적 타당성이 의심스럽다.

**48** 방승주, 앞의 글, 90쪽.

**49** 조성규, 앞의 글(주 23), 115쪽; 같은 취지로 특히 방승주, 앞의 글, 85쪽: "오늘날의 산업사회에서는 지방자치의 고유사무의 개념이 상대화되어 가고 있는 점을 고려하여, 보다 효율적으로 사무처리를 할 수 있는 기관에게 이러한 사무처리권한을 부

규율대상인 자치에 관한 사항과 관련하여 지방자치단체가 업무처리능력을 보유하고 있는지에 관한 입증책임은 보충성원칙의 취지를 고려한다면 원칙적으로 자치영역에 개입하는 국가가 부담해야 하겠지만,[50] "자치에 관한" 사항·업무이면서도 동시에 초지역적 내지는 국가 전체적 관점에서의 공공복리 및 질서유지와 관련된 사무로서의 성격이 강한 경우[51]에는 해당

---

여하고, 기존의 지방자치단체는 그러한 사무처리과정에 협력하고 동참할 수 있도록 하자는 의미의 소위 기능적 자치이론이나 그와 유사한 여러 시도들이 가능할 수 있겠으나, 문제는 그와 같은 사무처리의 효율성 및 사무처리 능력의 관점에서 보게 되면 점차로 중앙집권화될 수밖에 없다고 하는 점이며, 따라서 이것은 […] 권력분립(Gewaltenteilung)과 분권(Dezentralisation)의 이념에 부합하지 않기 때문에 문제가 있다."

50  홍성방, 앞의 글, 619쪽: "소규모단체와 대규모단체 사이에 법규범에 명문근거가 없는 권한에 대하여 다툼이 있는 경우에 대규모 단체가 그 권한이 자신의 권한이라는 것을 입증하지 못하는 한, 보충성의 원리에 의하여 소규모단체의 권한으로 의제될 것이다."

51  사실 자치사무와 국가사무 간에는 폭넓은 점이지대가 존재할 것으로 보인다. 왜냐하면 지역의 주민은 동시에 국가의 국민인 경우가 많고, 지역주민의 복리에 관한 사무는 국가의 공공복리와 관련된 내용일 수도 있기 때문이다(방승주, 앞의 글, 83쪽). 그런데 이러한 점이지대에 놓인 업무라고 하더라도 지방자치단체가 해당 업무를 잘 수행할 수 있고 또 그러한 수행으로 인하여 국가의 공공복리를 저해하거나 질서유지에 해악을 초래하는 것이 아니라면, 원칙적으로 지방자치단체가 이를 담당하여 관련 입법권 및 행정권을 행사해야 하는 것으로 해석하는 것이 헌법이 지방자치제를 보장하고 있는 취지에 더 잘 부합할 것으로 생각된다(관련하여 방승주 앞의 글, 90쪽 참조).

지방자치단체가 자신의 업무처리능력을 입증하는 것이 합리적이라고 생각된다.[52]

## (3) 충돌하는 입법권의 조정원리로서 법령우위원칙

지방자치권의 본질 내지는 핵심영역에 해당하지 않는 자치에 관한 사항 중에서 헌법현실에서 지방자치단체가 스스로의 힘으로는 잘 수행하기가 어렵거나 곤란한 문제들에 대한 규율권한은 원칙적으로 국가기관인 법령정립권자(국회 등)와 지방의회가 함께 공유한다.[53] 따라서 규율권한을 둘러싸고 법률유

---

[52] 왜냐하면 '능력 없음'에 대한 입증보다 '능력 있음'에 대한 입증이 일반적으로 훨씬 수월할 뿐만 아니라, 어떤 사실의 성립 및 존재는 그것을 주장하는 자가 논증을 부담하며, 이미 성립 혹은 존재가 확인된 사실의 변화 및 소멸은 그러한 변화 및 소멸을 주장하는 자가 논증을 부담하는 것이 일반적인 입증책임의 법리에 부합하기 때문이다.

[53] 자치권의 본질 내지는 핵심영역에 해당하는 사항이라면, (지방자치단체가 해당 사항을 잘 수행할 수 있는지 여부와 상관없이) 이에 대한 규율권한은 지방자치단체(혹은 지방의회)에게 전속적·배타적으로 귀속되는 것으로 해석하는 것이 헌법규범의 의미(특히 지방의회유보원칙)에 부합할 것이다. 따라서 헌법해석으로부터 얻어진 자치권의 핵심영역에 해당하는 것임에도 불구하고 헌법현실적으로 지방자치단체 차원에서 스스로 이를 잘 처리하거나 규율할 수 없다면, 이는 원칙적으로 헌법현실과 헌법규범 간의 괴리문제로서 헌법현실을 변화시키거나 헌법개정 등의 방법을 모색함으로써 대처해야 할 사안이라 하겠다. 물론 이 경우 국가기관은 지방자치단체가 자

보원칙에 기초한 국회와 "자치에 관한 규정" 유보원칙(이를 '조례유보원칙'이라고 불러도 좋을 것이다)에 기초한 지방자치단체(지방의회) 상호 간 권한충돌이 발생할 수 있다. 그리고 이러한 충돌은 특히 동일한 규율대상을 국회의 "법률"과 지방자치단체의 "자치에 관한 규정"이 달리 규정하고 있을 때 극대화될 것이다. 하지만 이러한 충돌은 "법령의 범위 안에서"라는 헌법 제117조 제1항 문언에 근거하여 도출될 수 있는 「"자치에 관한 규정"에 대한 "법령"우위원칙(특히 법률우위원칙)」이 관철됨으로써 규범적 차원에서는 해결될 수 있을 것이다.[54][55] 물론 이러한

---

치권의 핵심영역에 해당하는 사항을 잘 처리(혹은 규율)할 수 있도록 간접적으로 지원하거나 도움을 줄 수는 있겠지만, 해당 사항을 규범적 차원에서 자신의 업무로 삼거나 규율권한을 주장할 수는 없을 것이다. 그리고 만약 '자치권의 본질 내지는 핵심영역에 해당하지 않는 자치에 관한 사항 중에서 헌법현실에서 지방자치단체가 자력으로 잘 수행할 수 있는 사항'이라면, 이 경우에는 앞서 언급한 보충성원칙이 준수되어야 하므로 원칙적으로 해당 사항에 대한 국회의 규율권한은 멈추어야 마땅하다. 따라서 자치에 관한 사항 중에서 헌법 제117조 제1항 "법령"으로 규율될 수 있는 사무는 '지방자치권의 본질 내지는 핵심영역에 해당하지 않는 자치에 관한 사항 중에서 헌법현실상 지방자치단체가 자력으로 잘 수행하기가 어렵거나 곤란한 경우'에 국한된다.

54  이에 관해서는 특히 정종섭, 『헌법학원론』, 박영사, 2016, 1010쪽: "헌법은 조례제정에서 법령우위의 원칙을 정하고 있다. 이러한 것이 헌법이 정하는 조례의 범위이다."

55  한편 헌법 제117조 제1항 "법령의 범위 안에서"의 의미는 "자치에 관한 규정"에 대한 법령우위원칙을 선언하고 있다는 점에 대해서는 의심의 여지가 없으나, 해당 문구로부터 "자치에 관한 규정"은 반드시 법령의 위임을 필요로 하는 것인지에 관해서

규범충돌이 본격화되기 이전에 국회는 스스로 "자치에 관한" 사항과 관련된 입법적 개입을 자제하는 것이 바람직할 것이며, 실제로 규범충돌상황이 발생한 경우라고 하더라도 상위규범인 "법령"을 심사기준으로, 하위규범인 "자치에 관한 규정"을 심사대상으로 삼아서 손쉽게 자치에 관한 규정에 대해 법령위반을 선언하기보다는, 가급적 "자치에 관한 규정"을 법령합치적으로 해석해서 자치에 관한 사항을 규율하고 있는 지방자치단체(지방의회)의 의사가 가능한 한 관철될 수 있도록 하는 해석방법을 모색하는 것이 바람직하다고 하겠다.[56] 왜냐하면 헌법은 "자치에 관한" 사항과 관련된 제1차적 규율정립권자로서 "지방자치단체"를 예정하고 있기 때문이다.

---

논란이 있다. 이러한 논란은 특히 헌법 제37조 제2항 "법률로써"의 해석론 및 「지방자치법」 제28조 제1항 제2문의 위헌성 여부와 결부하여 다소 복잡한 논의를 유발하고 있다(이에 관한 상세한 논의는 아래 목차 Ⅱ. 3. (4) 참조).

**56**  관련하여 김진한 교수의 입장은 다음과 같다(김진한, 앞의 글, 129쪽): "헌법 제117조 제1항의 규정취지와 법치주의 원칙에 근거하고 있는 우리 헌법상 통치구조, 그리고 지방자치제도 보장 취지를 통일적·규범조화적으로 해석한다면 조례제정권이 제한되는 범위를 가급적 좁게 해석할 필요가 있다. 그리하여 조례와 충돌하는 법률 또는 행정기관의 명령이 있는 경우에도 당연히 조례에 우선하는 것으로 판단하기보다는 그와 같은 규범이 지방자치 입법권의 본질적인 침해에 해당하거나 자치입법권을 비례의 원칙에 위반하여 침해하는 것인지 여부를 반드시 먼저 심사할 필요가 있다."

**(4) 보론 : 헌법 제117조 제1항 "법령의 범위 안에서"의 의미와 「지방자치법」 제28조 제1항 제2문의 위헌성 여부**

> **대한민국헌법** 제117조 ① 지방자치단체는 주민의 복리에 관한 사무를 처리하고 재산을 관리하며, 법령의 범위 안에서 자치에 관한 규정을 제정할 수 있다.
>
> **지방자치법** 제28조 ① 지방자치단체는 법령의 범위에서 그 사무에 관하여 조례를 제정할 수 있다. 다만, 주민의 권리 제한 또는 의무 부과에 관한 사항이나 벌칙을 정할 때에는 법률의 위임이 있어야 한다.

헌법 제117조 제1항 "법령의 범위 안에서"의 의미는 "자치에 관한 규정"에 대한 법령우위원칙을 선언하고 있다는 점에 대해서는 의심의 여지가 없으나, 해당 문구로부터 "자치에 관한 규정"은 반드시 법령의 위임을 필요로 한다는 것인지, 아니면 단순히 '법령의 범위'를 벗어나지 않으면 충분하고 반드시 법령의 위임을 필요로 하는 것은 아니라는 의미인지에 관해서 논란이 있다.[57] 만약 전자의 해석이 타당하다면 「지방자치법」

---

57 이준일, 『헌법학강의』, 홍문사, 2015, 276쪽; 관련하여 대립하는 견해들에 대한 적시는 특히 방승주, 앞의 글, 96쪽 주 166 참조.

제28조 제1항 제2문을 위헌이라고 의심하기는 어렵겠지만, 후자의 해석이 타당하다면 헌법으로부터 근거한 지방의회의 조례제정권이 법률규정, 즉 「지방자치법」 제28조 제1항 제2문에 의해서 부당하게 축소되었다는 의심을 받게 된다.[58] 생각건대 자치법규로서 기능하는 규범을 지방자치단체가 정립할 수 있는 권한은 헌법기관인 지방자치단체(특히 지방의회)의 본질 및 헌법기관충실원칙에서 도출되는 지방자치단체의 기본적 권한이면서[59] 동시에 헌법 제117조 제1항에 의해 직접 부여받은 권한이므로, 자치사무에 관한 지방의회의 자치에 관한 규정 정립권(조례제정권)은 법령의 위임이 필요하지 않다고 보아야 할 것인바, 지방의회는 원칙적으로 법령의 범위를 벗어나지 않는 한 (법령에 위반되지 않는 한)[60] 법령의 위임이 없어도 자치사무에 관

---

**58** 「지방자치법」 제28조 제1항 제2문의 위헌성여부와 관련하여 합헌설과 위헌설에 관한 상세한 설명 및 위헌설의 입장에서 합헌설을 비판하고 있는 견해로는 특히 김배원, 헌법적 관점에서의 지방자치의 본질, 공법학연구 9-1(한국비교공법학회), 2008, 241-245쪽 참조; 관련해서 헌법재판소와 대법원은 합헌설의 입장에 있다(특히 헌재 1995. 4. 20. 92헌마264; 대법원 1995. 5. 12. 94추28; 대법원 1997. 4. 25. 96추251).

**59** 허완중, 헌법기관충실원칙, 공법연구 42-2(한국공법학회), 2013, 46쪽 참조.

**60** "법령의 범위 안에서"를 법령에 위반되지 않는 범위 내로 해석하는 것이 합당하다는 견해로는 특히 조정환, 자치입법권 특히 조례제정권과 법률우위와의 관계문제, 공법연구 29-1(한국공법학회), 2000, 384쪽; 방승주, 앞의 글, 96쪽; 한편 대법원 판례 또한 "법령의 범위 안에서"를 법령에 위반되지 않는 범위 내로 해석하고 있다(이에 관

한 조례를 자율적으로 제정할 수 있는 권한을 갖는다고 보아야
할 것이다.[61][62] 특히 지방자치가 본래부터 국가로부터의 독립

---

해서는 특히 대법원 2009. 4. 9. 2007추103 참조).

**61** 이준일, 앞의 책, 276쪽.

**62** 바로 이러한 점에서 (헌법이 분명하게 구체적이고 개별적인 위임과 수권이 있어
야 발할 수 있는 것으로 규정하고 있어서) 법률우위원칙뿐만 아니라 법률유보원칙 또
한 준수되는 가운데 발해져야만 하는 대통령령·총리령·부령 등과 같은 행정입법권
(헌법 제75조 및 제95조)과 지방자치단체가 보유하고 있는 자치입법권(헌법 제117조
제1항)은 분명히 구별된다고 하겠다(김성호, 조례제정권의 범위와 한계, 법과 정책연
구 4-1(한국법정책학회), 2004, 118쪽). 오히려 헌법 제117조 제1항 "자치에 관한 규
정"은 헌법이 명시적으로 "법률에 저촉되지 아니하는 범위 안에서" 제정될 수 있는 규
범으로 언급하고 있는 국회규칙(헌법 제64조 제1항), 대법원규칙(헌법 제108조), 헌
법재판소규칙(헌법 제113조 제2항), 내부규율에 관한 중앙선거관리위원회규칙(헌법
제114조 제6항 후단) 등과 유사한 성격을 갖는 것으로 생각된다. 물론 중앙선거관리
위원회의 규칙제정권과 관련하여 헌법 제114조 제6항은 "법령의 범위 안에서" 제정될
수 있는 선거관리·국민투표관리 또는 정당사무에 관한 규칙과 "법률에 저촉되지 아니
하는 범위 안에서" 제정될 수 있는 내부규율에 관한 규칙을 분별하고 있다는 점에 주
목하여 "법령의 범위 안에서" 제정될 수 있는 자치입법권을 "법률에 저촉되지 아니하
는 범위 안에서" 제정될 수 있는 규칙제정권과 유사하게 이해하는 것은 헌법의 취지
에 부합되지 않는다는 주장도 일견 가능해 보인다(이승환, 지방자치단체 자치권의 본
질과 범위, 지방자치법연구 11-3(한국지방자치법학회), 2011, 11쪽). 하지만 이러한
주장에 대해서는 다음과 같은 비판이 가능할 것이다(김명식, 앞의 글, 84쪽): "선거관
리·국민투표관리 또는 정당사무관리 등과 같이 전국적으로 통일된 기준과 절차에 따
라 처리되어야 할 사안에 대해 국가법령에 의한 통제를 받게 하는 것이 어떻면 보면
당연한 요청임에 반해, 선거관리위원회의 내부규율을 정함에 있어서는 보다 자율적
이고 재량적으로 할 수 있도록 하기 위한 것"이다. 따라서 헌법 제114조 제6항이 "법
령의 범위 안에서"와 "법률에 저촉되지 아니하는 범위 안에서"를 분별하고 있는 점에
주목하여, 헌법 제117조 제1항 "법령의 범위 안에서"를 '법령에 저촉되지 아니하는 범

성(단체자치)과 자율성(주민자치)을 보장받기 위한 것임을 상기한다면, 자치입법권에 대해서는 기본적으로 법률우위원칙이 적용될 뿐 법률유보원칙은 적용되지 않는 것으로 이해하는 것이 바람직하다고 하겠다.[63]

　물론 "주민의 권리 제한 또는 의무 부과에 관한 사항이나 벌칙을 정할 때에는 법률의 위임이 있어야 한다."라고 규정하고 있는 「지방자치법」 제28조 제1항 제2문은 기본권제한에 있어서 법률유보원칙을 선언하고 있는 헌법 제37조 제2항("국민의 모든 자유와 권리는 […] 법률로써 제한할 수 있으며, […].")을 확인

---

위 안에서'로 이해할 수 없다는 견해는 반박될 수 있겠다. 왜냐하면 자치에 관한 규정은 (전국적으로 통일된 기준과 절차에 따라 처리될 것을 예정한 규범이 아니라) 본질적으로 지방자치단체 내부 규범으로서의 성격을 갖고 있기 때문이다.; 한편 헌법 제117조 제1항 후문에서 "법령의 범위 안에서 자치에 관한 규정을 제정할 수 있다."라고 규정하고 있지만, 2022년 1월 13일부터 시행된 현행 「지방자치법」은 지방자치단체의 조례제정과 관련해서 (종래의 규정과는 달리) 헌법 제117조 제1항의 "법령의 범위 안에서"를 그대로 반복하지 않고, "법령의 범위에서"라고 규정하고 있다(제28조 제1항 제1문: "지방자치단체는 법령의 범위에서 그 사무에 관하여 조례를 제정할 수 있다."). 따라서 헌법 제117조 제1항 "법령의 범위 안에서"를 '법령에 저촉되지 아니하는 범위 안에서' 혹은 '법령에 위반되지 않는 범위 안에서'로 이해할 수 있는지에 관한 논란은 차치하더라도, 현행 「지방자치법」의 문언은 지방자치단체의 조례제정과 관련해서 원칙적으로 법령으로부터 위임을 받지 않아도 (법령에 저촉 혹은 위반되지 않는다면) 지방자치단체는 자신의 사무에 관하여 조례를 제정할 수 있다고 이해될 여지가 과거보다는 더 커졌다고 할 수 있다.

63　김명식, 앞의 글, 84쪽.

한 것이므로 헌법에 위반되지 않는다는 견해가 있다.[64] 하지 만 헌법 제37조 제2항에 근거하는 법률유보원칙은 (무제한적으로 관철될 수 있는 것이 아니라) 기본적으로 국회입법권한이 미치는 범위 내에서 활용될 수 있는 규준이라고 할 것이므로,[65] 헌

---

[64]  이러한 견해들에 대한 구체적 적시로는 방승주, 앞의 글, 97쪽 주 172 참조.

[65]  헌법(특히 헌법은 제37조 제2항에서 "국민의 모든 자유와 권리는 […] 법률로써 제한할 수 있으며, […]."라고 규정하고 있다.)은 입법권을 행사하는 국회가 기본권을 제한하고자 한다면, 반드시 "법률로써" 하도록 규정하고 있다. 이러한 기본권관계에 서의 법률유보원칙을 선언하고 있는 헌법 제37조 제2항 및 국회중심의 입법원칙을 선 언하고 있는 것으로 이해되고 있는 헌법 제40조 등으로부터 기본권관계에 대한 규율 권한이 원칙적으로 국회에 있다고 볼 수 있겠으나, 기본권관계를 규율하는 입법권한 을 국회만이 배타적으로 독점해야 하는 것이 헌법제정권자의 의사라고 평가할 수는 없을 것이다. 실제로 헌법은 "법률"의 위임 없이도 기본권관계에 영향을 미칠 수 있는 규범들(예컨대 헌법 제60조 "국민에게 중대한 재정적 부담을 지우는 조약", 헌법 제76 조 제1항 및 제2항 "법률의 효력을 가지는 명령", 그리고 헌법 제27조 제1항 "재판을 받 을 권리"에 밀접한 영향을 미칠 수 있는 소송에 관한 절차를 규율하는 대법원 규칙(헌 법 제108조)과 심판에 관한 절차를 규율하는 헌법재판소 규칙(헌법 제113조 제2항), 참정권이나 결사의 자유(혹은 정당의 자유)에 영향을 미치는 선거관리·국민투표관리 또는 정당사무에 관한 중앙선거관리위원회의 규칙(헌법 제114조 제6항), 지방자치단 체 주민의 기본권에 영향을 미칠 수 있는 "자치에 관한 규정"(헌법 제117조 제1항) 등) 을 함께 알고 있다. 요컨대 기본권제한 등과 같은 일정한 사안들을 "법률로써" 규율하 는 것이 원칙이라는 법률유보원칙으로부터 국회입법권한이 추정될 수는 있겠지만, 해당 사안에 대해서 국회만이 입법권을 갖는다고 보는 것은 논리적 비약이다. 오히려 논리적으로는 국회입법권한이 먼저 존재한 다음 그러한 권한에 기초해서 국회가 어 떤 사항을 법률로써 규율할 수 있다는 점에서, 국회입법권한이 미치는 영역에서 법률 유보원칙이 관철될 수 있는 것이다. 따라서 법률유보원칙의 관철을 주장하기 이전에, 입법권한을 둘러싼 헌법기관들 간의 관할문제가 먼저 정리되어야 할 것이다.

법 제117조 제1항에 근거한 지방자치단체의 입법권과 헌법 제
40조에 근거하는 국회의 입법권 상호 간 권한다툼에서는 헌법
이 요청하고 있는 규준 —— 특히 앞서 언급한 지방의회유보원
칙과 보충성원칙 —— 에 따라 국회입법권한이 일정부분 후퇴
되어야 할 터인데,[66] 이렇게 국회입법권한이 후퇴하는 영역에
서까지 헌법 제37조 제2항에 근거한 법률유보원칙이 절대적
으로 관철되어야 한다고 볼 수 없을 것인바, 규율영역과 관련
하여 국회의 입법권과 지방자치단체의 입법권은 원칙과 예외
의 관계(즉 지방자치단체에게 입법권을 부여하고 있는 헌법 제117조 제
1항은 국회입법권을 규정한 헌법 제40조 혹은 기본권관계에서의 법률유
보원칙을 규율하고 있는 헌법 제37조 제2항 등에 대하여 헌법 스스로가

---

**66** 관련하여 이기우 교수는 다음과 같은 의견을 피력하고 있다(이기우, 부담적 조례
와 법률유보에 관한 비판적 검토, 헌법학연구 13-3(한국헌법학회), 2007, 380쪽): "지
방자치를 보장하고 있는 헌법 제117조 제1항은 단순히 국가에 대한 지방자치단체의
권한을 설정하는 국가와 지방자치단체의 관계를 규정하는 데 그치는 것이 아니고 지
방자치단체와 그 구성원인 주민과의 관계에 대한 권한을 규정하고 있는 관할의 규정
이라고 볼 수 있다. 헌법 제40조가 국회에게 입법권을 부여하고 헌법 66조가 행정권
을 […] 국가기관에게 부여하여 국민에 대한 관할권을 부여하는 것과 마찬가지 의미
에서 헌법 제117조 제1항은 지방자치단체에게 입법권과 행정권을 부여하여 주민에
대한 관할권을 부여한 것이라고 볼 수 있다. 따라서 입법권의 관점에서 본다면 헌법
제117조 제1항은 헌법 제40조에 의한 국회의 입법권에 대한 예외로서 지방자치단체
의 입법권을 설정한 것으로서 헌법에 의해 직접 부여된 지방자치단체의 고유한 입법
권이라고 할 수 있다."

설정한 헌법적 예외)로 파악되어야 할 것이다.[67] 이러한 관점에서

---

**67**   문상덕, 조례와 법률유보 재론 – 지방자치법 제22조 단서를 중심으로 –, 행정법
연구 19(행정법이론실무학회), 2007, 13쪽; 관련된 특히 김배원, 앞의 글, 244쪽: "합헌
설에서는 헌법 제37조 제2항과 헌법 제117조 제1항을 상하관계로 보고 있는데, 오히
려 원칙과 예외로 파악할 수는 없는지 하는 관점에서 접근을 시도해 볼 수 있을 것이
다. 우선 지방자치단체의 권력(권한)도 헌법 제1조 제2항에 의거하여 국민으로부터
유래하는 것이고, 기본권은 모든 국가권력을 구속하고 최대보장이어야 한다는 점에
서는 지방자치단체의 입법권도 예외는 아니다. 기본권 제한의 일반적 법률유보조항
인 헌법 제37조 제2항은 기본권의 제한은 '형식적 의미의 법률'로써 하도록 하고 그러
한 법률의 제정은 국회의 전권사항으로 하고 있다. 다만, 기본권 제한의 규범형식으
로 볼 때, 형식적 의미의 법률 외에도 법률과 동등한 효력을 가지는 긴급명령·긴급재
정경제명령 및 조약과 하위 법규범인 법규명령, 규칙, 조례로도 기본권의 제한이 가
능하다. 그리고 '행정규칙'조차도 법규명령으로 기능하는 경우에는 법규명령적 성격
을 지닌다는 것이 판례이다. 이와 관련하여 헌법은 ⅰ) 법률과 동일한 효력을 갖는 기
본권의 제한에 대하여는 국회의 승인이나 동의를 얻도록 하며(제76조, 제60조), ⅱ)
법률 하위의 경우에 a) 법률의 집행을 주 임무로 하는 행정부가 원칙적으로 인적·물적
·공간적 사항의 제한이 없는 일반적인 행정입법을 함에 있어서는 구체적 위임을 요하
고(제75조), b) 사항적 한계 또는 사항적·지역적 한계를 동시에 지니는 규칙이나 조례
의 제정에 있어서는 '법률에 저촉되지 아니하는 범위 안에서' 또는 '법령의 범위 안에
서'라는 제한을 두어 예외적으로 입법을 할 수 있도록 하였다고 보면, 특히 헌법 제37
조 제2항과 제117조 제1항을 상하관계에 둘 이유는 없을 것이고 원칙과 예외관계로
파악할 수도 있지 않을까 싶다. 수평적 권력분립관계에서 인정되는 규칙제정권——
조례와는 달리 민주적 정당성이 결여되어 있음에도 불구하고—— 에 대하여 법률우
위의 원칙을 논할 뿐 법률유보의 원칙에 대하여는 논하는 바가 거의 없음에도 불구하
고, 유독 수직적 권력분립관계로 설명하는 지방자치단체의 조례제정권에 있어서 법
률유보 논쟁이 격렬한 것은 의식적이든 무의식적이든 국가와 지방자치단체의 관계
를 은연중에 상하관계로 파악하는 상황도 한몫을 한 것은 아닐지 모르겠다."; 김명식,
앞의 글, 88쪽: "헌법 제117조 제1항이 헌법 제37조 제2항보다 하위에 있는 것이 아니

지금까지의 논의를 종합하여 「지방자치법」 제28조 제1항 제2문의 위헌성 여부를 다음과 같이 말할 수 있을 것이다: 「'지방자치권의 본질 내지는 핵심에 해당하는 영역' 및 '지방자치권의 핵심영역이라고 할 수는 없지만, 지방자치단체가 스스로 잘 처리할 수 있는 자치에 관한 영역'은 각각 지방의회유보원칙과 보충성원칙에 의해서 국회입법권한이 침투할 수 없는 영역인 바, 이러한 영역과 결부해서 발생하는 주민의 권리 제한 또는 의무 부과 등에 대해서는 원칙적으로 헌법 제37조 제2항 "법률로써"로부터 도출될 수 있는 기본권관계에서의 법률유보원칙이 관철되지 않는다. 따라서 이러한 경우에는 (헌법 제37조 제2항에 근거하는 법률유보원칙의 예외로써) 헌법 제117조 제1항에 근거하여 법률의 위임 없이도 지방의회가 조례를 제정하여 주

라 후자가 원칙적 규정이고 전자는 예외적 규정으로 관계를 설정함으로써 기본권 최대한 보장의 이념과 지방자치의 자주성과 민주성의 요청을 조화롭게 실현할 수 있다고 본다. 즉, 헌법은 제37조 제2항에서 기본권제한의 형식을 원칙적으로 '형식적 의미의 법률'로써 하도록 하고 있으나, 여러 규칙제정권에서 보는 바와 같이 '법령의 범위 안에서'나 '법률에 저촉되지 않는 범위 안에서' 예외적으로 법률의 수권이 없이도 기본권제한의 효과를 가지는 법규를 창설할 수 있도록 하고 있는바, 자치입법권 또한 이러한 예외의 하나로 본다면 법령의 개별적 수권 없이도 주민의 권리를 제한하거나 의무를 부과할 수 있다는 해석도 얼마든지 가능하다고 본다. 다만, 이러한 경우라 하더라도 헌법에서 규율하고 있는 실질적인 의미에서의 기본권침해 심사기준 […]은 당연히 적용되어야 할 것이다.」

민의 권리 제한 또는 의무 부과의 근거를 마련할 수 있을 것인 바,[68] 만약 이 경우에도 「지방자치법」 제28조 제1항 제2문이 관철되어야 하는 것으로 해석될 수밖에 없다면 「지방자치법」 제28조 제1항 제2문은 헌법 제117조 제1항에 의해서 부여받

---

[68] 물론 헌법 제117조 제1항에 근거해서 지방자치단체가 제정한 "자치에 관한 규정"이 기본권관계를 규율하게 될 경우에 헌법 제37조 제2항에 근거를 둔 법률유보원칙이 적용되지 않을 수 있다는 것이지, 헌법 제37조 제2항에서 근거를 찾을 수 있는 다른 기본권심사기준들(예컨대 목적의 정당성, 비례성원칙, 본질내용침해금지원칙 등) 또한 "자치에 관한 규정"에 의한 기본권침범의 경우에는 적용되지 않는다고 해석할 수 있는 것은 아니다. 왜냐하면 권력기관들 간의 권한배분(특히 입법권한배분)에 관한 문제에서 적용되는 심사기준과 기본권적 보호법익과 관련해서 준수되어야 하는 심사기준들은 기본적으로 다른 차원의 문제라는 점 ——즉 기본권심사에서 전자는 기본권침범근거법률의 권한·절차·형태에 대한 심사(형식적 헌법적합성 여부 심사)에 있어서 검토되어야 할 사항이며, 후자는 실질적 헌법적합성 여부를 판단함에 있어서 검토되어야 할 사항이다. ——에서 이들을 결부시키는 것은 논리적 비약이기 때문이다. 뿐만 아니라 "법률로써" 행해지는 기본권제한에서 헌법이 마련해두고 있는 심사기준들은 헌법에서 특별한 규정이 없는 한 법률보다 하위에 있는 규범인 "자치에 관한 규정"에 근거해서 행해지는 기본권제한의 경우에도 준수되어야 하는 것으로 해석하지 않는다면, 이는 결국 법률하위의 효력을 갖고 있는 "자치에 관한 규정"에 기초한 기본권침범이 법률에 근거한 기본권침범보다 손쉽게 기본권심사를 통과하여 합헌으로 취급될 수 있음을 의미하게 된다는 점 또한 헌법해석에서 고려되어야 할 것이다. 요컨대 법률유보원칙은 기본권제한의 허용성 내지는 기본권침범의 근거와 관련된 원칙이며, 목적의 정당성, 비례성원칙, 본질내용침해금지원칙 등등은 허용된 기본권침범에 대한 실질적 헌법적합성심사를 위한 심사기준이란 점에서 법률유보원칙에 대한 예외 인정이 바로 다른 심사기준들에 대한 예외 인정으로 귀결된다는 것은 성급한 주장이며, 나아가 기본권의 최대보장 이념에도 부합되기 어렵다고 하겠다.

은 자치입법권을 부당하게 축소하는 위헌규정으로 판단해야 할 것이다.[69] 그러나 「지방자치법」 제28조 제1항 제2문을 "자치에 관한 규정"에 대해 "법령"의 우위가 관철될 수 있는 영역에서 적용되는 조항으로 국한해서 해석하는 한, 이는 헌법 제37조 제2항에 근거하는 기본권관계에서의 법률유보원칙을 확인하는 조항으로서 헌법에 위반되지 않는다고 평가할 수 있을 것이다.[70]

---

**69** 물론 「지방자치법」 제34조에 근거해서 조례를 위반한 행위에 대해 조례로써 1천만 원 이하의 과태료를 부과·징수하는 것이 가능하다. 따라서 주민의 권리 제한 또는 의무 부과를 통한 지방차지제도의 실효성 확보가 필요하다고 하더라도, 「지방자치법」 제28조 제1항 제2문의 한계를 넘어서는 조례가 인정될 필요성이 그리 크지 않을 수도 있겠다(이러한 인식으로는 장영수, 『헌법학』, 홍문사, 2015, 340쪽).

**70** 한편 김진한 교수는 "지방의회가 국민의 자유와 권리를 제한하는 조례를 제정하는 경우에는 헌법 제37조 제2항의 법률유보원칙을 통하여 보장하고자 하는 이익과 헌법 제117조 제1항에 의한 지방자치제도와 지방자치단체의 자치입법권을 충분하게 보장하여야 할 이익이 충돌한다."라고 하면서 "법률유보원칙에 의하여 확보하고자 하는 기본권을 보장하는 상태에서 지방자치제도를 보장하는 것이 가장 바람직한 해결책"이라는 견해를 피력하고 있다(김진한, 앞의 글, 133-134쪽). 하지만 법률유보원칙을 통하여 확보하고자 하는 이익도 지방자치단체의 자치입법권 보장을 통해서 달성하려는 이익도 궁극적으로는 모두 기본권보장이란 점에서 「기본권보장과 지방자치제도보장을 대립된 가치로 대응시킨 다음, 양 가치의 조화를 꾀하는 김진한 교수의 해결책」에 대해서는 논리적 타당성이 의심스럽다. 설사 이러한 대응관계가 타당하다고 하더라도 기본권보장정도에 관한 것은 기본권심사의 결론 내지는 적어도 실질적 헌법적합성심사를 통해서 확인될 사항이란 점에서 미리 심사의 결론을 선취한 논리역진적 관점이라고 비판될 수 있을 것이다. 따라서 본 연구자는 헌법 제37조 제2항 법

## 4. 지방자치단체의 국가사무 규율권한에 관한 문제

    헌법상 지방자치의 이념이나 본질 그리고 지방자치단체에게 "법령의 범위 안에서 자치에 관한 규정"을 제정할 수 있는 권한을 부여하고 있는 헌법 제117조 제1항을 고려할 때, 지방자치단체가 한반도와 그 부속도서를 아우르는 국가 전체적 차원의 과제나 업무 및 목적을 규율할 수 있는 고유한 권한(국가사무 규율권한)을 보유하고 있다고는 할 수 없을 것이다. 나아가 법령정립권자인 국가기관(국회 등)이 "자치에 관한 규정"이 아니라 단지 국가사무 혹은 다른 지방자치단체의 사무에 속하는 사무를 규율하기 위한 규범의 정립권한을 지방자치단체에게 수권하는 법령을 제정했다고 하더라도, 이러한 법령정립권한은 헌법에 근거가 없을 뿐만 아니라 지방자치단체를 국가기관에게 예속되게 하고 국가관료체제에 이용당하게 하는 계기를 마련한다는 점에서 원칙적으로 허용되어서는 안 될 것으

---

률유보원칙에 기초한 국회의 입법권한과 헌법 제117조 제1항에 기초한 지방자치단체의 입법권한 상호 간의 권한갈등 내지는 대립구도 속에서 양자의 조화 내지는 적절한 해결책을 모색하려는 시도가 더 합리적이라고 생각한다.

로 생각한다.[71] 관련하여 헌법현실에서는 특히 위임조례의 위헌성여부가 문제된다. 즉 「지방자치법」 제13조 제1항은 "지방자치단체는 관할 구역의 자치사무와 법령에 따라 지방자치단체에 속하는 사무를 처리한다."라고 규율함으로써 지방자치단체의 사무를 자치사무와 위임사무로 분별하고 있는데, 여기서 "관할 구역의 자치사무"가 아닌 "법령에 따라 지방자치단체에 속하는 사무"를 규율하는 소위 위임조례는 그 본질이 헌법 제117조가 규율하고 있는 "자치에 관한 규정"이 아니라 '국가사무 혹은 다른 지방자치단체의 사무에 관한 규정'인바,[72] 위임조례의 근거가 되는 법령은 물론이고 해당 위임조례 그 자체 또한 위헌의 의심으로부터 자유롭지 않다고 하겠다.[73]

---

71 이기우, 『지방자치이론』, 학현사, 1996, 10쪽; 조성규, 앞의 글(주 23), 108쪽.

72 조성규, 앞의 글(주 23), 109쪽: "위임사무란 지방자치단체가 법령에 의하여 국가 또는 다른 자치단체로부터 위임받아 행하는 사무를 말한다. 위임사무는 법령에 의하여 지방자치단체에 속하는 사무이긴 하지만, 사무의 본질상 국가 또는 다른 지방자치단체의 사무가 된다. 따라서 지방자치단체에 처리의무를 부담시키는 것이므로 법적 근거를 요한다."

73 관련하여 행정법학자인 조성규 교수는 특히 헌법현실에서 지방자치단체가 수행하는 사무의 대다수를 차지하고 있는 기관위임사무에 주목한 다음, 현행 법령상 기관위임사무로 되어 있는 사항들은 본질적으로 지방자치의 이념에 부합하기 어려울 뿐만 아니라, 지방자치단체의 독립성 및 자율성을 저해하므로 궁극적으로 자치사무로 전환될 필요가 있음을 지적하고 있다(조성규, 앞의 글(주 23), 110쪽).

## 5. 결론 : 입법권 배분·정리표


헌법 제117조 제1항 문언의 표현에 따라서 지방자치단체가 제정한 "자치에 관한 규정"에 대해서 국가기관인 법령정립권자가 제정한 "법령"의 우위를 인정하되, 국가기관이 "법령"으로 규율할 수 있는 범위 내지는 영역을 축소 혹은 한정해석함으로써 —— 즉 국가기관은 지방의회유보원칙이 관철되어야 할 자치권의 핵심영역에 해당하는 사항을 "법령"으로 규율할 수 없으며, 설사 이러한 핵심영역에 해당하는 사항이 아니라고 하더라도 보충성원칙을 준수해야 하므로 자치에 관한 사항들 중에서 지방자치단체가 스스로 잘 처리할 수 있는 사항도 "법령"으로 규율할 수 없게 된다.[74] —— 지방자치영역에 침투하는 국

---

74  이처럼 "자치에 관한" 사항들 중에서 법령으로 규율될 수 있는 것은 원칙적으로 헌법현실에서 지방자치단체가 스스로의 힘으로 잘 처리/해결하기 어려운 사항으로 국한하여 해석하는 것은 헌정사적 맥락에서 나타난 헌법제정권자의 의사와도 잘 부합된다. 왜냐하면 역사적으로 지방분권이 먼저 달성된 상태에서 이를 통합하는 과정에서 연방제 형태로 국가를 정립시킨 독일과는 달리, 일제강점기를 벗어난 후 종래의 중앙집권적 국가권력구조에서 탈피하여 보다 다원화된 지방분권국가를 이룩하기 위한 지향점으로서 제헌헌법이 지방자치를 별도의 장으로 규정한 이래, 군부 쿠데타에

가기관의 권력행위에 대한 차단막을 구축하려는 시도는, 헌법문언과 모순되지 않으면서도 지방자치 및 지방분권이라는 헌법현실적 과제를 수행함에 있어서 도움이 될 수 있을 것으로 생각한다. 왜냐하면 이러한 시도는 헌법재판소 및 대법원 판례의 태도변화 —— 헌법재판소와 대법원은 '최소한 보장의 원칙'이 적용된다고 하는 제도적 보장이론에 입각해서 지방자치권에 개입하는 국가권력의 위헌성여부에 관한 심사를 핵심내용(혹은 본질적 내용)의 침해 여부로 국한하고 있는 경향을 보여주고 있다.[75] —— 를 촉구할 수 있는 이론적 매개물로도 활용될 수

---

의해서 실질적으로 지방자치가 유명무실해졌던 시기를 극복하고 지방자치의 실효적 보장과 그 내용을 확충·보완해온 과정이 바로 지방자치에 관한 우리 헌법사의 흐름인 바(헌법상 지방자치조항에 대한 연혁적 고찰에 관해서는 김명식, 앞의 글, 80-83쪽 참조), 군부 쿠데타를 종식시키면서 등장한 현행헌법 제117조 제1항이 지방자치단체에게 "자치에 관한 규정"을 제정할 수 있는 권한을 주면서, 그 권한을 "법령의 범위 안에서" 행사할 수 있도록 하는 취지는 지방자치단체의 입법권한을 축소하고 보다 더 중앙집권화된 국가로 나아가기 위함이 아니라, 지방자치제가 완전히 정착되지 못한 헌법현실을 고려하여 국회 및 중앙정부의 입법적 개입의 가능성을 열어두고 이를 통해서 지방자치단체를 지원하기 위함으로 이해할 수 있기 때문이다.

75 특히 헌재 2006. 2. 23. 2005헌마403, 판례집 18-1(상), 334-335쪽: "지방자치제도는 제도적 보장의 하나로서(헌재 1994. 4. 28. 91헌바15등, 판례집 6-1, 317, 339; 헌재 1998. 4. 30. 96헌바62, 판례집 10-1, 380, 384), 「제도적 보장은 객관적 제도를 헌법에 규정하여 당해 제도의 본질을 유지하려는 것으로서, 헌법제정권자가 특히 중요하고도 가치가 있다고 인정되고 헌법적으로 보장할 필요가 있다고 생각하는 국가제도를 헌법에 규정함으로써 장래의 법발전, 법형성의 방침과 범주를 미리 규율하려는 데 있

있을 것이기 때문이다. 이상의 내용은 다음 표와 같이 정리할
수 있다.

---

다. 다시 말하면 이러한 제도적 보장은 주관적 권리가 아닌 객관적 법규범이라는 점
에서 기본권과 구별되기는 하지만 헌법에 의하여 일정한 제도가 보장되면 입법자는
그 제도를 설정하고 유지할 입법의무를 지게 될 뿐만 아니라 헌법에 규정되어 있기 때
문에 법률로써 이를 폐지할 수 없고, 비록 내용을 제한한다고 하더라도 그 본질적 내
용을 침해할 수는 없다. 그러나 기본권의 보장은 … (중략) … '최대한 보장의 원칙'이
적용되는 것임에 반하여, 제도적 보장은 기본권 보장의 경우와는 달리 그 본질적 내
용을 침해하지 아니하는 범위 안에서 입법자에게 제도의 구체적인 내용과 형태의 형
성권을 폭넓게 인정한다는 의미에서 '최소한 보장의 원칙'이 적용」된다(헌재 1997. 4.
24. 95헌바48, 판례집 9-1, 435, 444-445).''; 대법원 1996. 7. 12. 선고 96추22 판결: "내
무부장관이 지방자치단체의 과세면제 등 일정한 사항에 관한 조례제정에 한하여 사
전 허가제도를 통하여 전국적으로 이를 통제·조정함으로써 건전한 지방세제를 확립
하기 위하여 마련한 규정이 지방자치단체의 조례제정권의 본질적 내용을 침해하는
규정으로서 지방자치단체의 조례제정권을 규정한 헌법 제117조 제1항, 제118조에 위
반되거나 「지방자치법」 제9조, 제35조 제1항 제1호와 저촉되는 규정이라고 할 수 없
다."; 그 밖에 관련 헌법재판소와 대법원의 판례 및 그러한 판례의 경향에 대해서는 특
히 방승주, 앞의 글, 102-109쪽 참조.

**[표] 규율 내용에 따른 국회와 지방자치단체(지방의회) 상호 간 입법권한 배분기준**

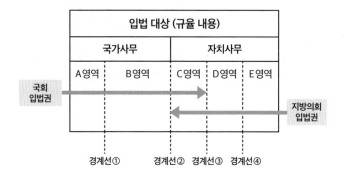

[설명]

| 경계선 ① | • 반드시 국회가 스스로 직접 규율해야할 사항(A 영역)과 그렇지 않은 사항을 분별하기 위한 경계선<br>• 결정기준(도출근거) : 의회유보원칙(헌법 제40조) |
| --- | --- |
| 경계선 ② | • 국가사무와 자치사무의 분별을 위한 경계선<br>• 지방의회입법권 행사의 최외곽 한계선(자치입법권 개입의 한계선)<br>• 결정기준(도출근거) : 헌법 제117조 제1항 "자치에 관한"의 해석론 |
| 경계선 ③ | • 자치영역에 침투하는 국회입법권 행사에 대한 제1차적 차단막<br>• 경계선②와 경계선④ 사이를 유동한다.<br>• 결정기준(도출근거) : 헌법('제8장 지방자치')에 내포된 보충성원칙<br>• 지방자치단체의 업무처리능력이 높아지면 높아질수록 보충성원칙에 따른 국회입법권을 통제하는 강도가 강화될 것이며, 이러한 통제강도(심사강도)가 강화되면 강화될수록 경계선③은 점차적으로 경계선②로 접근하는 바, 결국 D영역의 확장을 가져온다. |

| | |
|---|---|
| 경계선<br>④ | • 반드시 지방의회가 스스로 직접 규율해야 하는 사항(E영역)과 그렇지 않은 사항을 분별하기 위한 경계선<br>• 자치영역에 침투하는 국회입법권 행사에 대한 최외곽 한계선<br>• 결정기준(도출근거) : 지방의회유보원칙(헌법 제117조 제1항·제118조 제1항)<br>• 경계선④는 자치영역에 개입하려는 국가로부터 주민에 의한 자치('자기지배')의 본질을 수호하기 위한 최후의 방어선인바, 국회입법권이 보충성원칙을 준수하면서 자치영역에 침투하더라도 넘을 수는 없는 한계선이다. |
| A<br>영역 | • A 영역에 해당되는 사항들은 반드시 국회 스스로가 직접 규율해야만 하는 국가사무이다.<br>• 만약 국회가 A 영역에 해당되는 사항들을 스스로 규율하지 않거나, 타 기관에게 이를 규율할 수 있도록 수권하는 법률을 정립했다면, 해당 (수권)법률은 의회유보원칙에 위반되어 위헌으로 평가되어야 한다. |
| B<br>영역 | • B 영역에 해당되는 사항들은 국가사무이긴 하지만, 반드시 국회가 스스로 직접 규율해야만 하는 사항은 아니다.<br>• 따라서 국회는 원칙적으로 헌법 제75조 및 제95조가 규율하고 있는 소정의 요건들을 준수한다면 B영역에 해당되는 사항들에 대한 규율권한을 대통령·국무총리·행정각부의 장에게 수권할 수 있는 법률을 정립할 수 있으며, 헌법 제108조·제113조 제2항·제114조 제6항이 규율하고 있는 소정의 사항적 한계들을 준수한다면 대법원·헌법재판소·중앙선거관리위원회 등에게도 규율권한을 수권하는 법률을 정립할 수 있다.<br>• 그러나 B 영역에 해당되는 규율대상은 "자치에 관한" 것이 아니라 국가사무이므로, 이에 관한 규율권한을 국회가 지방자치단체에게 수권하는 법률은 원칙적으로 정립할 수 없다고 해야 할 것이다. |

| | |
|---|---|
| **C 영역** | • 자치에 관한 것이긴 하지만 헌법현실에서 지방자치단체가 스스로의 힘으로 수행하기 어려운 사항에 대한 규율권한이 문제되는 영역이다.<br>• 이 영역에서는 국회입법권과 지방의회입법권이 공존한다.<br>• 따라서 국회와 지방의회 상호 간 입법권한이 충돌할 수 있으나, 이러한 충돌은 자치에 관한 규정에 대한 법령우위원칙(헌법 제117조 제1항 "지방자치단체는 […] 법령의 범위 안에서 자치에 관한 규정을 제정할 수 있다.")에 따라 해결될 수 있을 것이다.<br>• 「지방자치법」 제28조 제1항이 C 영역에 국한해서 적용된다는 전제하에서는, 「지방자치법」 제28조 제1항은 헌법에 위반되지 않는다고 평가될 수 있다. |
| **D 영역** | • 헌법현실에서 지방자치단체가 스스로의 힘으로 잘 처리할 수 있는 사항에 대한 규율권한이 문제되는 영역이다.<br>• 보충성원칙이 준수되어야 하므로 D 영역에 대해서는 국회의 입법권이 침투할 수 없는바, 지방자치단체가 입법권을 독점한다.<br>• 유동하는 경계선③이 경계선②에 수렴될수록 D 영역이 확대되는바, 지방자치단체의 독점적 입법권한은 확장된다.<br>• D 영역이 축소되면 축소될수록(경계선③이 경계선④에 근접할수록) 보충성원칙에 따라 국회입법권을 통제하는 강도는 상대적으로 강화되는 경향성을 갖게 될 가능성이 크다. 왜냐하면 지방자치의 고유영역을 보존할 필요성이 증대하기 때문이다. |
| **E 영역** | • 자치사무의 본질적 내용 혹은 핵심에 해당하는 사항으로서 반드시 지방의회가 스스로 규율해야만 하는 영역이다.<br>• E 영역은 지방자치단체가 자치업무를 수행할 수 있는 현실적 능력이 있는지 여부와 상관없이 지방의회의 독점적 입법권이 인정되어야 한다. |

# Ⅲ

# 자치행정권

# 1. 서두

헌법은 제66조 제4항("행정권은 대통령을 수반으로 하는 정부에 속한다.")을 통해서 "대통령을 수반으로 하는 정부" 중심의 행정 원칙을 선언하면서도, 제117조 제1항 전단("지방자치단체는 주민의 복리에 관한 사무를 처리하고 재산을 관리하며")을 통해서 지방자치단체 또한 일정한 영역에서 고유의 행정권을 행사할 수 있음을 예정하고 있다. 특히 헌법상 지방자치의 이념과 내용을 고려한다면,[76] 헌법 제66조 제4항과 제117조 제1항 전단의 관계를 전국적으로 통일된 취급의 필요성이 강한 국가적 사무(국가사무)를 처리하기 위한 행정권은 국가기관(특히 대통령을 수반으로 하는 정부)에게, 지방공동체에 뿌리를 두고 있거나 지방공동체와 특유한 관련이 있는 사무(자치사무)를 처리하기 위한 행정권은 지방자치단체에게 각각 부여하고 있는 것으로 이해할 수 있겠다. 이러한 이해는 헌법 제117조 제1항이 국가와의 관련

---

[76] 헌법상 지방자치는 무엇보다도 주민자치를 통한 단계화된 민주주의의 구현을 그 이념으로 한다고 할 수 있으며(Vgl. BVerfGE 52, 95(111)), 이를 통해서 국가전체적 차원에서의 위험분산 및 다양성·다원화 추구라는 의미 또한 함께 갖고 있다.

속에서 등장하는 民을 의미하는 國民의 복리에 관한 사무처리
나 재산관리를 지방자치단체의 임무로 규율하지 않고, 일정한
지역에 사는 民 즉 住民의 복리에 관한 사무처리 및 재산관리
를 지방자치단체의 업무로 명시하고 있는 점을 통해서도 뒷받
침된다. 문제는 구체적 현실에서 헌법상 국가사무와 자치사무
의 분별이 쉽지 않으며, 무엇보다도 (국가 전체적 차원에서 헌법이
지향하는 지방자치를 실현하기 위해 헌법 제117조 제1항의 "법령"과 헌
법 제117조 제2항 및 제118조 제2항의 "법률"에 기대어 지방자치 전반에
관한 일반적·기본적 제도를 형성하고 이를 바탕으로 지방자치단체를 지
원 및 감독할 정당한 권한과 책임이 있는) 국가기관이 헌법 제117조
제1항 "법령의 범위"나 헌법상 보충성원칙을 매개해서 자치사
무의 처리에 자신이 보유한 행정권을 직·간접적 방법으로 과
도하게 혹은 과소하게 침투시킬 가능성이 있고, 바로 이러한
이유로 지방자치단체의 행정권이 왜곡되거나 국가기관에 의
해 조종 및 종속될 가능성이 크다. 따라서 지방자치단체는 헌
법으로부터 부여받은 고유한 자치행정권을 실질적으로 구현
하기 위해서, 한편으로는 헌법해석을 통해서 구체적으로 어떠
한 업무들이 자치사무에 해당할 수 있는지 그리고 해당하는 자
치사무 중에서도 '국가기관이 절대적으로 관여할 수 없는 자치
사무'와 '국가기관이 보충성원칙에 따라서 관여할 수 있는 자

치사무'를 분별하여 이를 설득력 있는 논거들과 함께 구체적이고 세밀하게 파악하고 있어야 하며, 나아가 지방자치단체의 행정기관이 담당하고 있는 사무 중에서 그 본질상 국가사무로 이해될 수 있는 것은 없는지를 의심 속에서 자체적으로 점검할 수 있어야 한다. 그리고 다른 한편으로는 지방자치단체의 행정기관이 국가기관에 종속되어 국가기관으로부터 위임받은 사무를 처리하느라 자신이 담당해야 할 고유한 업무(자치사무)를 처리할 능력의 상당 부분을 소진하면서 국가기관의 위장기관이 되는 경향을 저지하면서도, 동시에 국가기관으로부터 마땅히 받아야 할 필요한 지원과 권한을 설득력 있게 요구하여 관철할 수 있어야 한다.

그런데 민주적 법치국가에서 행정권은 원칙적으로 입법권자가 정립한 규범을 전제하여 발동될 수 있는 것이며, 개념상으로도 행정은 일반·추상적인 규범에서 규정한 요건이 충족되면 그 규범의 내용을 구체적 사안에 적극적으로 적용·집행하는 활동을 의미한다.[77] 이러한 점에서 국가기관으로서의 행정기관(특히 대통령을 수반으로 하는 정부)은 본질상 국가의 입법기관인 국회가 정립한 법률을 집행하는 기관(법률집행기관)이며,

---

77  김성수, 『일반행정법 – 일반행정법이론의 헌법적 원리 –』, 홍문사, 2014, 9쪽.

지방자치단체의 행정기관(특히 '지방자치단체의 장')은 본질적으로 지방자치단체의 입법기관인 지방의회가 정립한 "자치에 관한 규정" 특히 조례를 집행하는 기관(조례집행기관)이라고 해도 과언이 아닐 것이다. 바로 이 지점에서 지방자치단체가 자신의 행정권을 헌법의 테두리 안에서 실효적으로 구현할 수 있도록 하는 규범적 계기를 (중앙정부 차원이 아닌) 지방자치단체 차원에서 적극적으로 마련하는 활동의 중요성 및 필요성이 특별히 강조될 필요가 있다. 왜냐하면 자치행정권의 실질적 구현을 위해서는 법치행정의 본질상 우선 규범적·당위적 차원에서 자치행정을 뒷받침할 수 있는 "자치에 관한 규정"(특히 조례)이 마련되어 있어야 하며, 이어서 마련된 해당 조례가 예정하고 있는 일정한 행정목적을 효과적으로 달성할 수 있는 경험적·사실적 차원의 집행능력(특히 재원과 인적·물적 자원의 조달 및 배분과 관련된 지방자치단체의 능력)이 담보될 수 있어야 하는데, 현재 우리 현실에서는 경험적·사실적 차원의 집행(능력)에 관한 문제는 차치하더라도, 이러한 집행(능력)의 전제가 되는 조례 정립에 관한 문제마저도 경시되고 있기 때문이다.[78] 따라서 이하에

---

78  이러한 점은 부경대학교 지방분권발전연구소를 중심으로 결집한 부산지역 민·관·학·정 주체들의 규범정립활동의 일환으로 2019년 3월부터 시작한 프로젝트 '지역의 역습(조례의 역습)'의 실패과정을 통해서도 확인된다(이에 관해서는 차재권/서선

서는 지방자치단체 차원에서 사무분별을 조례로 강제하여 지
방자치단체가 헌법기관으로서 헌법으로부터 부여받은 자신의
임무 수행에 상응한 권한과 책임을 현실에서 적정하게 보유하
고 있는지를 스스로 확인 및 점검하도록 하고, 이를 바탕으로
부여받은 과업에 비해 현실적으로 보유하고 있는 과잉된 혹은
과소한 권한이나 책임을 국가기관이나 다른 지방자치단체와
의 관계 속에서 설득력 있게 조정할 수 있는 계기이자 근거로
기능할 수 있는 소위 '지방자치단체의 사무분별 및 사무처리에
관한 기본조례(안)'을 제안한 다음(Ⅲ. 2),[79] 제안된 조례(안)을

---

영, 앞의 책, 206-233쪽 참조).

**79** 여기서 제안하고자 하는 '지방자치단체의 사무분별 및 처리에 관한 기본조례
(안)'은, (헌법으로부터 부여받은 지방자치단체의 자치권이 옹골지게 구현되지 못하
여 지방자치단체의 기관들이 국가기관의 위장기관 혹은 수족의 역할을 하고 있다는
현실 인식과 지방자치단체가 자신의 자치권을 헌법의 테두리 안에서 실효적으로 구
현할 수 있도록 하는 규범적 계기를 지방자치단체 차원에서 적극적으로 마련할 필요
가 있다는 문제의식에 공감하여 지방자치단체인 부산광역시 차원에서 '지역의 역습
(조례의 역습)'이란 이름으로 결집한 민·관·학·정 주체들의 규범정립활동의 일환으로
서 본 연구자가 정초했던) '부산광역시 자치권의 헌법합치적 행사를 위한 기본 조례
안'을 수정 및 보완한 것이다(차재권/서선영, 앞의 책, 80쪽; '부산광역시 자치권의 헌
법합치적 행사를 위한 기본 조례안'에 대한 상세한 내용 및 설명에 관해서는 김해원/
차재권, 지방자치단체의 자치권 확보를 위한 입법활동: '조례의 역습'을 통한 부산광
역시의 조례 제정논의 및 조례안을 중심으로, 연구방법논총 5-2(경북대학교 사회과
학기초자료연구소), 2020, 51쪽 이하 참조). '부산광역시 자치권의 헌법합치적 행사
를 위한 기본 조례안'을 수정 및 보완하여 본 글에서 '지방자치단체의 사무처리에 관

검토·해설한 후(Ⅲ. 3)[80] 앞으로의 전망과 과제를 간단히 밝히
도록 한다(Ⅲ. 4).

한 기본조례(안)'으로 새롭게 제안 및 소개하는 것은, 다음과 같은 이유에서 마땅하고
필요한 일이라고 본다: '부산광역시 자치권의 헌법합치적 행사를 위한 기본 조례안'
은 특정 지방자치단체인 부산광역시를 겨냥했을 뿐만 아니라 특정한 개별 사무를 염
두에 둔 지엽적 내용도 규율하고 있어서 체계적으로 미흡한 점이 있으며, 무엇보다도
해당 조례안의 생명력 유지를 위해서는 그 후 전면 개정된 「지방자치법」의 내용을 현
재의 시점에서 새롭게 반영할 필요가 있다. 참고로 '조례의 역습' 프로젝트를 통해서
제안했던 '부산광역시 자치권의 헌법합치적 행사를 위한 기본 조례안'은 부산광역시
집행부와 의회 내부의 반대 기류 속에서 핵심 내용에 대한 근본적인 수정을 요청받았
고, 프로젝트 내부에서 이러한 수정을 거부함으로써 현재까지 조례로 탄생하지는 못
했다(차재권/서선영, 앞의 책, 223쪽).

**80** 이하 내용은 특히 김해원/차재권, 앞의 글, 54쪽 이하 참조.

## 2. 제안 : '지방자치단체의 사무분별 및 사무처리에 관한 기본조례(안)'

### 지방자치단체 ○○○의 사무분별 및 사무처리에 관한 기본조례(안)

제1조(목적) 이 조례는 대한민국헌법 제117조 제1항에 근거하여 지방자치단체에게 보장된 지방자치에 관한 권한(이하 "자치권"이라 한다)을 지방자치단체 ○○○가 합헌적으로 행사하기 위하여 필요한 기본적 사항을 정함을 목적으로 한다.

제2조(정의) 이 조례에서 사용하는 용어의 뜻은 다음과 같다.

1. "자치사무"란 대한민국헌법 제8장 지방자치의 전제이자 내용이 되는 지방자치단체의 사무로서, 지방공동체에 뿌리를 두고 있거나 관할구역 지방공동체와 특유한 관련을 가지는 사무를 말한다.

2. "제1차적 자치사무"란 자치사무 중에서 지방자치의 본질적 내용인 핵심영역(자치단체·자치기능·자치사무의 보장)에 속하거나 핵심영역을 좌우하는 사무로서, 해당 사무가 국가나 다른 지방자치단체에 의해서 좌우될 경우에 헌법상 지방자치가 왜곡되거나 형해화 또는 무의미해질 우려가 있는 사무를 말한다.

3. "제2차적 자치사무"란 제1차적 자치사무가 아닌 자치사무로서, 지방

자치단체가 국가나 다른 지방자치단체의 보충적 개입 없이도 큰 어려움 없이 능히 수행할 수 있는 사무를 말한다.

4. "제3차적 자치사무"란 제1차적 자치사무가 아닌 자치사무로서, 지방자치단체의 재정적 여건이나 소속된 주민의 수 또는 업무처리능력 등의 한계로 인해서 국가나 다른 지방자치단체의 보충적 개입이 요청되는 사무를 말한다.

5. "국가사무 등"이란 자치사무(제1차적 자치사무, 제2차적 자치사무, 제3차적 자치사무)가 아닌 사무로서, 국가사무 또는 다른 지방자치단체의 자치사무에 속하는 사무를 말한다.

6. "위임사무"란 국가사무 또는 다른 지방자치단체의 자치사무에 속하는 사무로서 「지방자치법」 제13조 제1항 "법령에 따라 지방자치단체에 속하는 사무"를 말한다.

제3조(자치권 행사의 기본원칙) ①제1차적 자치사무와 제2차적 자치사무에 관해서는 지방자치단체 ○○○가 독점적 권한을 갖는다.

②지방자치단체 ○○○의 관할범위에서 행해진 제1차적 자치사무 및 제2차적 자치사무에 관한 국가기관 및 다른 지방자치단체의 권한 행사는 효력이 없다.

③자치사무를 처리할 만한 능력 및 실력이 없거나 부족한 경우에 지방자치단체 ○○○는 국가기관 및 다른 지방자치단체에게 협력을 요청할 수 있으나, 제1차적 자치사무의 관할이나 처리에 관한 권한을 이양하거나 포기하는 것은 금지된다.

④지방자치단체 ○○○는 제3차적 자치사무를 제2차적 자치사무로 전환하기 위해서 끊임없이 노력해야 한다.

⑤지방자치단체 ○○○는 위임사무를 부담하지 않도록 노력하여야 하며, 지방자치단체의 장은 지방자치단체 ○○○의 전체 업무처리 중에서 국가사무 등에 관한 업무처리가 50%를 넘지 않도록 관리하여야 한다.

제4조(지방자치단체의 대표권한과 권한분쟁 수행권한) ①지방자치단체의 장은 「지방자치법」 제114조에 따라 지방자치단체 ○○○를 대표한다. 다만 국가기관이나 다른 지방자치단체에 대한 지방자치단체 ○○○의 입법의사는 의회가 대표한다.

②의회의 입법작용과 관련하여 의회와 국가기관 간, 의회와 다른 지방자치단체 간 또는 의회와 다른 지방자치단체의 기관 상호 간 권한의 유무 또는 범위에 관하여 다툼이 있을 때는, 지방자치단체 ○○○는 관련 법률의 규정에 따라 소송을 제기할 수 있다.

③제2항의 권한 분쟁 소송의 수행 권한과 관련하여 의회는 지방자치단체의 장을 포함한 관계 행정기관에게 필요한 지시를 할 수 있고, 지시를 받은 해당 행정기관은 이에 응하여야 한다.

제5조(의회의 입법권한) ①의회는 관할구역의 자치 및 자치사무에 관한 조례 정립 권한을 가지며, 제1차적 자치사무와 제2차적 자치사무의 규율과 관련하여 독점적 입법권한을 갖는다.

②의회는 법률 또는 법률로부터 위임받아 정립된 명령에 위반되지 않는 범위에서 관할 구역의 제3차적 자치사무에 관한 규정을 제정할 수 있다.

제6조(지방자치단체의 장의 입법권한) ①지방자치단체의 장은 조례에서 구체적으로 범위를 정하여 위임받은 사항과 조례를 집행하기 위하여 필요한 사항에 관하여 규칙을 제정할 수 있다.

②「지방자치법」 제29조에도 불구하고, 지방자치단체의 장은 조례로부터

의 위임 없이 오직 법령으로부터 직접 위임받아서 관할구역의 자치사무에 관한 규칙을 제정해서는 안 된다.

제7조(지방자치단체의 장의 행정권한) ①지방자치단체의 장은 조례에 따라 관할 구역의 사무를 처리하여야 한다.

②지방자치단체의 장을 포함한 지방자치단체의 행정기관 및 소속 공공기관이 위임사무를 처리하려고 할 경우에는 반드시 의회의 동의를 받아야 한다.

③제2항의 동의 없이 지방자치단체의 공무원 및 지방자치단체 소속 공공기관의 임직원은 위임사무를 처리해서는 안 된다.

제8조(자치권 보장을 위한 업무분류 및 업무분류에 대한 점검) ①지방자치단체 ○○○의 공무원은 업무를 수행함에 있어서 해당 업무가 제1차적 자치사무 · 제2차적 자치사무 · 제3차적 자치사무에 해당하는 것인지 아니면 국가사무 등에 해당되는 것인지 여부를 상시적으로 분류하고 기록해서 이를 보관 및 관리하여야 한다.

②제1항의 분류 및 기록에는 해당 업무가 각각의 사무에 속한다고 판단한 이유가 함께 부기되어 있어야 하며, 시급한 경우가 아닌 한 해당 업무 수행 전에 확인과 기록이 이루어져야 한다.

③지방자치단체의 장은 매 분기마다 자치권 보장과 실질화의 관점에서 제1항의 확인 및 기록으로 얻어진 업무분류의 적정성 여부를 점검하고 점검결과에 따른 보완을 거쳐서 그 결과를 주민들에게 공고하여야 한다.

제9조(자치권 및 자치권 침해행위에 대한 조사) ①지방자치단체의 장은 관할 구역의 자치 및 자치사무에 관한 사항이 법령이나 다른 지방자치단체의 조례에 의해서 규율되고 있는지 여부를 상시적으로 조사하고, 조사의

결과를 매 분기마다 공고하여야 한다.

②제1항의 조사를 통해서 관할 구역 자치의 본질적 내용 또는 제1차적 자치사무 및 제2차적 자치사무에 관한 사항을 규율하고 있는 법령이나 다른 지방자치단체의 조례(이하 "법령 등"이라고 한다)가 확인되면, 지방자치단체의 장은 해당 법령 등을 의회에 지체없이 보고하고 해당 법령 등을 근거로 한 업무집행의 거부를 선언해야 한다.

③지방자치단체의 장은 관할 구역 주민의 복리에 관한 사무를 처리하고 재산을 관리함에 있어서 국가나 다른 지방자치단체의 행정적 개입이 있는지를 조사하여야 하며, 조사 결과 자치권에 대한 위협이나 침해 등이 발견된 경우에는 이를 공고하고 해당 개입주체에게 적절한 조치를 요구하여야 한다.

제10조(자치사무 점검·조사 위원회) ①제3조 제5항 후단의 준수여부에 대한 판단 및 제8조 제3항의 점검과 제9조의 조사를 위해서 지방자치단체의 장 소속으로 자치사무 점검·조사 위원회를 둔다.

②자치사무 점검·조사 위원회는 헌법상 권한배분 또는 지방자치단체 ○○○의 자치업무나 자치권한에 관한 기본소양을 갖추고 있는 사람들 중에서 위원장을 포함한 15인 이하의 위원으로 구성한다.

③위원과 위원장은 지방자치단체의 장이 임명하고 그 임기는 2년으로 하며 연임할 수 있다. 다만, 위원장은 의회의 동의가 있어야 하며, 위원장이 아닌 위원들 중에서 3분의 1은 의회에서 선출하는 자를, 3분의 1은 일정한 자격을 갖춘 민간단체에서 추천하는 자를 임명하되 전체 위원들 중에서 지방자치단체 ○○○ 소속 공무원인 위원은 3분의 1을 넘을 수 없다.

④지방자치단체 ○○○의 행정기관 및 산하 공공기관은 담당하고 있는 자치사무와 위임사무에 관한 목록과 정보를 조사위원회에 제공해야만 하고, 조사위원회의 업무에 협력하여야 한다.

⑤자치사무 점검·조사 위원회의 조직 · 직무범위 · 위원의 자격 · 경비 등에 관한 그 밖의 필요한 사항은 별도로 정하되, 그 업무와 관련해서는 독립성이 보장되어야 한다.

제11조(자치사무에 대한 감사) ①감사원법 제24조 제1항 제2호의 규정에도 불구하고 지방자치단체의 장은 제1차적 자치사무에 대한 감사원의 감사는 거부하여야 하며, 의회의 동의 없이는 제2차적 자치사무에 대한 감사원의 감사에 협력하거나 자료 제출 등의 요구에 응해서는 안 된다.

②제1항은 국정감사 및 조사에 관한 법률에 따른 감사 및 조사의 경우에도 준용한다.

제12조(과태료) ①지방자치단체의 장은 이 조례를 위반한 자에 대해서 1천만 원 이하의 과태료를 부과·징수하여야 한다.

②지방자치단체의 장이 정당한 이유 없이 제1항의 부과·징수를 제때 하지 않고 있는 경우와 이 조례를 지방자치단체의 장이 위반한 경우에는 자치사무 점검·조사 위원회에서 과태료를 부과·징수한다.

제13조(시행규칙) 이 조례의 시행에 필요한 사항은 규칙으로 정한다.

## 부 칙

이 조례는 공포와 동시에 시행한다. 다만 제3조 제5항은 공포한 날로부터 1년이 경과된 날부터 시행한다.

## 3. 제안된 조례(안)에 대한 해설

### (1) 서두

위 '지방자치단체의 사무분별 및 사무처리에 관한 기본조례(안)' —— 이하에서는 '검토대상 조례'라고 한다 —— 는 13개의 조문과 하나의 부칙으로 이루어진 비교적 간단한 규범이다. 시행일 및 경과규정을 밝힌 부칙을 제외하면 체계상 다음과 같이 4부분으로 구조화할 수 있다: ① 규범적 근거·목적을 밝히고 사용되는 기본 개념들에 대한 정의 및 기본원칙을 규정하고 있어서 검토대상 조례의 총칙이라고 할 수 있는 부분(제1조~제3조), ② 지방자치단체의 내부적 차원에서 자치권의 헌법합치적 배분을 위한 기본사항을 규율하고 있는 부분(제4조~제7조), ③ 자치권의 외부적 보장을 위해 자치사무의 분류 및 조사·점검과 감사에 관한 사항을 규정하고 있는 부분(제8조~제11조), ④ 검토대상 조례의 실효성 확보 및 구체화에 관한 사항을 규율하고 있는 부분(제12조, 제13조). 따라서 이하에서는 이러한 구조에 주목해서 규정된 조문 순서대로 검토대상 조례의 내용을 살핀다.

## (2) 총칙에 해당하는 규정

### 1) 제1조(목적)

> 제1조(목적) 이 조례는 대한민국헌법 제117조 제1항에 근거하여 지방자
> 치단체에게 보장된 지방자치에 관한 권한(이하 "자치권"이라 한다)
> 을 지방자치단체 ○○○가 합헌적으로 행사하기 위하여 필요한 기
> 본적 사항을 정함을 목적으로 한다.

검토대상 조례는 제1조에서 자신이 (법령으로부터 기인한 것
이 아니라) 헌법 제117조 제1항 ("지방자치단체는 주민의 복리에 관
한 사무를 처리하고 재산을 관리하며, 법령의 범위 안에서 자치에 관한 규
정을 제정할 수 있다.")에 근거하여 부여받은 자치권의 발동에 기
인하여 정립된 자치에 관한 규정이란 점과 지방자치단체가 헌
법으로부터 부여받은 자치권을 "합헌적으로 행사하기 위하여"
필요한 기본적 사항을 정함을 목적으로 한다는 점을 뚜렷하게
밝히고 있다. 헌법을 정점으로 계층화되어 있는 규범 서열체계

에서[81] 다른 규범(법률이나 대통령령·총리령·부령 등)들에 비해서 상대적으로 효력 열위에 놓여 있는 규범인 '자치에 관한 규정' (즉 조례)이, 자신의 근거("대한민국헌법 제117조 제1항에 근거하여")와 목적("합헌적으로 행사하기 위하여") 양자 모두를 다른 상위규범을 매개하지 않고 직접 최고규범인 헌법에 얽어매어 둔 이러한 선언은 분명 이례적인 측면이 있다. 하지만 무엇보다도 조례정립권자가 법령정립권자인 국가기관(특히 국회, 대통령, 국무총리, 행정각부의 장 등)의 매개 없이 직접 헌법과 소통해서 자신의 헌법적 차원의 권한을 뚜렷하게 하려는 의지를 드러내려는 의도가 담겨있다. 따라서 검토대상 조례를 집행해야 할 지방자치단체의 집행기관(특히 지방자치단체의 장)은 헌법(특히 헌법 제117조 및 제118조)과의 긴밀한 관련 속에서 검토대상 조례에 대한 체계적 이해와 합리적 해석 및 적용을 도모해야 할 것이다. 물론 헌법은 제117조 제1항에서 지방자치단체에게 "법령의 범위 안에서" 자치에 관한 입법권한(자치입법권)을 부여하고 있다는 점에서, 조례와 법령의 적용이 중첩되는 영역에서 양자의 갈등이 발생한 경우는 상위규정인 법령에 부합되는 방향으로 조례를 해석·적용할 필요가 있음은 분명하다. 하지만 여기

---

81   이에 관해서는 주 20 참조.

서 법령은 기본적으로 헌법에 부합되는 것이어야 한다는 점에서, 검토대상 조례를 해석 및 이해할 때 관련 법령(특히 「지방자치법」) 조항들의 헌법적합성판단 또한 소홀히 할 수 없다. 왜냐하면 '헌법에 부합하지 않는 법령'에 부합되는 방향으로 조례를 정립하거나 해석하는 것은, 헌법의 최고규범성을 경시한 것이기 때문이다. 이하에서는 이러한 점을 염두에 두고 계속해서 검토대상 조례의 규정들을 살핀다.

### 2) 제2조(정의)와 제3조(자치권 행사의 기본원칙)

제2조(정의) 이 조례에서 사용하는 용어의 뜻은 다음과 같다.

　　1. "자치사무"란 대한민국헌법 제8장 지방자치의 전제이자 내용이 되는 지방자치단체의 사무로서, 지방공동체에 뿌리를 두고 있거나 관할구역 지방공동체와 특유한 관련을 가지는 사무를 말한다.

　　2. "제1차적 자치사무"란 자치사무 중에서 지방자치의 본질적 내용인 핵심영역(자치단체·자치기능·자치사무의 보장)에 속하거나 핵심영역을 좌우하는 사무로서, 해당 사무가 국가나 다른 지방자치단체에 의해서 좌우될 경우에 헌법상 지방자치가 왜곡되거나 형해화 또는 무의미해질 우려가 있는 사무를 말한다.

　　3. "제2차적 자치사무"란 제1차적 자치사무가 아닌 자치사무로서,

지방자치단체가 국가나 다른 지방자치단체의 보충적 개입 없이도 큰 어려움 없이 능히 수행할 수 있는 사무를 말한다.

4. "제3차적 자치사무"란 제1차적 자치사무가 아닌 자치사무로서, 지방자치단체의 재정적 여건이나 소속된 주민의 수 또는 업무처리 능력 등의 한계로 인해서 국가나 다른 지방자치단체의 보충적 개입이 요청되는 사무를 말한다.

5. "국가사무 등"이란 자치사무(제1차적 자치사무, 제2차적 자치사무, 제3차적 자치사무)가 아닌 사무로서, 국가사무 또는 다른 지방자치단체의 자치사무에 속하는 사무를 말한다.

6. "위임사무"란 국가사무 또는 다른 지방자치단체의 자치사무에 속하는 사무로서 「지방자치법」 제13조 제1항 "법령에 따라 지방자치단체에 속하는 사무"를 말한다.

제3조(자치권 행사의 기본원칙) ①제1차적 자치사무와 제2차적 자치사무에 관해서는 지방자치단체 ○○○가 독점적 권한을 갖는다.

②지방자치단체 ○○○의 관할범위에서 행해진 제1차적 자치사무 및 제2차적 자치사무에 관한 국가기관 및 다른 지방자치단체의 권한 행사는 효력이 없다.

③자치사무를 처리할 만한 능력 및 실력이 없거나 부족한 경우에 지방자치단체 ○○○는 국가기관 및 다른 지방자치단체에게 협력을 요청할 수 있으나, 제1차적 자치사무의 관할이나 처리에 관한 권한을 이양하거나 포기하는 것은 금지된다.

④지방자치단체 ○○○는 제3차적 자치사무를 제2차적 자치사무로 전환하기 위해서 끊임없이 노력해야 한다.

⑤지방자치단체 ○○○는 위임사무를 부담하지 않도록 노력하여야 하며, 지방자치단체의 장은 지방자치단체 ○○○의 전체 업무처리 중에서 국가사무 등에 관한 업무처리가 50%를 넘지 않도록 관리하여야 한다.

① 검토대상 조례는 제2조에서 "지방공동체에 뿌리를 두고 있거나 관할구역 지방공동체와 특유한 관련을 가지는 사무"를 "자치사무"로 정의한 다음, 이를 "지방자치의 본질적 내용인 핵심영역(자치단체·자치기능·자치사무의 보장)에 속하거나 핵심영역을 좌우하는 사무로서 해당 사무가 국가나 다른 지방자치단체에 의해서 좌우될 경우에 헌법상 지방자치가 왜곡되거나 형해화 또는 무의미해질 우려가 있는 사무"인 "제1차적 자치사무"와 "제1차적 자치사무가 아닌 자치사무로서, 지방자치단체가 국가나 다른 지방자치단체의 보충적 개입 없이도 큰 어려움 없이 능히 수행할 수 있는 사무"인 "제2차적 자치사무", 그리고 "제1차적 자치사무가 아닌 자치사무로서 지방자치단체의 재정적 여건이나 소속된 주민의 수 또는 업무처리능력 등의 한계로 인해서 국가나 다른 지방자치단체의 보충적 개입

이 요청되는 사무"인 "제3차적 자치사무"로 구분하고 있다. 아울러 "자치사무(제1차적 자치사무, 제2차적 자치사무, 제3차적 자치사무)가 아닌 사무로서 국가사무 또는 다른 지방자치단체의 자치사무에 속하는 사무"를 "국가사무 등"이라고 정의한 다음, 국가사무 또는 다른 지방자치단체의 자치사무에 속하는 사무로서 「지방자치법」 제13조 제1항 "법령에 따라 지방자치단체에 속하는 사무"를 특별히 "위임사무"로 명명하고 있다. 이렇게 사무를 분별한 이유는 국가기관과 지방자치단체 상호 간 권한배분 및 권한갈등의 문제를 합리적이고 헌법합치적으로 사유하기 위한 개념의 틀을 갖기 위함이라고 할 수 있다. 제1차적 자치사무, 제2차적 자치사무, 제3차적 자치사무는 앞서 정리한 표 [규율내용에 따른 국회와 지방자치단체(지방의회) 상호 간 입법권한 배분기준]에 따르면, 각각 E영역, D영역, C영역에 해당하는 사무이다.

② 결국 지방자치단체 ○○○의 헌법합치적 권한범위 설정과 관련해서 제1차적 자치사무는 헌법상 지방자치단체 및 지방의회의 본질과 역할 그리고 지방의회유보원칙에 근거하여 도출될 수 있는 자치사무로서, 특히 '자치영역에 개입하려는 국가기관 혹은 다른 지방자치단체로부터 지방자치단체 ○○○가 주민에 의한 자치(자기지배)의 본질을 수호하기 위한 최후

의 방어선(즉 표 [규율내용에 따른 국회와 지방자치단체(지방의회) 상호 간 입법권한 배분기준]의 경계선④)'을 확보하기 위한 개념이라면,[82] '국가의 개입 없이도 헌법현실에서 지방자치단체 ○○○가 순조롭게 잘 처리할 수 있는 자치에 관한 사무'라고 할 수 있는 제2차적 자치사무는 헌법상 보충성원칙에 근거해서 도출되는 '지방자치단체 ○○○의 자치업무에 침투하는 국가나 다른 지방자치단체의 행위에 대한 제1차적 차단막(즉 표 [규율내용에 따른 국회와 지방자치단체(지방의회) 상호 간 입법권한 배분기준]의 경계선③)'을 포착하기 위한 개념이다. 이러한 점은 무엇보다도 자치권 행사의 기본원칙을 규정하고 있는 검토대상 조례 제3조 제1항("제1차적 자치사무와 제2차적 자치사무에 관해서는 지방자치단체 ○○○가 독점적 권한을 갖는다.")과 제2항("지방자치단체 ○○○의 관할범위에서 행해진 제1차적 자치사무 및 제2차적 자치사무에 관한 국가기관 및 다른 지방자치단체의 권한행사는 효력이 없다.") 및 제3항("자치사무를 처리할 만한 능력 및 실력이 없거나 부족한 경우에 지방자

---

82 "제1차적 자치사무"는 어떠한 경우에도 중앙정부에서 개입할 수 없는 지방자치단체의 자치사무 혹은 자치사무의 핵심사항(Kerenbereich)이나 본질(Wesensgehalt)에 해당하는 사무를 포착하고 있는 개념으로서, 지방자치단체의 입법영역에 침투하는 국가기관(특히 국회)의 입법권 행사에 대한 최외곽의 한계(die äußerste Schranke)를 설정하는 기능을 한다고 하겠다(Vgl K. Stern, a.a.O., S. 416; M. Nierhaus, a.a.O., Art. 28 Rn. 64).

치단체 ○○○는 국가기관 및 다른 지방자치단체에게 협력을 요청할 수 있으나, 제1차적 자치사무의 관할이나 처리에 관한 권한을 이양하거나 포기하는 것은 금지된다.")을 통해서 뚜렷하게 확인된다.

③ 아울러 지방자치단체 ○○○에게 국가의 보충적 개입이 가능한 제3차적 자치사무를 제2차적 자치사무로 전환하기 위해서 끊임없이 노력해야 할 의무를 부과하고 있는 검토대상 조례 제3조 제4항은 '지방자치단체의 업무처리능력을 기대할 수 없거나 기대하기 어려운 경우 혹은 그 기대치가 낮을수록 그에 비례해서 국가나 다른 지방자치단체가 개입할 가능성이 커지게 되고, 이는 해당 지방자치단체의 자치권의 위축으로 귀결될 수 있다는 우려'에서 비롯된 것이다. 지방자치단체가 국가기관이나 다른 지방자치단체에 의존하지 않고 자신의 역량으로 자치사무를 온전히 처리할 수 있을 때 비로소 헌법상 보장된 지방자치가 헌법현실에서 옹골지게 구현될 수 있다. 따라서 검토대상 조례 제3조 제4항이 지방자치단체 ○○○에게 "끊임없이 노력해야 한다"고 한 부분은 단순한 수사를 넘어서 중앙권력기관인 국가기관의 의존을 줄이고 자율성을 높이고자 하는 지방자치단체 ○○○의 실존적 과제이기도 하다.

④ 물론 지방자치단체 ○○○ 또한 대한민국의 한 부분이란 점에서 때로는 "국가사무 등"을 처리하여 국가나 다른 지방자

치단체의 업무에 도움을 주는 것을 헌법이 금지하고 있다고 볼 수는 없다. 오히려 이러한 도움과 협력은 업무의 효율성과 합리성 등의 이유로 권장될 경우도 많을 것이며, 무엇보다도 지방자치단체에게 관할구역의 자치사무 외에 "법령에 따라 지방자치단체에 속하는 사무"를 처리하도록 규정하고 있는 「지방자치법」 제13조 제1항을 통해서도 뒷받침된다. 하지만 이러한 도움과 협력이 강제되거나 남용된다면 특히 「지방자치법」 제13조 제1항에 근거해서 국가기관이 법령으로 지방자치단체 ○○○에게 국가사무 혹은 다른 지방자치단체의 사무에 속하는 사무(검토대상 조례 제2조 제6호 "위임사무")를 처리하도록 한다면, 이는 지방자치단체 ○○○를 국가기관에 예속되게 하고 국가기관의 관료체제에 이용당하게 하는 계기를 마련할 뿐만 아니라, 지방자치단체 ○○○가 실질적 권한 없이 책임을 떠맡게 됨으로써 '국가기관의 위장기관'으로 전락할 우려 또한 깊어진다. 나아가 설사 능력과 여건이 된다고 하더라도 지방직 공무원 등과 같이 기본적으로 자치사무 처리에 애써야 할 기관이 자신이 보유한 자원과 역량을 자치사무가 아닌 '국가사무 등'을 처리하는 데 대부분 소진하는 것은 해당 지방자치단체의 발전에 부정적 영향을 초래할 가능성이 많을 것이며, 무엇보다도 그러한 지방자치단체의 기관은 그 실질이 본질적으로 국가기관에 가깝다고 해야 할 것이다. 예컨대 만약 자치사무를 처리하고 자치와 관련된 공무를 집행하기 위해서 지방자치단체로부터 채용된 지방공무원이, 위임받은 국가사무는 야근을 해서까지도 처리해야 할 업무로 인식하면서도 자치사무는 지방자치단체의 장이나 지방의회 의원들의 임기가 끝나기를 기다리면서 대충 뭉갤 수 있는 사무로 인식하고 있거나 실제 근무시간의 대부분을 국가사무나 위임사무 처리를 위해 소진하고 있다면, 해당 공무원은 실질적으로 '지방공무원이라는 위장을 한 국가공무원'으로 평가될 수 있다는 것이다. 바로 이러한 문제의식의 발로로 검토대상 조례 제3조 제5항("지방자치단체 ○○○는 위임사무를 부담하지 않도록 노력하여야 하며, 지방자치단체의 장은 지방자치단체 ○○○의 전체 업무처리 중에서 국가사무 등에 관한 업무처리가 50%를 넘지 않도록 관리하여야 한다.")과 같은 자치권 행사의 기본원칙이 등장한 것이다. 물론 여기서 언급된 50%는 단순히 업무의 양적 측면만을 고려하여 산정되는 것이라고는 볼 수 없다. 즉 업무의 양뿐만 아니라 업무의 중요성이나 난이도 및 효과 등을 종합적으로 고려하여 지방자치단체 ○○○가 처리하는 업무의 비중을 살폈을 때, 적어도 지방자치단체 ○○○가 실질적으로 담당하는 업무의 절반 이상은 자치사무에 관한 것이어야 비로소 지방자치단체 ○○○는 지방자치단체로서의 실질을 공고히 할 수 있다는 취지에서 제안된 조항이다.

## (3) 자치(행정)권의 내부적 보장을 위한 규정

### 1) 제4조(지방자치단체의 대표권한과 권한분쟁 수행권한)

> 제4조(지방자치단체의 대표권한과 권한분쟁 수행권한) ①지방자치단체의 장은 「지방자치법」 제114조에 따라 지방자치단체 ○○○를 대표한다. 다만 국가기관이나 다른 지방자치단체에 대한 지방자치단체 ○○○의 입법의사는 의회가 대표한다.
> ②의회의 입법작용과 관련하여 의회와 국가기관 간, 의회와 다른 지방자치단체 간 또는 의회와 다른 지방자치단체의 기관 상호 간 권한의 유무 또는 범위에 관하여 다툼이 있을 때는, 지방자치단체 ○○○는 관련 법률의 규정에 따라 소송을 제기할 수 있다.
> ③제2항의 권한 분쟁 소송의 수행 권한과 관련하여 의회는 지방자치단체의 장을 포함한 관계 행정기관에게 필요한 지시를 할 수 있고, 지시를 받은 해당 행정기관은 이에 응하여야 한다.

① 검토대상 조례 제4조 제1항은 지방자치단체 ○○○의 입법의사를 지방자치단체의 장이 아니라 (지방)의회가 대표하도록 부여하고 있다는 점에서, 일견 지방자치단체의 통할대표

권을 지방자치단체의 장에게 부여하고 있는 「지방자치법」 제
114조("지방자치단체의 장은 지방자치단체를 대표하고, 그 사무를 총
괄한다.")에 위반되는 것처럼 보인다. 하지만 「지방자치법」 제
114조가 규정하고 있는 지방자치단체의 장의 통할대표권에
지방자치단체의 입법의사도 포함되는 것으로 해석하는 것은
다음과 같은 이유에서 헌법에 부합되기 어려우므로, 해당 법률
조항은 한정해석되어야 한다고 본다: ㉠ 헌법이 지방자치제를
보장하고 있는 중요한 이유는 주민자치를 핵심으로 하는 단계
화된 민주주의(gegliederte Demokratie)의 구현에 있으며,[83] 이러한
단계화된 민주주의 구현을 위한 주민의 대의기관이 바로 지방
의회이다(「지방자치법」 제37조).[84] ㉡ 헌법은 지방자치단체의 기
관으로서 "지방의회"와 "지방자치단체의 장"을 알고 있음에도
불구하고 지방자치단체의 장이 아닌 지방의회를 헌법상 필수
기관으로 구성하고 있는바(헌법 제118조), 적어도 지방자치단체
차원에서의 입법의사만큼은 헌법상 임의기관인 지방자치단체
의 장이 아니라 (국회와 더불어 헌법상 필수적 입법기관인) 지방의회

---

83  Vgl. BVerfGE 52, 95(111).

84  「지방자치법」 제37조(의회의 설치) 지방자치단체에 주민의 대의기관인 의회를
둔다.

가 대표하는 것으로 해석하는 것이 합리적이다. ⓒ 헌법은 제
118조 제2항에서 "지방자치단체의 장의 선임방법 기타 지방
자치단체의 조직과 운영에 관한 사항은 법률로 정한다."라고
규정하고 있는바, 우리 헌법은 법률을 통해서 지방자치단체의
장이 중앙정부로부터 임명되거나 혹은 지방의회로부터 선임
혹은 임명되게끔 할 수 있는 가능성을 열어두고 있으며 이러한
헌법의 취지는 「지방자치법」 제4조(지방자치단체의 기관구성 형
태의 특례)[85]를 통해서도 확인되고 있다. ⓐ 「지방자치법」은 "제
6장 집행기관"이라는 표제어 아래에 "제1절 지방자치단체의
장"을 명시하여 그 지위와 권한을 규율하면서 지방자치단체의
장의 지방자치단체의 통할대표권(제114조)을 밝히고 있는바,
지방자치단체의 장의 지방자치단체의 통할대표권은 원칙적으
로 지방자치단체의 집행의사를 염두에 둔 것으로 해석해야 하
며, 그 밖의 영역에서 행해지는 지방자치단체의 통할대표권은
의전적 혹은 형식적 차원의 것에 국한해서 이해하는 것이 마땅

---

**85** 「지방자치법」 제4조(지방자치단체의 기관구성 형태의 특례) ① 지방자치단체의
의회(이하 "지방의회"라 한다)와 집행기관에 관한 이 법의 규정에도 불구하고 따로 법
률로 정하는 바에 따라 지방자치단체의 장의 선임방법을 포함한 지방자치단체의 기
관구성 형태를 달리 할 수 있다. ② 제1항에 따라 지방의회와 집행기관의 구성을 달리
하려는 경우에는 「주민투표법」에 따른 주민투표를 거쳐야 한다.

하다. 따라서 검토대상 조례 제4조 제1항이 "지방자치단체의 장은「지방자치법」제114조에 따라 지방자치단체 ○○○를 대표한다. 다만 국가기관이나 다른 지방자치단체에 대한 지방자치단체 ○○○의 입법의사는 의회가 대표한다."라고 규정한 것을 현행「지방자치법」제114조에 위반되는 창의적인 새로운 규범의 창설로 평가할 것이 아니라,「지방자치법」제114조가 규정하고 있는 지방자치단체에 대한 지방자치단체의 장의 통할대표권에 지방자치단체의 입법의사까지도 포함되는 것으로 해석하는 것은 헌법에 위반된다는 해석론을 반영하여 헌법취지에 맞게 정립된 규범으로서 이해해야 할 것이다.

② 검토대상 조례 제4조 제1항 제1문이「지방자치법」제114조를 확인한 규정임에도 불구하고, 검토대상 조례 제4조 제2항 제2문("다만 국가나 다른 지방자치단체에 대한 지방자치단체 ○○○의 입법의사는 의회가 대표한다.")은 지방자치단체 ○○○의 입법권행사와 관련된 권한분쟁 —— 특히 지방의회와 국가기관(혹은 다른 지방자치단체) 상호 간 권한분쟁 —— 에서 이어지는 조항들(검토대상 조례 제4조 제2항 및 제3항)과 결합하여 소송적 차원에서 새로운 실천적인 의미를 갖게 된다. 왜냐하면 지방의회와 국가기관(혹은 다른 지방자치단체)의 관계는 동일한 법주체의 내부기관 상호 간의 관계가 아니라는 점에서「행정소송법」상의

기관소송으로 해당 다툼을 해결할 수 없음이 분명한바[86] 결국 해당 다툼의 소송적 해결을 위해서는 「헌법재판소법」 제2조 제4호에 따른 권한쟁의심판청구의 가능성을 모색해보아야 할 터인데, 「헌법재판소법」상 권한쟁의심판은 "국가기관 상호 간, 국가기관과 지방자치단체 간 및 지방자치단체 상호 간"으로 국한하여 명시하고 있기 때문이다.[87] 예컨대 입법권행사를 둘러싸고 지방의회와 국가기관(혹은 다른 지방자치단체) 상호 간 권한분쟁이 발생할 경우 지방자치단체의 내부기관인 지방의회가 곧 지방자치단체는 아니므로 종래의 일반적 해석에 따른다면, 이 경우에도 「지방자치법」 제114조에 근거해서 지방자치단체의 장이 지방자치단체를 대표해서 소송당사자가 되어야 하는바, 만약 해당 분쟁을 둘러싸고 지방의회와 지방자치단체의 장의 의사가 불일치할 경우 해당 권한분쟁을 소송으로 해결하는 것은 실질적으로 불가능해진다는 것이다. 이러한 점에서 지

---

86  기관소송을 「행정소송법」 제3조 제4호는 다음과 같이 정의한다: "기관소송: 국가 또는 공공단체의 기관상호 간에 있어서의 권한의 존부 또는 그 행사에 관한 다툼이 있을 때에 이에 대하여 제기하는 소송. 다만, 「헌법재판소법」 제2조의 규정에 의하여 헌법재판소의 관장사항으로 되는 소송은 제외한다."

87  헌법재판소가 관장하는 권한쟁의심판과 관련해서 「헌법재판소법」 제2조 제4호는 다음과 같이 규정하고 있다: "국가기관 상호 간, 국가기관과 지방자치단체 간 및 지방자치단체 상호 간의 권한쟁의(權限爭議)에 관한 심판".

방자치단체의 기관과 국가기관 상호 간의 권한분쟁에 대한 다툼은 현행법상 관할의 흠결이 있다고 하면서 '국가기관'와 '지방자치단체의 기관' 상호 간의 권한분쟁도 권한쟁의심판사항으로 규정하여 입법론적으로 해결하자는 견해 또한 등장하고 있다.[88] 하지만 앞서 밝혔던 것처럼 「지방자치법」 제114조의 지방자치단체장의 통할관할권을 기본적으로 지방자치단체의 집행의사에 국한해서 한정해석하는 것이 헌법에 부합한다는 점에 착안하여 검토대상 조례 제4조 제1항과 같은 규정을 마련해두면, 입법권행사를 둘러싸고 지방자치단체 ○○○의 의회(지방의회)가 국가기관이나 다른 지방자치단체와 권한다툼을 벌이고자 할 경우 지방자치단체의 장을 거치지 않고 의회가 스스로 헌법재판소에 권한쟁의심판을 청구할 가능성이 검토대상 조례를 통해서 선도될 수 있다는 것이다. 이러한 관점에서 검토대상 조례 제4조 제2항은 "의회의 입법 작용과 관련하여 의회와 국가기관 간, 의회와 다른 지방자치단체 간 또는 의회와 다른 지방자치단체의 기관 상호 간 권한의 유무 또는 범위에 관하여 다툼이 있을 때에 지방자치단체 ○○○는 관련 법률의 규정에 따라 소송을 제기할 수 있다."라고 규정하면서도, 이

---

88 김하열, 앞의 책, 536쪽.

러한 소송 수행 권한과 결부된 자치권의 헌법합치적 보장을 위해서 내부적으로 "의회는 지방자치단체의 장을 포함한 관계 행정기관에게 필요한 지시를 할 수 있고, 지시를 받은 해당 행정기관은 이에 응해야 한다."는 점을 검토대상 조례 제4조 제3항이 명시하고 있는 것이다.

### 2) 제5조(의회의 입법권한)와 제6조(지방자치단체의 장의 입법권한)

제5조(의회의 입법권한) ①의회는 관할구역의 자치 및 자치사무에 관한 조례 정립 권한을 가지며, 제1차적 자치사무와 제2차적 자치사무의 규율과 관련하여 독점적 입법권한을 갖는다.

②의회는 법률 또는 법률로부터 위임받아 정립된 명령에 위반되지 않는 범위에서 관할 구역의 제3차적 자치사무에 관한 규정을 제정할 수 있다.

제6조(지방자치단체의 장의 입법권한) ①지방자치단체의 장은 조례에서 구체적으로 범위를 정하여 위임받은 사항과 조례를 집행하기 위하여 필요한 사항에 관하여 규칙을 제정할 수 있다.

②「지방자치법」제29조에도 불구하고, 지방자치단체의 장은 조례로부터의 위임 없이 오직 법령으로부터 직접 위임받아서 관할구역의 자치사무에 관한 규칙을 제정해서는 안 된다.

① 헌법은 지방자치단체의 기관으로서 "지방의회"와 "지방자치단체의 장"을 알고 있음에도 불구하고 입법권행사와 관련해서 지방자치단체의 특정 기관을 명시적으로 언급하지 않고 단지 "지방자치단체는 …… 법령의 범위 안에서 자치에 관한 규정을 제정할 수 있다."라고 규정함으로써(헌법 제117조 제1항), 헌법 규정만으로는 구체적인 헌법현실에서 지방자치단체의 어떤 기관이 입법권을 보유하고 있는지가 명확하지는 않은 측면이 있긴 하다. 하지만 헌법 제117조 제2항 "지방자치단체의 종류"와 제118조 제2항 "지방자치단체의 조직과 운영"을 구체적으로 형성하고 있는「지방자치법」이 지방의회와 지방자치단체의 장 모두에게 일정한 입법권을 부여하고 있는 점 ——「지방자치법」은 지방의회에 "조례"에 대한 독점적 의결권한을, 지방자치단체의 장에게 "규칙"을 제정할 수 있는 권한을 부여하고 있다[89] —— 을 고려한다면, 헌법 제117조 제1항 "자치에 관한 규정"에는「지방자치법」상의 "조례"와 "규칙"이 모두 포함되는 것으로 이해할 수 있다. 따라서 검토대상 조례가 조례정립에 관한 지방의회의 입법권한(제5조)과 규칙정립에 관한 지방자치단체의 장의 입법권한(제6조)을 명시한 것은 특별하다고

---

[89]「지방자치법」제28조, 제29조, 제47조 제1항 제1호 참조.

할 수 없다.

② 그런데 "지방자치단체는 …… 법령의 범위 안에서 자치에 관한 규정을 제정할 수 있다."라고 규정한 헌법 제117조 제1항의 규정을 반대해석하면, 법률이나 명령(대통령령, 총리령, 부령 등) 정립권자 또한 일정한 경우(앞서 설명한 것처럼 '지방의회유보원칙'과 '보충성원칙'에 의해서 지방자치단체가 독점해서 처리하는 사무 —— 즉 검토대상 조례 제2조 제2호 "제1차적 자치사무"와 제2조 제3호 "제2차적 자치사무" —— 에 관한 규율정립에 해당하지 않는 경우로서 검토대상 조례 제2조 제3호 "제3차적 자치사무"에 관한 규율정립에 해당하는 경우)에는 자치에 관한 규정을 정립할 수 있고, 이렇게 정립된 법령은 헌법 제117조 제1항 "법령의 범위 안에서"라는 문언에 근거해서 마땅히 "자치에 관한 규정"보다 상위에 놓이게 된다. 결국 "제1차적 자치사무"와 "제2차적 자치사무"에 관한 규정 정립권한은 지방자치단체(특히 지방의회)가 독점적으로 보유하며, "제3차적 자치사무"와 관련해서는 지방자치단체의 입법권과 법령정립권자인 국가기관의 입법권이 공존하게 되는데, 이 경우 발생할 수 있는 규범충돌은 헌법 제117조 제1항에 근거한 자치에 관한 규정에 대한 법령우위원칙을 통해서 해소될 수 있게 된다. 바로 이와 같은 이해(지방의회유보원칙과 보충성원칙 및 법령우위원칙)에 기초해서 등장한 것이 검토대상 조례 제

5조 제1항 및 제2항이다.

③ 한편 지방자치단체의 "자치에 관한 규정"(헌법 제117조 제1항) 정립권한은 앞서 밝힌 것처럼 크게 지방자치단체의 의회(지방의회)가 보유하고 있는 조례정립권한과 지방자치단체의 장이 보유하고 있는 규칙정립권한으로 구분할 수 있겠지만, 지방자치단체의 입법의사는 해당 지방자치단체의 의회(헌법 제118조 제2항 "지방의회")가 대표해야 한다는 점에서 자치에 관한 규정 정립과 관련해서 지방자치단체의 장의 입법권이 지방의회의 입법권보다 우월해서는 안 된다. 이러한 점은 "지방자치단체의 장은 법령 또는 조례의 범위에서 그 권한에 속하는 사무에 관하여 규칙을 제정할 수 있다."라고 규정하고 있는 「지방자치법」 제29조를 통해서도 뒷받침된다.[90] 따라서 지방의회에서 독점적으로 의결하는 자치에 관한 규정인 조례가 지방자치단체의 장이 제정하는 자치에 관한 규정인 규칙보다는 우위에 있어야 하며, 지방자치단체의 집행기관을 대표하는 지방자

---

[90] 한편 현행 헌법 시행 후 정립된 구 「지방자치법」은 2021년 전부개정되기 전까지는 지방자치단체의 장의 규칙 정립권한과 관련해서 "조례의 범위에서"라고 하지 않고 "조례가 위임한 범위"라고 규정했다. 이러한 종전의 문언이 "위임한"이란 부분을 삭제한 현재의 문언보다는 더 바람직해 보인다. 왜냐하면 지방자치단체의 장은 본질적으로 집행기관이며 입법기관은 아니기 때문에, 지방자치단체의 장이 행사하는 입법권한은 원칙적으로 조례의 위임이 있어야 마땅하기 때문이다.

치단체의 장은 (조례에 따라 업무를 처리함에 있어서 부수되는 집행기관 내부적 사항에 관한 규율정립권을 넘어서서) 자치에 관한 일정한 사항을 규율하고자 할 경우는, 마땅히 지방의회에서 정립된 자치에 관한 규정인 조례로부터 입법권을 위임받아야 한다. 이는 입법권과 집행권을 분리하고 있는 민주적 법치국가에서는 지극히 당연한 것이기도 하다. 이러한 맥락에서 검토대상 조례 제6조 제1항은 "지방자치단체의 장은 조례에서 구체적으로 범위를 정하여 위임받은 사항과 조례를 집행하기 위하여 필요한 사항에 관하여 규칙을 제정할 수 있다."라고 규정하고 있는 것이다. 이 조항은 국가차원에서의 입법기관인 '국회'와 집행기관인 '대통령을 수반으로 하는 정부' 상호 간의 입법권 배분과 관련해서 대통령의 입법권한을 명시하고 있는 헌법 제75조 ("대통령은 법률에서 구체적으로 범위를 정하여 위임받은 사항과 법률을 집행하기 위하여 필요한 사항에 관하여 대통령령을 발할 수 있다.")를 지방자치단체 차원에서 반영한 규정으로도 이해할 수 있겠다.

④ 그런데 문제는 제3차적 자치사무에 관한 한, 국가기관인 법령정립권자도 법령을 정립할 수 있으며 이렇게 정립된 법령은 지방의회에서 정립되는 자치에 관한 규정보다 우위에 있으므로(법령우위원칙), 지방자치단체의 의회(지방의회)에서 의결되는 조례를 매개함 없이 국가기관인 법령정립권자가 법령을 통

해서 직접 지방자치단체의 기관인 지방자치단체의 장에게 자치에 관한 일정한 규범정립권한(규칙제정권한)을 수권하게 되면, 해당 사항에 관해서 지방의회의 입법권이 정상적으로 발휘되기 어려운 측면이 있다. 예컨대 국가기관인 법령정립권자가 조례를 경유하지 않고 직접 지방자치단체의 장에게 자치에 관한 규칙정립권한을 수권해버리면 필수적 헌법기관인 지방의회의 존재 의미와 그 역할은 경시되고 국가기관(법령정립권자)에 의해 지방자치단체 내부의 권한행사가 교란되는 것인바, 이는 법령정립권자와 독립된 별도의 체계에서 지방자치단체를 제도적으로 보장하고 있는 헌법의 기본 취지에도 부합되기 어려운 것이다. 바로 이와 같은 점을 감안하여 마련된 조항이 검토대상 조례 제6조 제2항("「지방자치법」 제29조에도 불구하고, 지방자치단체의 장은 조례로부터의 위임 없이 오직 법령으로부터 직접 위임받아서 관할구역의 자치사무에 관한 규칙을 제정해서는 안 된다.")이라고 볼 수 있다. 관련해서 검토대상 조례 제6조 제2항의 "「지방자치법」 제29조에도 불구하고"라는 표현은 일견 「지방자치법」 제29조와 충돌하는 것으로 의심할 수 있다. 그러나 해당 표현은 지방자치단체의 장이 (위임사무에 관한 사항이 아닌) 자치에 관한 사항을 규칙으로 정립할 경우 반드시 조례로부터의 위임이 있어야 한다는 점[91]을 강조 및 환기하는 차원에 그치는 것이지, 이 규정이 규범적 차원에서 새로운 실질적 기능을 갖는 것은 아니라고 해야 한다. 왜냐하면 "지방자치단체의 장은 법령 또는 조례의 범위에서 그 권한에 속하는 사무에 관하여 규칙을 제정할 수 있다."라고 규정하고 있는 「지방자치법」 제29조에 등장하는 법령은 원칙적으로 자치사무가 아닌 위임사무(「지방자치법」 제13조 제1항 "법령에 따라 지방자치단체에 속하는 사무")를 규율하고 있는 법령으로 이해되어야 한다는 점에서, (위임사무에 관한 사항이 아닌) 자치사무에 관한 지방자치단체 장의 규칙제정권에 국한해서 규율하고 있는 검토대상 조례 제6조 제2항의 "「지방자치법」 제29조에도 불구하고"라는 부분이 「지방자치법」 제29조와 충돌할 여지는 없기 때문이다.[92]

---

**91** 물론 자치에 관한 사항이라고 하더라도 조례 집행을 위해서 집행기관 내부적 효력만 갖는 사항을 규범으로 정립하는 것은 집행권에 부수된 규범정립권이라고 할 것인바, 이러한 규칙은 조례의 근거 없이도 지방자치단체의 장이 정립할 수 있는 것으로 보아야 한다. 이를 확인하고 있는 것이 검토대상 조례 제6조 제1항 "조례를 집행하기 위하여 필요한 사항"에 관한 지방자치단체의 장의 입법권한이다. 관련해서 헌법적 차원에서는 "법률을 집행하기 위하여 필요한 사항"에 관하여 대통령이 갖는 입법권(대통령령 정립권한)을 참고할 수 있겠다(헌법 제75조).

**92** 이러한 해석 및 문제제기의 원인은 사실 「지방자치법」 제29조의 문언이 자치사무에 관한 사항인지 혹은 위임사무에 관한 사항인지 밝히지 않고 "지방자치단체의 장은 법령 또는 조례의 범위에서 그 권한에 속하는 사무에 관하여 규칙을 제정할 수 있

### 3) 제7조(지방자치단체의 장의 행정권한)

제7조(지방자치단체의 장의 행정권한) ①지방자치단체의 장은 조례에
따라 관할 구역의 사무를 처리하여야 한다.

②지방자치단체의 장을 포함한 지방자치단체의 행정기관 및 소속
공공기관이 위임사무를 처리하려고 할 경우에는 반드시 의회의 동
의를 받아야 한다.

③제2항의 동의 없이 지방자치단체의 공무원 및 지방자치단체 소
속 공공기관의 임직원은 위임사무를 처리해서는 안 된다.

지방자치단체의 장은 지방자치단체의 집행기관이다(특히
「지방자치법」 제116조).[93] 따라서 지방자치단체의 장이 관할 구역
의 사무를 조례에 따라 처리할 것을 규정한 검토대상 조례 제
7조 제1항은 자치사무 집행의 원칙일 뿐만 아니라 당연한 사

다.'라고만 규정하고 있는 것에서부터 비롯된다. 해당 규정은 기본적으로 자치사무
와 관련된 지방자치단체장의 규칙제정권을 규율한 것이라는 전제에서 「지방자치법」
제29조의 "법령 또는 조례" 부분을 '법령과 조례'로 변경하거나, 아예 "법령이나" 부분
을 삭제하여 '지방자치단체의 장은 조례가 위임한 범위에서 그 권한에 속하는 사무에
관한 규칙을 제정할 수 있다.'라고 개정하는 것이 바람직하겠다.

93 「지방자치법」 제116조(사무의 관리 및 집행권) 지방자치단체의 장은 그 지방자
치단체의 사무와 법령에 따라 그 지방자치단체의 장에게 위임된 사무를 관리하고 집
행한다.

항을 확인한 규정이라고 할 수 있다.[94] 다만 지방자치단체의 장이 국가사무를 위임받아서 관리하고 집행하는 경우에는 법령에 따라야 할 것이다(「지방자치법」 제116조).[95] 이 경우 국가기관이 법령으로 과도한 국가사무를 지방자치단체에게 위임하여 지방자치단체의 자치업무 수행을 저해·방해하거나 지방자치단체를 중앙정부에 예속시켜 실질적으로 중앙정부의 위장기관으로 기능하게 할 우려가 있는데, 이에 관해서는 검토대상 조례 제3조 제5항을 설명하면서 이미 언급한 바 있다. 이러한 맥락에서 검토대상 조례가 지방자치단체의 장을 포함한 지방자치단체의 행정기관 및 소속 공공기관이 위임사무를 처리하려고 할 경우 반드시 (지방)의회의 동의를 받도록 한 조항(제7조 제2항)과 이러한 동의 없이 지방자치단체의 공무원 및 지방자

---

**94** 물론 검토대상 조례 제7조 제1항 "조례에 따라"라는 문언에는 지방자치단체의 장이 조례에 근거해서 정립한 규칙 또한 포함되는 것으로 보아야 한다(관련해서 「지방자치법」 제117조 참조).

**95** 한편 「지방자치법」 제13조 제1항은 "지방자치단체는 관할 구역의 자치사무와 법령에 따라 지방자치단체에 속하는 사무를 처리한다."라고 규율함으로써 지방자치단체의 사무를 자치사무와 위임사무로 분별하고 있는데, 여기서 "관할 구역의 자치사무"가 아닌 "법령에 따라 지방자치단체에 속하는 사무"를 규율하는 소위 위임조례는 그 본질이 헌법 제117조가 규율하고 있는 "자치에 관한 규정"이 아니라 '국가사무 혹은 다른 지방자치단체의 사무에 관한 규정'인바, 위임조례의 근거가 되는 법령은 물론이고 해당 위임조례 그 자체 또한 위헌의 의심으로부터 자유롭지 않은 측면이 있다.

치단체 소속 공공기관의 임직원은 위임사무를 처리해서는 안 된다는 점을 규정한 조항(제7조 제3항)은 지방자치단체 ○○○ 의 자치권 행사의 기본원칙을 규정한 검토대상 조례 제3조 제 4항의 "노력"과 제5항의 "관리"를 담보하기 위해 지방자치단 체 내부적 차원에서의 권한배분을 규율한 구체적 조항들로 이 해할 수 있을 것이다.

물론 검토대상 조례 제7조 제2항 및 제3항은 "시·도와 시· 군 및 자치구에서 시행하는 국가사무는 시·도지사와 시장·군 수 및 자치구의 구청장에게 위임하여 수행하는 것을 원칙으로 한다. 다만, 법령에 다른 규정이 있는 경우에는 그러하지 아니 하다."라고 규정하고 있는 「지방자치법」 제115조와 갈등할 소 지가 있다. 하지만 지방자치단체에서 시행된다는 이유로 국가 사무를 지방자치단체의 장에게 위임하여 처리함을 원칙으로 삼고 있는 「지방자치법」 제115조는 원칙과 예외가 뒤바뀐 것 일 뿐만 아니라, 무엇보다도 국가사무는 원칙적으로 국가기관 이 처리하고 자치사무는 원칙적으로 지방자치단체에서 처리 해야 한다는 헌법상 권한배분 원칙에 부합되기 어렵다는 점에 서 위헌의 의심이 있다. 이러한 점에서 검토대상 조례 제7조 제 2항 및 제3항은 자치권을 부당하게 제약하는 근거가 될 수 있 는 「지방자치법」 제115조의 문제점을 폭로하는 계기로서 기능할 수도 있을 것이다.

## (4) 자치(행정)권의 외부적 보장을 위한 규정

제8조(자치권 보장을 위한 업무분류 및 업무분류에 대한 점검) ①지방
자치단체 ○○○의 공무원은 업무를 수행함에 있어서 해당 업무가
제1차적 자치사무 · 제2차적 자치사무 · 제3차적 자치사무에 해당
하는 것인지 아니면 국가사무 등에 해당되는 것인지 여부를 상시적
으로 분류하고 기록해서 이를 보관 및 관리하여야 한다.

②제1항의 분류 및 기록에는 해당 업무가 각각의 사무에 속한다고
판단한 이유가 함께 부기되어 있어야 하며, 시급한 경우가 아닌 한
해당 업무수행 전에 확인과 기록이 이루어져야 한다.

③지방자치단체의 장은 매 분기마다 자치권 보장과 실질화의 관점
에서 제1항의 확인 및 기록으로 얻어진 업무분류의 적정성 여부를
점검하고 점검결과에 따른 보완을 거쳐서 그 결과를 주민들에게 공
고하여야 한다.

제9조(자치권 및 자치권 침해행위에 대한 조사) ①지방자치단체의 장
은 관할 구역의 자치 및 자치사무에 관한 사항이 법령이나 다른 지
방자치단체의 조례에 의해서 규율되고 있는지 여부를 상시적으로
조사하고, 조사의 결과를 매 분기마다 공고하여야 한다.

②제1항의 조사를 통해서 관할 구역 자치의 본질적 내용 또는 제

1차적 자치사무 및 제2차적 자치사무에 관한 사항을 규율하고 있는 법령이나 다른 지방자치단체의 조례(이하 "법령 등"이라고 한다)가 확인되면, 지방자치단체의 장은 해당 법령 등을 의회에 지체없이 보고하고 해당 법령 등을 근거로 한 업무집행의 거부를 선언해야 한다.

③지방자치단체의 장은 관할 구역 주민의 복리에 관한 사무를 처리하고 재산을 관리함에 있어서 국가나 다른 지방자치단체의 행정적 개입이 있는지를 조사하여야 하며, 조사 결과 자치권에 대한 위협이나 침해 등이 발견된 경우에는 이를 공고하고 해당 개입주체에게 적절한 조치를 요구하여야 한다.

제10조(자치사무 점검·조사 위원회) ①제3조 제5항 후단의 준수여부에 대한 판단 및 제8조 제3항의 점검과 제9조의 조사를 위해서 지방자치단체의 장 소속으로 자치사무 점검·조사 위원회를 둔다.

②자치사무 점검·조사 위원회는 헌법상 권한배분 또는 지방자치단체 ○○○의 자치업무나 자치권한에 관한 기본소양을 갖추고 있는 사람들 중에서 위원장을 포함한 15인 이하의 위원으로 구성한다.

③위원과 위원장은 지방자치단체의 장이 임명하고 그 임기는 2년으로 하며 연임할 수 있다. 다만, 위원장은 의회의 동의가 있어야 하며, 위원장이 아닌 위원들 중에서 3분의 1은 의회에서 선출하는 자를, 3분의 1은 일정한 자격을 갖춘 민간단체에서 추천하는 자를 임명하되 전체 위원들 중에서 지방자치단체 ○○○ 소속 공무원인 위

원은 3분의 1을 넘을 수 없다.

④지방자치단체 ○○○의 행정기관 및 산하 공공기관은 담당하고 있는 자치사무와 위임사무에 관한 목록과 정보를 조사위원회에 제공해야만 하고, 조사위원회의 업무에 협력하여야 한다.

⑤자치사무 점검·조사 위원회의 조직 · 직무범위 · 위원의 자격 · 경비 등에 관한 그 밖의 필요한 사항은 별도로 정하되, 그 업무와 관련해서는 독립성이 보장되어야 한다.

제11조(자치사무에 대한 감사) ① 감사원법 제24조 제1항 제2호의 규정에도 불구하고 지방자치단체의 장은 제1차적 자치사무에 대한 감사원의 감사는 거부하여야 하며, 의회의 동의 없이는 제2차적 자치사무에 대한 감사원의 감사에 협력하거나 자료 제출 등의 요구에 응해서는 안 된다.

②제1항은 국정감사 및 조사에 관한 법률에 따른 감사 및 조사의 경우에도 준용한다.

① 지방자치단체가 자신의 자치영역에 개입·간섭하거나 동의 없이 국가사무 등을 과도하게 떠맡기는 국가기관 및 다른 지방자치단체와의 관계에서 자치권을 확보하고 국가기관 등의 행위에 맞서기 위해서는, 무엇보다도 우선해서 자신이 담당하고 있거나 담당할 구체적 업무들에 대한 면밀한 분석 및 이해를 갖추고 있어야 한다. 그리고 해당 업무가 국가사무인지

자치사무인지, 그리고 자치사무라고 하더라도 일정한 경우에 국가기관 등이 우월적 위치에서 개입할 수 있는 '제3차적 자치사무'인지, 헌법상 보충성원칙으로 인해서 국가기관 등이 개입할 수 없는 '제2차적 자치사무'인지, 그렇지 않으면 어떤 경우에도 지방자치단체의 권한으로 유보되어 있어야 할 '제1차적 자치사무'인지 여부에 대한 나름의 기준과 근거를 헌법에 기대어 확립하고 이에 따라 개개의 사무들을 구체적으로 분류해 두는 것이 필요하다. 왜냐하면 국가기관을 비롯한 모든 공권력 기관의 행위는 헌법에 구속되어야 한다는 점에서, 헌법에 기반한 이러한 기준과 근거 및 분류는 자치영역에 개입하는 국가기관 등의 행위를 통제할 수 있는 설득력 있는 논거가 되기 때문이다. 물론 「지방자치법」 제13조는 지방자치단체의 사무범위를 언급하고 있긴 하다. 하지만 이러한 「지방자치법」상 사무범위 및 사무구분은 국가사무와 자치사무 간의 단순 구분을 넘어서서 검토대상 조례 제2조와 같이 자치사무를 제1차적·제2차적·제3차적 자치사무 등으로 더욱 세분하려는 분류로는 적합하지 않을 뿐만 아니라, 무엇보다도 국가기관인 국회에서 정립된 법률적 차원의 사무구분에 지나지 않아서 국가기관과 지방자치단체 상호 간 권한 다툼에서 지방자치단체 차원에서 원용할 수 있는 유용한 무기가 되기는 어렵다. 바로 이러한 점에서 지방자치단체는 헌법에 직접 기대어 자신의 사무를 분별할 수 있어야 함은 물론이고, 나아가 국가사무와 자치사무를 분별하고 각각의 범위나 종류 및 내용 등을 규율하고 있는 법률조항들(특히 「지방자치법」 제11조(사무배분의 기본원칙) · 제12조(사무처리의 기본원칙) · 제13조(지방자치단체의 사무 범위) · 제14조(지방자치단체의 종류별 사무배분기준) · 제15조(국가사무의 처리 제한) 등)[96]에 대한 헌법적 차원에서의 평가와 헌법에 기대어 투쟁할 수 있는 실력을 갖추어야 비로소 자신의 자치권 특히 자치행정권을 헌법이 지향하는 방식으로 실현해나갈 수 있을 것이다.

② 한편 자치영역에 대한 국가기관의 무분별한 개입과 간섭에 맞서서 지방자치단체가 자치행정권을 실질적으로 확보하고 이를 통해 헌법상 지방자치의 이념을 잘 구현하기 위해서는, 지방자치단체의 다양한 사무를 체계적으로 인식할 수 있는 헌법적 차원의 기본적 틀을 이론적으로 구축하는 것(특히 앞서 논증한 헌법 제117조 제1항 "자치에 관한"의 해석론과 보충성원칙 · 지방의회유보원칙 등과 같은 헌법원칙에 기대어 추상적이고 일반적 차원의 인식규준을 마련하는 것)도 필요하지만,[97] 이렇게 구축된 이론적

---

96  구체적 내용은 참고 자료 : 성찰 및 대결의 대상으로서 「지방자치법」 참조.

97  이러한 필요에 부응하기 위한 연구의 결과가 이 책 Ⅱ. 5에서 표로 제시한 [규율

틀을 지방자치단체가 구체적 현실에서 적극적으로 활용할 수 있는 능력과 이러한 능력을 현실화하는 실천 또한 반드시 있어야 한다. 관념이나 이론이 현실을 설명할 수 있다고 하더라도, 현실은 관념이나 이론이 아닌 실천의 결과로 얻어지는 것이기 때문이다. 그런데 자치행정권의 실질적 구현과 관련해서 구축된 이론을 변화무쌍한 지방자치 현실에 적용하는 활동(특히 지방자치 현실의 변화무쌍과 함께 유동하는 구체적 사무들에 대한 세부적이고 개별적인 평가 및 분류 활동)이 지방자치단체 차원에서는 거의 행해지지 않고 있다. 이러한 활동이 활성화되지 않으니, 국가기관 등에 의한 자치권의 훼손 및 침해행위에 대한 지방자치단체 차원에서의 상시적인 관찰·감시 및 조사 또한 요원한 상황이다. 이러한 문제의식의 발로가 바로 검토대상 조례 제8조(자치권 보장을 위한 업무분류 및 업무분류에 대한 점검), 제9조(자치권 및 자치권 침해행위에 대한 조사) 및 제10조(자치사무 점검 및 조사위원회)이며, 이들 규정은 검토대상 조례의 핵심 조항이라고 할 수 있다.

③ 검토대상 조례 제8조는 지방자치단체 ○○○의 공무원

_____

내용에 따른 국회와 지방자치단체(지방의회) 상호 간 입법권한 배분기준)이라고 할 수 있다.

에게 업무수행에 있어서 해당 업무가 (제2조가 정의하고 있는) 제1차적 자치사무 · 제2차적 자치사무 · 제3차적 자치사무에 해당하는 것인지 아니면 국가사무 등에 해당하는 것인지를 상시적으로 분류하고 분류한 이유와 분류결과를 기록·보관·관리하도록 할 의무를 부과하고 있으며(제1항 및 제2항), 그렇게 분류된 것이 적정한 것인지를 지방자치단체의 장이 점검해서 매 분기마다 주민들에게 공고하도록 하고 있다(제8조 제3항). 이러한 과정을 통해서 지방자치단체 ○○○의 공무를 담당하는 자는 자신의 업무가 어떤 성격의 업무인지를 끊임없이 성찰하고 분류할 것을 요구받게 되며, 그러한 성찰과 분류의 결과물은 검토대상 조례 제10조에 의해 구성된 독립위원회를 통한 전문적인 판단을 받고 공고 등을 통해 폭넓은 공론화의 과정을 거쳐서 보다 단정한 상태로 계속해서 집적될 것을 의도하고 있다. 이러한 집적이 계속되면 계속될수록, 지방자치단체에 침투하는 국가기관 등의 행위에 대한 반응력 및 민감도는 자연스레 높아져서 검토대상 조례 제9조가 규율하고 있는 자치권 침해행위에 대한 조사가 활발해질 가능성이 증대하고, 자치권을 둘러싼 국가기관 등과의 권한 다툼에 도움 될 구체적 사례나 논거들의 확보가 수월해질 것으로 기대한다.

④ 자치권 침해행위와 관련해서 지방자치단체의 장에게 조

사 의무 및 일정한 대응(제2항 "업무집행의 거부를 선언", 제3항 "적절한 조치를 요구")을 요구하고 있는 검토대상 조례 제9조는 내용적 차원에서 본다면, 자치입법권에 대한 침해와 관련된 조항(지방자치단체의 장에게 자치사무에 관한 사항이 법령이나 다른 지방자치단체의 조례에 의해 규율되고 있는지 여부를 상시적으로 조사하고 그 결과를 공고할 의무를 부과하고 있는 제1항과 그러한 조사과정에서 의회에서 독점적으로 입법권을 갖는 사항 —— 즉 제1차적 자치사무와 제2차적 자치사무 —— 을 규율하고 있는 법령 등이 확인되면 이를 의회에 보고하고 해당 법령 등을 근거로 한 업무집행의 거부를 선언할 것을 명시하고 있는 제2항)과 자치행정권에 대한 침해와 관련된 조항(지방자치단체의 장에게 자치사무에 대한 국가나 다른 지방자치단체의 행정적 개입 여부를 조사할 의무를 부과하고, 자치권에 대한 위협이나 침해라고 할 수 있는 개입이 발견될 경우, 이를 공고하고 해당 개입주체에게 적절한 조치를 요구할 의무를 부과하고 있는 제3항)으로 구분해서 살필 수 있다. 현행 지방자치단체는 (본질적으로 사법 주체가 아니라) 헌법으로부터 일정한 행정권(헌법 제117조 제1항 전단 "주민의 복리에 관한 사무를 처리하고 재산을 관리")과 입법권(헌법 제117조 제1항 후단 "법령의 범위안에서 자치에 관한 규정을 제정") 양자를 부여받은 권한 주체(행정·입법 주체)로 설계되어 있는바, 이를 반영해서 검토대상 조례 또한 자치권 침해행위에 대한 조사나 대응을 국가나 다른 지방자치단체의 일반적이고 추상적인 규범정립 활동(입법)과 그렇게 정립된 규범을 구체적·적극적·미래지향적으로 실현하는 활동(행정)으로 분별한 것으로 이해할 수 있겠다.

⑤ 검토대상 조례 제10조는 업무분류의 적정성 여부와 관련된 지방자치단체의 장의 점검 및 보완 의무이행(제8조 제3항)과 자치권 침해여부에 대한 지방자치단체의 장의 조사 의무이행(제9조 제1항) 및 자치권 침해행위에 대한 지방자치단체의 장의 대응행위 ── 업무집행의 거부 선언(제9조 제2항)과 개입주체에 대한 적절한 조치 요구(제9조 제3항) ── 등에 전문적인 도움을 주기 위해서 "헌법상 권한배분 또는 지방자치단체 ○ ○ ○의 자치업무나 자치권한에 관한 기본소양을 갖추고 있는 사람들"로 구성된 독립된 '자치사무 점검·조사 위원회'의 설치와 구성 등에 관한 사항을 담고 있다. 이러한 위원회가 소기의 목적을 달성하기 위해서는 그 전문성과 독립성 및 자율성을 어떻게 확보해나갈 것인지에 관한 문제와 함께 위원회의 역할과 기능에 대한 지방자치단체의 장의 존중이 강조되어야 할 것으로 본다.

⑥ 그리고 검토대상 조례 제11조는 자치사무에 국가기관 특히 감사원이 감사라는 명목으로 부당하게 지방자치단체의 자치업무를 간섭하거나 개입하려는 것을 통제하기 위해 마련

한 조항이다. 과거 감사원이 지방자치단체에 대하여 자치사무의 합법성뿐만 아니라 합목적성까지도 감사한 행위가 법률상 권한 없이 이루어진 것인지가 다투어진 '강남구청 등과 감사원 간의 권한쟁의 심판사건'에서 헌법재판소의 법정의견은 강남구청 등이 제기한 심판청구를 인용하지 않았다.[98] 하지만 헌법재판소의 판단 그 자체가 헌법은 아니며,[99] 무엇보다도 해당 결정에서 헌법재판관 3인은 법정의견과 달리, "감사원이 지방자치단체의 자치사무에 대하여까지 합목적성 감사까지 하게 된다면 지방자치단체는 자치사무에 대한 자율적 정책결정을 하기 어렵고, 독립성과 자율성을 크게 제약받아 중앙정부의 하부행정기관으로 전락할 우려가 다분히 있게 되어 지방자치제도의 본질적 내용을 침해하게 될 것"이라고 하면서 "감사원법 제24조 제1항 제2호 소정의 '지방자치단체의 사무에 대한 감찰' 부분을 해석함에 있어 지방자치단체의 사무 중 자치사무에 대한 합목적성 감찰까지 포함된다고 해석하는 한 그 범위 내에서는 위헌이다."라는 의견과 함께 강남구청 등이 제기한 해당

---

98  헌재 2008. 5. 29. 2005헌라3, 판례집 20-1(하), 44쪽.

99  오히려 헌법적 관점에서 본다면 헌법재판소의 결정 또한 헌법으로 평가되고 통제되어야 할 하나의 공권력 작용에 불과한 것이다.

권한쟁의심판 청구에 대한 인용 의견을 피력했다.[100] 이러한 헌법재판소의 반대의견에 기대어 또 이러한 반대의견이 헌법현실의 변화 속에서 차츰 다수의견이 되어서 궁극적으로는「헌법재판소법」제23조 제2항 제2호에 따른 판례 변경으로 이어질 수 있기를 기대하면서, 등장한 규정이 바로 검토대상 조례 제11조라고 할 수 있다.

### (5) 실효성 확보 및 구체화를 위한 규정과 부칙

제12조(과태료) ①지방자치단체의 장은 이 조례를 위반한 자에 대해서 1천만원 이하의 과태료를 부과·징수하여야 한다.

②지방자치단체의 장이 정당한 이유 없이 제1항의 부과·징수를 제때 하지 않고 있는 경우와 이 조례를 지방자치단체의 장이 위반한 경우에는 자치사무 점검·조사 위원회에서 과태료를 부과·징수한다.

제13조(시행규칙) 이 조례의 시행에 필요한 사항은 규칙으로 정한다.

**부 칙**

이 조례는 공포와 동시에 시행한다. 다만 제3조 제5항은 공포한 날로부터 1년이 경과된 날부터 시행한다.

---

100 헌재 2008. 5. 29. 2005헌라3, 판례집 20-1(하), 41쪽, 52-54쪽.

① 검토대상 조례 제12조는 본 조례의 실효성 확보를 위해 마련된 규범으로서 조례 위반행위에 대해 1천만원 이하의 과태료 부과 및 징수를 강제하고 있다(제1항). 해당 조항은 조례 위반에 대한 과태료를 규정하고 있는 「지방자치법」 제34조 제1항("지방자치단체는 조례를 위반한 행위에 대하여 조례로써 1천만원 이하의 과태료를 정할 수 있다.")을 통해서도 뒷받침된다. 그런데 현실에서 과태료 부과 및 징수 업무를 수행해야 할 지방자치단체의 장이 이를 해태할 우려가 있으므로, 이 경우에는 검토대상 조례 제10조가 규정한 '자치사무 점검·조사 위원회'가 과태료를 부과하고 징수할 수 있도록 했다(제2항). 이 조항은 조례 위반에 대해 지방자치단체의 장에게 과태료 부과·징수 권한을 부여하고 있는 「지방자치법」 제34조 제2항에 저촉될 소지가 없는 것은 아니나, 이러한 부과·징수 권한에 대한 남용에 따른 예외적 통제라는 점에서 정당화될 수 있다고 본다.

② 한편 검토대상 조례의 시행에 필요한 사항을 규칙으로 정하도록 규정하고 있는 제13조는 지방자치단체의 장에게 조례가 위임한 범위에서 그 권한에 속하는 사무에 관하여 규칙을 제정할 수 있도록 규정하고 있는 「지방자치법」 제29조에 의해서 그 정당성이 이미 확보되어 있다.

③ 부칙은 검토대상 조례를 공포와 동시에 시행되도록 규정

하면서도, 유독 지방자치단체 ○○○의 전체 업무처리 중에서 국가사무 등에 관한 업무처리가 50%를 넘지 않도록 관리해야 할 것을 규정하고 있는 제3조 제5항에 대해서만큼은 공포한 날로부터 1년이 경과된 날을 시행일로 규정하고 있다. 이미 많은 지방자치단체가 국가기관 및 다른 지방자치단체로부터 많은 사무를 위임받아서 수행해오고 있는 현실을 고려한 경과규정이다.

## 4. 결론 : 의미와 전망

지금까지 제안하고 해설한 검토대상 조례는 절대적인 것이 아닌, 이름 그대로 검토대상이다. 특히 각 지방자치단체의 능력과 형편에 따른 수정과 보완이 필수적이며, 설사 검토대상 조례가 현실에서 규범력을 갖게 된다고 하더라도, 그로 인해서 바로 지방자치단체와 국가기관의 관계가 현재와는 다른 획기적인 변화를 맞이하게 되리라고는 생각하지 않는다. 다만 위임사무와 자치사무를 구분할 수 있는 지방공무원의 비율이 절반에도 미치지 못하고 있으며[101] 헌법을 기준으로 자치사무와 국가사무를 분별하고 이를 바탕으로 자치영역에 대한 국가기관의 구체적 간섭과 통제에 맞서거나 국가기관에 대하여 합당한 지원을 요구하는 지방자치단체 차원에서의 근본적이고 본격적인 시도가 거의 없는 현재의 자치 현실을 고려하면, 검토대

---

101 위임사무와 자치사무를 명확히 구분할 수 있는 지방공무원은 41.3%에 그치고 있는 현실에 관해서는 김지영, 정부 간 관계의 효과적 운용방안 연구, 한국행정연구원 연구보고서 2017-13 참조(국가정책연구포털, https://www.nkis.re.kr:4445/subject_view1.do?otpId=KIPA00052299&otpSeq=0#none).

상 조례는 현재를 성찰하고 국가기관과 지방자치단체 상호 간 헌법적합한 권한 배분을 도모하기 위한 실천적 도구로서 그리고 지방자치단체가 직접 최고규범인 헌법과 소통하여 스스로 자신의 사무를 확정하고 구분하는 것을 독려 및 강제할 수 있는 규범적 근거로 기능하여, 궁극적으로는 헌법이 예정하고 있는 지방자치단체의 자치(행정)권이 실질적으로 구현되도록 하는 토대 —— 즉 자치영역으로 무분별하게 침투해오는 국가기관의 권력행위를 지방자치단체 차원에서 방어할 수 있는 기반을 구축하면서 동시에 헌법상 자치이념 구현을 위해 국가 차원에서 행해져야 할 지원과 도움에 소극적인 국가기관의 태도 변화를 견인할 수 있는 토대 —— 를 구축하는 데 중요한 의미를 가질 수 있을 것으로 본다. 왜냐하면 검토대상 조례는 어떤 경우에도 국가가 개입할 수 없는 자치사무(제1차적 자치사무)와 지방자치단체 차원에서 자신의 능력으로 잘 처리할 수 있어서 국가의 개입이 금지되어야 하는 자치사무(제2차적 자치사무) 그리고 불가피하게 국가의 도움이 필요한 자치사무(제3차적 자치사무)의 구체적 목록과 실제의 예들을 지방자치단체 차원에서 각각 구체적으로 집적하여, 자치영역에 개입하는 국가기관이나 다른 지방자치단체에 설득력 있게 대항할 수 있는 정교한 근거를 마련하고 이를 통해서 자치권 특히 자치행정권의 실질적 보장을 구현하기 위한 최소한의 기초 마련을 겨냥하고 있으며, 나아가 상위 법령과 충돌 혹은 갈등의 소지가 있는 검토대상 조례의 일부 규정들을 매개해서 지방자치단체가 '법령'이 아닌 '헌법'에 합치하는 지방자치권을 헌법재판 등과 같은 사법 투쟁의 방법으로 쟁취할 수 있는 지렛대로도 활용될 가능성을 제공하고 있기 때문이다.

이러한 점에서 검토대상 조례는 헌법상 지방자치 이념을 구현하기 위해 헌법의 수범자인 국가기관과 지방자치단체 양자 모두 조화롭게 협력하는 정치공동체로서의 대한민국을 형성하는 과정에서는 물론이고, 헌법의 테두리 안에서 지방자치와 지방분권의 실질화에 관심 있는 모든 지방자치단체에게 좋은 참고가 될 수 있으리라고 본다. 관련해서 무엇보다도 중요하고 어려운 당면과제는 입법과정에서 검토대상 조례에 따라 업무를 담당해야 할 지방자치단체 관료들과 이들에 의해 포획·조종된 지방의회의원들의 저항과 무관심을 어떻게 극복하고 이들을 어떻게 설득 및 제압할 것인지에 있다고 본다.[102] 이러한 과제수행과 관련해서 기대보다는 우려와 함께 다음과 같은 의

---

102 이러한 우려는 단순한 노파심이라고 할 수 없다(관련해서 차재권/서선영, 앞의 책, 202-205쪽 참조).

문을 제기해본다: 과연 우리는 자치에 관한 규정인 조례를 정립할 권한이 있는 지방의회의 입법능력과 입법의지를 신뢰해도 좋은가? 자치에 관한 규정을 현실에서 적극적·미래지향적으로 집행해야 할 주민의 대표기관인 지방자치단체의 장은 과연 (국가기관의 권력에 기대어 자신의 권한을 확장하고 다음 선거를 대비하기 위한 홍보용 치적을 수집하는 활동에 그치지 않고) 헌법에 기대어 "자치에 관한" 것을 구현하는 데 진지한 관심과 노력을 기울이고 있는가? 그리고 지방자치단체의 공무원들은 국가로부터 위임받은 사무는 야간근무를 하면서까지도 처리해야 할 업무로 여기면서도, 정작 지방자치단체의 장이 특별히 기획하고 관심을 기울이는 자치사무는 다가올 지방선거까지 처리하는 시늉만 하다가 지방정권이 바뀌면 유야무야로 얼버무릴 수 있는 사무로 여기고 있는 것은 아닌가?

# IV

자치사법권

사법 또한 행정과 마찬가지로 입법의 결과물인 일반적이고 추상적으로 정립된 규범을 실현하는 활동이다. 다만 정립된 규범을 구체적 문제와 관련해서 적극적이고 미래지향적으로 실현하는 것이 행정이라면, 사법은 구체적 문제(특히 분쟁)와 관련해서 정립된 규범을 소극적이고 보수적으로 실현하는 활동이라고 할 수 있다.[103] 관련해서 헌법은 제101조 제1항에서 "사법권은 법관으로 구성된 법원에 속한다."라고 규정했지만, 군사법원과 같이 법관으로 구성되지 않는 특별법원이 합헌적으로 존재할 수 있음을 예정하고 있으며(헌법 제110조 제1항),[104] 사법권 행사의 한 내용인 헌법재판권 행사는 기본적으로 법원이 아닌 헌법재판소가 관장하도록 하고(헌법 제111조 제1항), 실질적 의미에서의 사법권에 포함되는

---

103 사법의 특성에 관해서는 허완중, 헌법재판소의 지위와 민주적 정당성, 고려법학 55(고려대학교 법학연구원), 2009, 14-15쪽.

104 「군사법원법」 제22조 제1항 및 헌재 1996. 10. 31. 93헌바25, 판례집 8-2, 451-452쪽 참조.

국회의원에 대한 자격심사와 징계 및 제명 등은 법원에 제소할 수 없는 국회의 권한으로 규정하고 있다(헌법 제64조 제2항~제4항). 이러한 점에서 헌법은 '법관으로 구성된 법원 중심의 사법' 원칙에 입각하고 있는 것이지, 모든 사법권을 법관으로 구성된 법원에 독점시킨 것은 아니라고 하겠다. 하지만 지방자치단체의 고유한 사법권(소위 자치사법권)이 헌법상 인정될 수 있음을 뒷받침하는 헌법 명시적 규정은 찾아볼 수 없다. 오히려 헌법은 제117조 제1항에서 "지방자치단체는 주민의 복리에 관한 사무를 처리하고 재산을 관리하며, 법령의 범위 안에서 자치에 관한 규정을 제정할 수 있다."라고만 규정하고 있다는 점에서, 헌법은 지방자치단체의 고유한 입법권 및 행정권(즉 자치입법권 및 자치행정권)에 대한 근거만 마련했을 뿐 지방자치 영역에서 사법권은 의도적으로 도외시하고 있다는 의심으로부터 자유롭지 않다.

그러나 헌법은 사법제도에 관한 전반적인 방향과 제도적 암시만을 주고 있을 뿐 기본적으로 입법 특히 국회의 광범위한 입법형성권에 기대고 있는 측면이 강하다. 즉 헌법 제5장의 '법원'과 관련해서도 대법원과 각급 법원을 둘 것을 명하고 있을 뿐, 법관의 자격이나 각급 법원의 조직, 구체적인 소송절차 등에 관해서는 법률에 맡기고 있으며(헌법 제101조 제3항, 제102조

제3항), 사법권과 제8장 '지방자치'와의 관계에 대해서는 침묵하고 있다.[105] 또 헌법 제118조 제2항에서 "[…] 지방자치단체의 조직과 운영에 관한 사항은 법률로 정한다."라고 명시하고 있는바, 법률을 통해서 일정한 사법기관을 지방자치단체의 조직으로 편입하여 운영할 수 있는 여지가 없다고 단정할 것도 아니다. 특히 특정 지방자치단체 내부에서 '해당 지방공동체에 뿌리를 두고 있거나 그 지방공동체와 특유한 관련이 있는 사무'를 둘러싸고 주민 상호 간 혹은 주민과 지방자치단체(의 기관) 상호 간 혹은 지방자치단체의 기관 상호 간 분쟁이 발생할 경우, 이를 (국가기관에서 정립한 규범에 따라 국가기관에 의해서 타율적으로 해결하는 것이 아니라) 자치에 관한 규정(특히 조례)에 따라 지방자치단체 차원에서 자치적으로 해결하는 기회나 가능성을 현행 헌법이 완전히 봉쇄하고 있다고는 할 수 없다. 오히려 지방자치의 이념인 풀뿌리 민주주의가 스미는 자율적인 자치사법의 영역을 확인하고 이를 법률로써 제도화하려는 것은, 헌법상 지방자치의 이념 및 사법조직 법률주의와도 부합하는 것이며 헌법상 민주주의 원칙이나 권력분립 원칙으로부터도 지

---

105 이국운, 분권사법과 자치사법 – 실천적 모색 –, 법학연구 49-1(부산대학교 법학연구소), 2008, 9쪽.

지받을 수 있을 것으로 본다.

관련해서 헌법 제117조 제1항 "자치에 관한 규정" 위반을 둘러싼 지방자치단체 내부적 분쟁, 특히 앞서 정리한 표 [규율 내용에 따른 국회와 지방자치단체(지방의회) 상호 간 입법권한 배분기준]의 D영역 혹은 E영역과 결부해서 다투어진 조례위반 사건을 해결하는 '법관으로 구성된 별도의 특수 법원(소위 자치법원)'을 법률로써 지방자치단체에 설치하고 해당 자치법원의 상고심은 대법원에서 관할하도록 하는 것을 입법론적 차원에서 고민해볼 수 있으리라고 생각한다. 그리고 헌법에 위반되지 않으면서도 자치법원의 법관을 임명하는 과정이 해당 지방자치단체 주민으로부터 기원하는 민주적 정당성의 사슬에 직·간접적으로 얽매이도록 해서, 자치법원 법관의 인사가 해당 지방자치단체 주민의 의사로부터 유리되지 않도록 제도를 설계하는 것[106] 또한 현재의 헌법 체제 안에서도 가능할 것이다. 문제는 오히려 자치사법권 행사에 관심이 있는 지방자치단체가

---

[106] 한편 "재판과정에 주민통제장치를 제도화할 필요가 있다."는 주장이 있다(김성호, 사법권의 지방분권화 방안 모색, 월간 주민자치 54(한국자치학회), 2016, 11-15쪽). 하지만 이러한 주장은 특별한 경계심으로 통제될 필요가 있다. 왜냐하면 민주적 정당성이 법적 정확성을 담보한다거나 대체할 수 있는 것은 아니며, 오히려 법치에 기대고 있는 사법은 민주적 정당성이 갖는 폭력성을 통제하고 예측가능성을 담보하려는 성격이 강하기 때문이다.

자치사법권 및 자치법원이 유의미하게 기능할 수 있는 기본적 전제조건을 확보하고, 이에 기초해서 사법제도를 형성할 광범위한 권한을 보유하고 있는 국가기관인 국회를 설득할 수 있는 능력을 갖추고 있느냐 하는 것이다. 관련해서 특히 국가기관이나 다른 지방자치단체 차원에서 해결하기에는 적절치 않을 정도의 고유성과 특유성이 있는 지방자치적 사안('자치에 관한 것')을 둘러싼 분쟁이 지속해서 발생할 가능성이 있어야 하며, 이러한 분쟁을 실체적 측면에서도 절차적 측면에서도 질서정연하게 규율하고 있는 자치에 관한 규정이 지방자치단체 차원에서 마련되어 있어야 한다. 왜냐하면 자치적 분쟁과 그 분쟁을 규율하는 자치에 관한 규정이 존재하지 않는다면, '자치사법'의 존재나 필요성은 애당초 부정되어야 하기 때문이다. 바로 이러한 점에서 지방자치단체가 '자치에 관한 것'의 목록을 구체적이고 세밀하게 확정하고, 확정된 목록이 왜 '자치에 관한 것'인지 그리고 왜 해당 영역에서 국가기관의 개입이나 침투는 억제되어야 하는지를 설득력 있게 논증하는 것은, 자치사법을 정초하려고 할 경우에도 핵심 과제로 등장하게 된다.

# V

## 지방자치권과
## 지방선거에서의 정당공천제도

\*　　제5장(V. 지방자치권과 지방선거에서의 정당공천제도)은 헌법학연구 28-2(한국헌법학회), 2022, 219-264쪽에 수록된 저자의 글(지방선거에서의 정당공천제도 − 비판적 검토와 대안을 중심으로 −)을 수정 및 보완한 것이다.

# 1. 서두 : 지방자치의 이념과 지방선거

헌법으로부터 부여받은 지방자치단체의 자치권을 현실에서 구체적으로 확정하고 자치에 관한 업무를 직접 수행 및 실행하는 존재는 지방자치단체의 기관(특히 지방의회와 지방자치단체의 장)이다. 따라서 지방의회를 구성하는 지방의원과 지방자치단체의 장의 선임에 관한 문제는 헌법상 지방자치 이념 구현과 관련해서 중요한 의미가 있다. 왜냐하면 자치에 관한 규정을 정립하고 이를 집행해야 하는 지방자치단체의 기관을 선임하는 과정에서 주민이나 지방자치단체가 아닌 다른 존재 특히 국민이나 국가기관의 영향력이 과도하게 투영된다면, 주민과 지방자치단체를 위해서 복무해야 할 지방자치단체의 기관의 의사와 업무수행이 국민이나 국가기관에 의해 과도하게 조종되거나 왜곡될 가능성이 작지 않기 때문이다. 관련해서 우리 현실에서는 주민이나 국가기관 혹은 지방자치단체라고 할 수 없는 존재인 정당이 지방자치단체의 핵심 기관인 지방의회의원과 지방자치단체의 장을 선거하는 과정에서 후보자를 추천하는 방식으로 개입하여, 결과적으로 지방자치가 왜곡되고 지방자치단체와 국가기관의 바람직한 관계 형성을 방해하는 것은 아닌지가 논란이 되고 있다.

한편 헌법은 제118조를 통해서 지방의회를 헌법상 필수기관으로 삼고(제1항) "지방의회의 조직·권한·의원선거와 지방자치단체의 장의 선임방법 기타 지방자치단체의 조직과 운영에 관한 사항은 법률로 정한다."라고 규정하고 있다(제2항). 따라서 헌법은 지방의회의원의 선임은 선거라는 방법으로 행해야 한다는 전제에서(헌법 제118조 제2항 "의원선거"), 그 구체적인 내용과 방법은 물론이고 지방자치단체의 장의 선임방법 등에 관해서는 헌법 제40조에 따라 광범위한 입법형성권을 보유하고 있는 국회가 법률로 정할 수 있도록 한 것으로 이해할 수 있다. 물론 이 경우 국회는 마땅히 헌법적 차원의 제도인 지방자치제의 목적과 의미 및 헌법상 지방자치의 이념을 존중하면서 자신의 법률정립권한을 합헌적 범위에서 행사해야만 한다. 관련해서 국회는 특히 「지방자치법」 제38조 및 제107조를 통해서 지방의회의원 및 지방자치단체의 장은 "주민이 보통·평등·직접·비밀선거로 선출"하도록 하면서,[107] 대통령선거 · 국

---

[107] 다만 현행 「지방자치법」은 지방자치단체의 장을 주민에 의한 선출이 아닌 방법으로 선임할 수 있는 여지를 마련해두고 있다(이에 관해서는 지방자치단체의 기관구성 형태의 특례를 규정하고 있는 「지방자치법」 제4조 참조).

회의원선거 · 지방의회의원 및 지방자치단체의 장의 선거에 적용되는 「공직선거법」[108] 제47조 제1항 제1문을 통해서 "정당은 선거에 있어 선거구별로 선거할 정수 범위 안에서 그 소속당원을 후보자로 추천할 수 있다."라고 규정하고 있다. 따라서 현재 「지방교육자치에 관한 법률」 제46조 제1항[109]에 의해서 특별히 정당의 후보자 추천이 금지되고 있는 (교육·학예에 관한 사무에 있어서 지방자치단체의 장이라고 할 수 있는) 교육감[110]을 선

---

**108** 「공직선거법」 제2조(적용범위) 이 법은 대통령선거·국회의원선거·지방의회의원 및 지방자치단체의 장의 선거에 적용한다.

**109** 「지방교육자치에 관한 법률」 제46조(정당의 선거관여행위 금지 등) ① 정당은 교육감선거에 후보자를 추천할 수 없다. ② 정당의 대표자·간부(「정당법」 제12조부터 제14조까지의 규정에 따라 등록된 대표자·간부를 말한다) 및 유급사무직원은 특정 후보자(후보자가 되려는 사람을 포함한다. 이하 이 조에서 같다)를 지지·반대하는 등 선거에 영향을 미치게 하기 위하여 선거에 관여하는 행위(이하 이 항에서 "선거관여행위"라 한다)를 할 수 없으며, 그 밖의 당원은 소속 정당의 명칭을 밝히거나 추정할 수 있는 방법으로 선거관여행위를 할 수 없다. ③ 후보자는 특정 정당을 지지·반대하거나 특정 정당으로부터 지지·추천받고 있음을 표방(당원경력의 표시를 포함한다)하여서는 아니 된다.

**110** 「지방교육자치에 관한 법률」 제3조(「지방자치법」과의 관계) 지방자치단체의 교육·학예에 관한 사무를 관장하는 기관의 설치와 그 조직 및 운영 등에 관하여 이 법에서 규정한 사항을 제외하고는 그 성질에 반하지 아니하는 범위에서 「지방자치법」의 관련 규정을 준용한다. 이 경우 "지방자치단체의 장" 또는 "시·도지사"는 "교육감"으로, "지방자치단체의 사무"는 "지방자치단체의 교육·학예에 관한 사무"로, "자치사무"는 "교육·학예에 관한 자치사무"로, "행정안전부장관"·"주무부장관" 및 "중앙행정기관의 장"은 "교육부장관"으로 본다.

출하기 위한 선거와 「제주특별자치도 설치 및 국제자유도시 조성을 위한 특별법」 제64조 제1항[111]에 따라 별도로 선출되는 도의회의원(교육의원) 선거[112]를 제외한 모든 지방선거(지방의회의원 및 지방자치단체의 장의 선거)에서, 정당은 그 소속당원을 후보자로 추천할 수 있는 상황이다. 그러므로 여기에서는 국가기관과 지방자치단체의 권력관계에 주목해서 특히 정당이 지방선거에서 후보자를 추천할 수 있도록 설계된 제도(이하에서는 이를 '지방선거에서의 정당공천제도'라고 한다)를 비판적 차원에서 성찰하도록 한다. 이를 위해서 우선 현행 헌법 체제하에서 '지방선거에서의 정당공천제도'가 형성되어 온 과정을 간단히 확인한 후(V. 2), 현재의 지방선거에서의 정당공천제도(즉 「공직선거법」 제47조 제1항 제1문)에 대한 위헌성 논란을 헌법적 논증의 대표자라고 할 수 있는 헌법재판소의 결정을 중심으로 정리 및

---

111 「제주특별자치도 설치 및 국제자유도시 조성을 위한 특별법」 제64조(교육위원회의 구성 등) ① 교육위원회는 9명으로 구성하되, 도의회의원 4명과 「지방자치법」 제38조 및 「공직선거법」의 지역선거구시·도의회의원선거에 관한 규정에 따라 별도로 선출한 도의회의원(이하 "교육의원"이라 한다) 5명으로 구성한다.

112 「제주특별자치도 설치 및 국제자유도시 조성을 위한 특별법」 제65조(교육의원 선거) ① 정당은 「공직선거법」 제47조에도 불구하고 교육의원 선거에 후보자를 추천할 수 없으며, 교육의원 후보자의 추천과 등록에 관하여는 「공직선거법」 제48조 및 제49조에 따른 지역선거구시·도의회의원선거의 무소속후보자의 추천과 등록에 관한 사항을 준용한다.

평가한다(V.3). 그리고 지방선거에서 정당의 공천을 허용하는 문제를 둘러싼 찬·반론을 일별하고(V.4) 이들을 더 합리적이고 더 바람직한 제도를 마련하려는 관점에서 비판적으로 분석하고 대안 및 보완책을 나름의 의견과 함께 제시한 후(V.5) 제시된 의견에 대해 제기될 수 있는 위헌론을 극복하면서 종합적인 정리와 함께 관련 문제를 간단히 덧붙이고 필요한 강조를 하도록 한다(V.6). 왜냐하면 어떤 제도의 위헌성 여부에 대한 검토는 기본적으로 헌법적 최소정의에 묶여있을 수밖에 없으나, 우리의 궁극적 과제는 위헌이 아닌 제도를 설계하는 데 있는 것이 아니라 헌법적 가치가 최대한 구현되는 현실을 이룩하는 데 있기 때문이다.

## 2. 지방선거에서 정당공천제도의 변천 과정

1988년 2월 25일 현행 헌법(헌법 제10호, 1987. 10. 29., 전부개정)이 시행되고 같은 해 4월 6일 법률 제4005호로 「지방의회의원선거법」이 제정되었다. 이로써 1961년 5·16 군사정변으로 등장한 군부 세력에 의해 지방의회가 해산된 후, 사실상 중단되었던 지방자치제의 부활을 위한 새로운 토대가 마련되었다.[113] 그런데 현행 헌법 아래에서 최초로 실시된 1991년 지

---

113  1948년 대한민국헌법이 제정되고, 1949년 법률 제32호로 제정된 「지방자치법」에 따라 제1공화국 시절에는 1952년과 1956년 그리고 1960년 총 3차례의 지방선거가 실시되었으나, 1961년 5·16 군사정변 후 1961년 9월 「지방자치에 관한 임시조치법」이 제정됨으로써 지방선거가 사라지고 지방자치제가 오랫동안 중단되었다. 하지만 현행 헌법이 시행된 후 1988년 4월 6일 「지방자치법」 전부개정과 함께 「지방자치에 관한 임시조치법」이 폐지되고 「지방의회의원선거법」이 제정됨으로써 지방자치제도의 부활을 위한 토대가 마련되었다. 그러나 지방자치제의 완전한 시행까지는 많은 우여곡절이 있었다. 먼저 「지방자치에 관한 임시조치법」을 폐지하면서 국회가 제정한 「지방의회의원선거법」에서는, 동법 시행일로부터 1년 이내에 기초지방의회(시·군·자치구의회) 의원선거를 하도록 하면서 광역지방의회(시·도의회) 의원선거는 기초지방의회가 구성된 날로부터 2년 이내에 구성하도록 규정했으나(부칙 제2조), 여러 가지 사정으로 기초지방의회를 구성하지도 못하다가 1990년 12월 「지방자치법」을 개정하여(법률 제4310호) 지방의회의원선거(시·도 및 시·군·자치구의 의회의원의 선거)

방의회 의원선거(제4차 지방선거)를 앞두고 지방선거에 정당의 참여 및 참여 범위에 관한 문제가 정치적 쟁점으로 등장하여 입법적 해결의 필요성이 요청되었고, 이러한 요청은 정당의 후보자추천에 관한 사항을 규정하고 있지 않았던 「지방의회의원선거법」에 대한 개정논의로 이어졌다. 그리고 논란 끝에 시·도의 선거에서만 정당의 후보자추천을 허용하고 시·군·자치구의 선거에서는 정당의 후보자추천과 선거운동을 금지하는 선에서 정치적 타협이 이루어져 「지방의회의원선거법」(법률 제4311호)과 「지방자치단체의장선거법」(법률 제4312호)이 각각 개정 및 제정되었다. 하지만 1994년 3월 16일 별개의 법률이었던 「대통령선거법」, 「국회의원선거법」, 「지방의회의원선

---

는 1991년 6월 30일 이내에, 지방자치단체의 장 선거(시·도지사 및 시장·군수·자치구의 구청장의 선거)는 1992년 6월 30일 이내에 실시하도록 각각 연기했다가(부칙 제2조), 다시 법률 제4741호로 「지방자치법」을 개정하여 지방자치단체의 장 선거는 1995년 6월 30일에 실시하도록 거듭 연기했다(부칙 제2조). 그 결과 1991년 3월 26일 기초지방의회 의원선거가, 1991년 6월 20일 광역지방의회 의원선거가 각각 실시되었고, 1995년 6월 27일 지방의원과 지방자치단체의 장의 선출을 위한 선거가 전국에서 동시에 행해졌다(제1회 전국동시지방선거). 현행 헌법이 제정된 후 제1회 전국동시지방선거까지의 略史는 박진우, 지방선거에서의 정당공천제 개선방안에 관한 연구, 세계헌법연구 19-2(세계헌법학회 한국학회), 2013, 58-60쪽 참조; 우리 헌정사에서 지방선거에서 정당공천제도의 변천과정에 관해서는 최근열, 기초지방선거에서 정당공천제의 개선방안, 한국지방자치연구 14-2(대한지방자치학회), 2012, 183-184쪽 참조.

거법」, 「지방자치단체의장선거법」을 통합하여 「공직선거및선거부정방지법」(법률 제4739호)을 제정하면서 모든 지방의회 의원선거 및 지방자치단체의 장 선거에서 정당은 그 소속당원을 후보자로 추천할 수 있게 되었다가,[114] 제1회 전국동시지방선거(1995. 6. 27.)를 앞두고 다시 지방선거에서 정당의 참여 여부 및 그 범위를 둘러싼 문제가 불거지면서 결국 법률 제4947호로 「공직선거및선거부정방지법」 제47조 제1항의 문구에 "자치구·시·군의회의원선거를 제외한다."는 문언이 삽입되고[115] 동법 제84조에 "자치구·시·군의회의원선거의 후보자와 무소속후보자는 특정 정당으로부터의 지지 또는 추천받음을 표방할 수 없다."라는 규정이 마련됨으로써[116] (지방자치단체의 장 선

---

114 「공직선거및선거부정방지법」(법률 제4739호) 제47조(정당의 후보자추천) ①정당은 선거에 있어 선거구별로 선거할 정수범위안에서 그 소속당원을 후보자(이하 "政黨推薦候補者"라 한다)로 추천할 수 있다. ②정당이 제1항의 규정에 의하여 후보자를 추천함에 있어서는 정당법 제31조(公職選擧候補者의 추천)의 규정에 따라 민주적인 절차에 의하여야 한다.

115 「공직선거및선거부정방지법」(법률 제4947호) 제47조 (정당의 후보자추천) ①정당은 선거(自治區·市·郡議會議員選擧를 제외한다)에 있어 선거구별로 선거할 정수범위안에서 그 소속당원을 후보자(이하 "政黨推薦候補者"라 한다)로 추천할 수 있다.

116 「공직선거및선거부정방지법」(법률 제4947호) 제84조 (무소속후보자등의 정당표방금지) 자치구·시·군의회의원선거의 후보자와 무소속후보자는 특정 정당으로부터의 지지 또는 추천받음을 표방할 수 없다. 다만, 정당의 당원경력의 표시는 그러하지 아니하다.

거에서는 종전과 같이 정당의 후보자 추천이 가능했지만) 시·군·자치구의 지방의회 의원선거에서는 정당의 후보자추천이 금지되었다. 그리고 이러한 금지 —— 특히 자치구·시·군의회의원선거(기초의회의원선거)의 후보자에게 정당표방을 금지하고 정당추천후보자의 참여를 제한하고 있는 「공직선거및선거부정방지법」 제84조 —— 와 관련해서 헌법위반 여부가 다투어졌지만, 1999년 헌법재판소는 관여한 재판관 전원의 일치된 의견으로 "모든 선거 중 기초의회의원선거의 후보자만 정당표방을 금지할 것인가의 문제는 헌법상의 정당보호 및 지방자치제의 제도적 보장, 우리의 정치문화와 지방자치에 대한 국민의식 등 제반사정을 헤아려 입법자가 결정해야 될 입법재량의 영역에 속하는 것"이라고 전제한 다음, "기초의회의원선거에 정당추천후보자의 참여를 허용한다면, 정당은 그 후보자의 당락뿐만 아니라 선출된 의원의 의정활동 전반에 걸쳐 직·간접으로 영향을 미치게 되고, 이것은 지역의 특성에 따라 자율적으로 운영되어야 할 기초의회의 결정이 정당의 의사에 따라 그 결론이 바뀌게 됨을 뜻한다. 그 결과 기초의회가 정당의 의사에 따라 움직인다면, 기초의회는 본래의 목적과 기능을 상실하여 형해화(形骸化)한 모습으로 남게 된다. 따라서 이 사건 법률조항의 입법목적은 기초의회의 구성 및 활동에 정당의 영향을 배제함으로써 지역실정에 맞는 순수한 지방자치를 실현하기 위한 필요불가결한 것으로 그 목적이 정당하다."라고 하면서 "그 밖의 공직선거와 비교할 때에 기초의회의원선거의 후보자에 한정하여 정당표방금지라는 정치적 생활영역에 있어서의 차별취급을 한 이 조항은 헌법이 추구하는 지방자치의 제도적 보장을 위한 입법목적에 필요불가결한 것으로서, 그 목적달성을 위한 수단 또한 필요·최소한의 부득이한 경우로 인정되므로 평등원칙에 위반되지 않는다."라고 판단했다(99헌바28 사건).[117]

그런데 2003년 헌법재판소는 (기초의회의원선거 후보자로 하여금 특정 정당으로부터의 지지 또는 추천받음을 표방할 수 없도록 한 「공직선거및선거부정방지법」 제84조 중 "자치구·시·군의회의원선거의 후보자" 부분이 헌법에 위반되지 아니한다고 판시한) 위 1999년 결정(99헌바28 사건)을 변경하여 「공직선거및선거부정방지법」 제84조 중 "자치구·시·군의회의원선거의 후보자" 부분은 후보자의 정치적 표현의 자유를 침해하고 평등원칙에 위배되므로 헌법에 위반된다고 판단했다. 그 이유는 다음과 같다: "선거에 당하여 정당이냐 아니면 인물이냐에 대한 선택은 궁극적으로 주권자

---

117 헌재 1999. 11. 25. 99헌바28, 판례집 11-2, 543쪽 이하.

인 국민의 몫이고, 입법자가 후견인적 시각에서 입법을 통하여 그러한 국민의 선택을 대신하거나 간섭하는 것은 민주주의 이념에 비추어 바람직하지 않기 때문에, 기초의회의원선거에서 정당의 영향을 배제하고 인물 본위의 투표가 이루어지도록 하겠다는 구체적 입법의도는 그 정당성이 의심스럽다. 그리고, 후보자가 정당의 지지·추천을 받았는지 여부를 유권자들이 알았다고 하여 이것이 곧 지방분권 및 지방의 자율성 저해를 가져올 것이라고 보기에는 그 인과관계가 지나치게 막연하므로, 법 제84조의 규율내용이 과연 지방분권 및 지방의 자율성 확보라는 목적의 달성에 실효성이 있는지도 매우 의심스럽다. 나아가, 법 제84조가 지방자치 본래의 취지 구현이라는 입법목적의 달성에 기여하는 효과가 매우 불확실하거나 미미한 반면에, 이 조항으로 인해 기본권이 제한되는 정도는 현저하다. 즉, 후보자로서는 심지어 정당의 지지·추천 여부를 물어오는 유권자들에 대해서도 침묵하지 않으면 안 되는바, 이는 정당을 통해 정계에 입문하려는 기초의회의원 후보자에게 지나치게 가혹하다. 또한, 지방의회의원 선거의 선거기간이 14일로 규정되어 있고 사전선거운동이 금지되는 등 선거의 공정성을 담보하는 각종의 규제들이 마련되어 있어서 실제로 유권자들이 기초의회의원 후보자와 접촉할 수 있는 기회는 그리 많지 않은 데다가 이른바 4대 지방선거가 동시에 실시되고 있는 탓으로 유권자들이 후보자들 개개인의 자질과 능력을 일일이 분석·평가하기란 매우 힘든 실정이므로 현실적으로 후보자에 대한 정당의 지지·추천 여부는 유권자들이 선거권을 행사함에 있어서 중요한 참고사항이 될 수밖에 없는데도 불구하고, 무리하게 후보자의 정당표방을 금지하는 경우에는 유권자들은 누가 누구이고 어느 후보가 어떠한 정치적 성향을 가졌는지도 모르는 상태에서 투표를 하거나 아니면 선거에 무관심하게 되어 아예 투표 자체를 포기할 수도 있다. 이러한 점들을 종합할 때, 정당표방을 금지함으로써 얻는 공익적 성과와 그로부터 초래되는 부정적인 효과 사이에 합리적인 비례관계를 인정하기 어려워, 법익의 균형성을 현저히 잃고 있다고 판단된다."[118] 물론 위 2003년 헌법재판소 결정(2001헌가4 사건)은 엄격하게 본다면, 자치구·시·군의회 의원선거에서 정당의 후보자 추천을 금지(기초의회 의원선거에서의 정당공천금지)한 법률

118 헌재 2003. 1. 30. 2001헌가4, 판례집 15-1, 7쪽 이하; 한편 같은 취지의 또 다른 헌법재판소 결정에 대해서는 헌재 2003. 5. 15. 2003헌가9 등, 판례집 15-1, 503쪽 이하, 특히 511쪽: "이 사건 법률조항은 구 공직선거및선거부정방지법 제84조 중 '자치구·시·군의회의원' 부분을 '자치구·시·군의원'으로 자구만 수정하였을 뿐, 그 내용은 동일하다. 그러므로 이 사건에 있어서 위 2001헌가4 결정과 달리 판단할 사정의 변경이나 필요성은 인정되지 아니한다."

조항에 대한 위헌성 판단(즉 「공직선거및선거부정방지법」 제47조 제1항 중 앞 괄호 부분인 "자치구·시·군의회의원선거를 제외한다"에 대한 위헌성 판단)이 아니라, 기초의회 의원선거의 후보자에게 특정 정당으로부터의 지지나 추천받음을 표방할 수 없도록 한 「공직선거및선거부정방지법」 제84조에 따른 후보자의 정당 표방금지가 후보자의 정치적 표현의 자유를 침해해서 위헌이라는 판단이다.[119] 하지만 위 2003년 헌법재판소 결정(2001헌가4 사건) 이후 국회는 2004. 3. 12. 법률 제7189호로 「공직선거및선거부정방지법」 제84조 제1문을 "무소속후보자는 특정 정당으로부터의 지지 또는 추천받음을 표방할 수 없다."라고 개정한 것에 그친 것이 아니라,[120] 2005. 8. 4. 법률 제7681호로 「공직선거및선거부정방지법」을 「공직선거법」으로 명칭을 변경하면서 정당의 후보자 추천을 규정한 제47조 제1항 제1문 또한 "정당은 선거에 있어 선거구별로 선거할 정수범위안에

---

**119** 이기우, 기초지방선거에서의 정당공천제 폐지 논쟁, 지방행정 717(대한지방행정공제회), 2013, 13쪽; 조소영, 지방자치단체장의 정당공천 여부에 관한 헌법적 검토, 공법학연구 15-2(한국비교공법학회), 2014, 4쪽.

**120** 종전의 「공직선거및선거부정방지법」 제84조의 제목 중 "무소속후보자 등"을 "무소속후보자"로 하고, 동조 본문 중 "자치구·시·군의원선거의 후보자와 무소속후보자"를 "무소속후보자"로 개정했다.

서 그 소속당원을 후보자로 추천할 수 있다."라고 개정했다.[121]
이와 같은 규정의 내용은 현행 「공직선거법」에서도 변함없이
그대로 유지되고 있다.

---

[121] 해당 규정은 띄어쓰기와 관련해서 미세한 수정이 있었다. 즉 2005. 8. 4. 법률 제
7681호로 개정된 「공직선거법」 제47조 제1항 제1문의 "선거할 정수범위안에서"는 법
률 2020. 1. 14. 법률 16864호에서 "선거할 정수 범위안에서"로 개정되었다.

# 3. 지방선거에서의 정당공천제도(「공직선거법」 제47조 제1항 제1문)의 위헌성 여부

## (1) 쟁점의 정리

현재 공직선거에서 정당의 후보자 추천은 「공직선거법」 제 47조 제1항 제1문("정당은 선거에 있어 선거구별로 선거할 정수 범위 안에서 그 소속당원을 후보자로 추천할 수 있다.")에 근거하고 있다. 그리고 지방선거와 결부해서 「공직선거법」 제47조 제1항 제 1문의 위헌성 여부는 특히 다음 두 가지 쟁점을 둘러싸고 논의 가 전개되고 있다: ①정당추천후보자와 그렇지 않은 후보자(무 소속후보자) 간의 차별과 그로 인한 후보자의 공무담임권 침해 문제, ②정당의 자유 보장과 헌법상 지방자치의 본질 수호 상 호 간 충돌과 조화의 문제. 이와 관련해서 우선 헌법재판소의 태도를 살펴본다.

## (2) 후보자의 공무담임권 침해 여부와 헌법재판소의 태도

기초의원선거에 정당추천을 허용하고 있는 「공직선거법」 제47조 제1항이 기초의원 선거에 입후보할 예정인 청구인들의 공무담임권을 침해하는지가 다투어진 사건(2005헌마977 사건)에서 헌법재판소는 「공직선거법」 제48조 제2항 제5호에 따라 정당의 추천이 없더라도 선거권자 50인 이상 100인 이하의 추천을 받아 기초의원 후보자로 될 수 있음을 환기하면서 "기초의원 선거에서 정당이 후보자를 추천할 수 있도록 입법하더라도, 정당의 추천을 받지 않고 후보자로 될 수 있는 길을 배제하지 않는 이상, 정당의 기초의원 후보자 추천제도가 기초의원으로 될 수 있는 기회를 물리적으로 제한하는 것은 아니므로, 기초의원으로 되고자 하는 청구인들의 공무담임권을 직접적으로 침해하는 것이라고 보기는 어렵다."는 점을 전제한 후, "기초의원 선거에서 정당추천제가 시행됨에 따라, 기초의원으로 되고자 하는 자는 정당의 추천을 받아 후보자로 출마하거나, 무소속 후보자로서 정당의 추천 및 지원을 받는 후보자와 힘들게 경쟁하여야" 하므로 결국 기초의원으로 되고자 하는 사람에게 "기초의원 취임 기회를 현실적으로 제약하는 효과를 초래한다."라는 점을 지적했다.[122] 하지만 다음과 같은 이유를 들면서 "「공직선거법」 제47조 제1항 중 정당이 기초의원 후보자를 추천할 수 있도록 규정한 부분은 청구인들의 공무담임권을 부당하게 침해하는 것이라고 볼 수 없다."라고 판단했다: "정당이 기초의원 후보자를 추천할 수 있도록 하는 제도의 목적은 유권자들이 선거권을 행사함에 있어 참고할 중요한 사항을 제공하고, 국민의 정치적 의사형성에 참여하는 정당의 활동을 효과적으로 보장하기 위한 것이다. 이러한 입법목적은 공공복리를 도모하기 위한 것이라고 할 수 있다. 정당의 기초의원 후보자 추천제도를 통하여, 선거권자들은 기초의원 후보자의 소속 정당과 정치적 성향을 알 수 있게 되고, 정당은 정치적 의사형성 기능을 기초의원 선거에서도 발휘할 수 있게 된다. 따라서 정당의 후보자 추천제도는 입법목적을 달성하기 위한 합리적인 수단이라고 할 수 있다. 정당의 기초의원 후보자 추천제도는 기초의원 선거제도에 관한 기본틀의 하나로서 특정 후보자를 우대하거나 불리하게 하기 위한 것이 아니다. 그로 인하여 정당의 추천을 받지 않는 후보자는 정당의 추천과 지지를 받는 후보자와 힘들게 경쟁하게 된다고 하더라도, 그러한 불이

---

122 헌재 2007. 11. 29. 2005헌마977, 판례집 19-2, 653쪽.

익은 위와 같은 공익을 억제할 정도로 중대한 것이라고 보기는 어렵다. 정당의 기초의원 후보자 추천제도의 공익적 기능이 그로 인하여 침해되는 사익보다 훨씬 크다고 할 것이다."[123] 이러한 2005헌마977 사건에서 나타난 헌법재판소의 입장은 정당이 자치구·시·군의 장 후보자를 추천할 수 있도록 한 공직선거법 제47조 제1항 본문이 지방선거에 입후보했거나 하려는 자(청구인)의 공무담임권, 평등권 등을 침해하는지가 다투어진 사건(2009헌마286 사건)에서도 거듭 확인되고 있다. 즉 헌법재판소는 "공직선거법 제47조 제1항 본문은 자치구·시·군의 장 선거에 있어서도 다른 선거와 마찬가지로 정당의 후보자 추천을 허용하고 있으나 정당의 추천이 없으면 자치구·시·군의 장 후보자가 될 수 없도록 한 것은 아니고, 정당의 추천이 없더라도 선거권자 300인 이상 500인 이하의 추천을 받아 자치구·시·군의 장 후보자가 될 수 있다."라는 점을 환기한 후,[124] 다음과 같이 판단했다: "정당의 후보자 추천은 유권자들이 선거권을 행사함에 있어 참고할 중요한 사항을 제공하고, 국민의 정치적 의사형성에 참여하는 정당의 활동을 효과적으로 보장하기 위

---

123  헌재 2007. 11. 29. 2005헌마977, 판례집 19-2, 653-654쪽.
124  헌재 2011. 3. 31. 2009헌마286, 판례집 23-1(상), 404쪽.

한 것으로 그 입법목적이 정당하고 정당의 후보자 추천을 통해 선거권자들이 후보자의 소속 정당과 정치적 성향을 알 수 있게 된다는 점 등에서 합리적인 수단이라고 할 수 있다. 아울러 정당의 후보자 추천제는 자치구·시·군의 장 선거제도에 관한 기본틀의 하나로서 특정 후보자를 우대하거나 불리하게 하기 위한 것이 아니고, 이로 인해 정당의 추천을 받지 않는 후보자가 정당의 추천과 지지를 받는 후보자와 힘들게 경쟁하게 된다고 하더라도 정당의 후보자 추천제도의 공익적 기능은 그로 인하여 침해되는 사익보다 훨씬 크다고 할 것이므로 공직선거법 제47조 제1항 본문 중 정당의 자치구·시·군의 장 후보자 추천 부분은 청구인의 공무담임권을 부당하게 침해하는 것이라고 볼 수 없다. 한편 정당의 후보자 추천제로 인해 무소속 후보자가 정당 추천 후보자에 비하여 불리한 위치에 처하여 힘들게 경쟁을 하게 된다 하더라도 그것은 투표용지의 게재순위에 있어서 정당 추천 후보자가 우선순위를 부여받는다거나 정당으로부터 선거자금 지원을 받는다거나 하는 등의 다른 제도나 사실 때문에 생기는 것이므로 청구인의 평등권을 침해한다고 할 수 없다."[125]

---

[125] 헌재 2011. 3. 31. 2009헌마286, 판례집 23-1(상), 398쪽 이하.

### (3) 정당의 자유와 지방자치제의 본질 상호 간 충돌 문제와 헌법재판소의 태도

헌법재판소는 지방선거에서의 정당공천제도는 헌법상 지방자치의 본질이라고 할 수 있는 주민자치 실현을 방해할 위험성이 있으며 지방의회제도의 본질에 부합하지 않는 측면이 있음을 다음과 같이 지적하고 있다: "지방자치의 본질은 주민의 복리에 관한 사무를 주민의 의사에 따라 처리하도록 하는 것이고, 기초의원은 주민의 대표로서 기초의회를 통하여 주민자치를 실현한다. 정당이 기초의원 후보자를 추천하게 되면, 정당이 기초의원 선거에 정치적 영향력을 행사하게 되고 소속 기초의원을 통하여 기초의회의 자치활동에도 영향력을 미치게 될 것이다. 그리고 중앙당 중심의 정치적 영향력이 과도하게 되면 자치구·시·군 주민의 복리에 관한 자치사무가 자치구·시·군 지역 주민들의 자치적 의사에 따라 처리되지 못하게 될 위험성이 있다. 게다가 기초의원의 선거구는 자치구·시·군의 관할구역 내에서 정해지는데, 정당은 수도에 소재하는 중앙당과 특별시·광역시·도에 각각 소재하는 시·도당으로 구성되고 자치구·시·군의 관할구역 내에는 정당이 없으므로, 기초의원 후보자의 추천도 중앙당이나 시·도당에서 하게 될 것이다. 이러한 점들은 자치구·시·군의 주민 대표를 선발하여 주민자치를 실현하고자 하는 기초의원 선거제도와 지방의회제도의 본질에 부합되지 아니한다고 할 수 있다."[126] 그러나 헌법재판소는 헌법상 정당이 갖는 중요성과 지방선거제도 형성에 있어서 국회의 입법권 등을 종합적으로 고려한 후(즉 "헌법 제8조가 정당의 정치적 의사형성 기능을 중시하여 정당제도와 정당의 민주적 활동을 보장하고 있는 점, 헌법 제118조 제2항이 지방의회의 조직·권한·의원선거에 관한 사항을 법률로 정하도록 위임한 점, 그에 따라 국회가 기초의원 후보자를 정당이 추천할 수 있도록 입법한 것인 점, 정당이 중앙당과 시·도당으로 구성된다고 하더라도 정당이 기초의원을 추천함에 있어 당해 기초의원을 선출하는 지역구 주민의 의사를 반영하지 못할 것이라고 단정하기 어려운 점 등을 종합하여"[127]), 결론적으로 지방선거에서 정당공천제(특히 정당의 기초의원 후보자 추천제)의 부작용이나 위험성이 우려된다고 하여 그것이 지방자치제도나 지방의회제도의 본질을 훼손하여 헌법에 위반된다고 단정하기는 어렵다고 판단했다(2005헌마977 결정).

---

126  헌재 2007. 11. 29. 2005헌마977, 판례집 19-2, 654쪽.
127  헌재 2007. 11. 29. 2005헌마977, 판례집 19-2, 655쪽.

## (4) 소결

요컨대 헌법재판소는 2005헌마977 사건과 2009헌마286 사건에서 현행 「공직선거법」 제47조 제1항 제1문으로 인해 지방선거에 입후보하려는 자 및 입후보한 자의 공무담임권이 제약되거나 헌법상 지방자치제의 본질이 훼손될 우려가 있음을 인정하면서도,[128] 해당 법률조항을 위헌이라고 판단하지는 않았다. 오히려 헌법재판소는 지방의회의 의원선거와 지방자치단체의 장의 선임방법 등을 법률로 정하도록 규정한 헌법 제118조 제2항과 헌법상 특별한 보호를 받는 정당의 지위와 그 자유, 그리고 지방선거에서 정당이 후보자를 추천하는 과정에서도 해당 지방자치단체 주민의 의사를 반영할 수 있는 다양한 방법들이 있을 뿐만 아니라, 지방선거에서의 정당공천제도는

---

[128] 헌재 2007. 11. 29. 2005헌마977, 판례집 19-2, 653쪽: "기초의원 선거에서 정당 추천제가 시행됨에 따라, 기초의원으로 되고자 하는 자는 정당의 추천을 받아 후보자로 출마하거나, 무소속 후보자로서 정당의 추천 및 지원을 받는 후보자와 힘들게 경쟁하여야 한다. 이는 기초의원으로 되고자 하는 청구인들의 기초의원 취임 기회를 현실적으로 제약하는 효과를 초래한다고 할 수 있다", 654쪽: "자치구·시·군의 주민 대표를 선발하여 주민자치를 실현하고자 하는 기초의원 선거제도와 지방의회제도의 본질에 부합되지 아니한다고 할 수 있다"; 헌재 2011. 3. 31. 2009헌마286, 판례집 23-1(상), 404쪽: "정당의 자치구·시·군의 장 후보자 추천으로 인해 무소속 후보자 등의 공직 취임 기회에 현실적 제약이 생겨 공무담임권 침해 여부가 문제될 수 있고".

유권자들에게 후보자와 관련된 중요한 정보를 제공하는 기능을 하며 무엇보다도 지방선거에서의 정당공천제도 그 자체로 인해서 지방자치제도의 본질이 직접 훼손된다고 할 것은 아닌 점 등에 주목하고 있는 것으로 파악된다.[129] 이러한 헌법재판소의 입장은 지방선거를 포함한 공직선거에서 정당의 참여 및 관여를 제도적으로 허용하고 있는 현행 법률 체제(특히 「공직선거법」 제47조 제1항 제1문)를 공고하게 하는 것으로서, 헌법상 정당제도와 지방자치의 이념을 생각하면 아쉬움이 없지는 않다.[130] 하지만 중요한 정책 결정이 민주적 정당성에 바탕을 둔 정치과정이 아니라 비선출직 법복 관료의 논리에 의존한 사법 과정으로 해소되는 것은 가능한 한 지양되는 것이 바람직하다는 점에서, 「공직선거법」 제47조 제1항 제1문을 위헌이라고 판단하지 않은 2005헌마977 사건과 2009헌마286 사건에서 나타난 헌법재판소의 종국결정만큼은 긍정적으로 이해될 수 있다고 본다.[131] 그리고 이러한 맥락에서 지방선거에서의 정당공천제

---

129 헌재 2007. 11. 29. 2005헌마977, 판례집 19-2, 645쪽 이하; 헌재 2011. 3. 31. 2009헌마286, 판례집 23-1(상), 398쪽 이하 참조.

130 이에 관해서는 아래 목차 V. 5 참조.

131 같은 맥락에서 기초의회 의원선거의 후보자에게 특정 정당으로부터의 지지나 추천받음을 표방할 수 없도록 한 법률조항이 후보자의 정치적 표현의 자유를 침해해

도를 직접 겨냥한 것은 아니지만, 기초의회 의원선거에서 후보자의 정당표방금지 조항을 위헌이라고 판단한 헌법재판소의 결정(2001헌가4 사건)은, 정치기관인 국회가 갖는 형성의 자유가 비교적 폭넓게 인정되어야 하는 전형적인 정치적 판단영역에 사법기관인 헌법재판소가 깊숙하게 개입하면서도 헌법상 지방자치제가 차지하고 있는 의미나 역할에 대한 이해를 충분히 반영하지 않고 후보자의 기본권적 측면에 너무 경도되어 손쉽게 심판대상 법률조항에 대해 위헌을 선언했다는 비판으로부터 자유롭기 어렵다고 하겠다.[132]

다만 헌법적 최소정의에 입각해서 「공직선거법」 제47조 제1항 제1문에 근거한 지방선거에서의 정당공천제도가 위헌인지 여부를 검토하는 것과 해당 제도가 헌법상 지방자치 및 정당제도의 이념을 구현하는 데 최선인지를 살피고 더 나은 제도 설계를 고민하는 것은, 다른 차원의 문제이다. 그리고 현행 헌법 체제에서는, 지방선거에서 정당의 후보자추천을 허용할지 금지할지의 문제는 원칙적으로 위헌 여부를 둘러싼 규범적 판

---

서 위헌이라고 판단한 2003년의 헌법재판소 결정(2001헌가4 사건)에 대해서는 아쉬움이 있다.

132 박진우, 앞의 글, 72쪽.

단의 문제라기보다는 제도 선택을 위한 입법정책적 차원의 문제이다.[133] 따라서 우리의 중심과제는 지방선거에서의 정당공천제도의 위헌성에 대한 검토를 넘어서서 무엇이 헌법적 가치를 구현하는 데 더 바람직할 것인지의 문제로 이동할 필요가 있을 것인바, 지방선거에서의 정당공천제도를 둘러싸고 제기되는 찬·반론을 점검한 후 제도적 설계에 대한 고민을 계속 이어가도록 한다.

---

[133] 지방선거에서의 정당공천 금지에 대한 위헌론과 그에 대한 반론 및 입법정책적 차원의 문제로서의 지방선거에서의 정당공천제도에 관해서는 특히 이상명, 기초자치 선거에서의 정당공천에 관한 고찰 – 위헌 여부의 문제를 중심으로 –, 한양법학 24-3(한양법학회), 2013, 248-249쪽; 정만희, 지방선거와 정당참여에 관한 헌법적 고찰, 공법연구 33-1(한국공법학회), 2004, 8쪽; 류지태, 지방자치단체장의 선임방안 – 정당공천제 문제를 중심으로 –, 지방자치법연구 1-2(한국지방자치법학회), 2001, 40-41쪽.

## 4. 지방선거에서의 정당공천제도에 대한 찬·반론

### (1) 반대론(폐지론)

지방선거에서의 정당공천제도를 반대하거나 폐지해야 한다는 견해는 대체로 지방자치제의 기능확보 및 본질 수호의 관점과 우리의 선거·정치 현실에 대한 우려로부터 비롯되고 있다. 먼저 후자와 관련해서는 특히 다음과 같은 점들이 주장된다. ①정당공천을 매개로 한 부정·부패: 지방선거에서 정당이 후보자를 추천하는 과정에서 많은 폐해가 나타나고 있는데, 특히 '공천장사'로 상징되는 부정부패(공천헌금 상납과 당선 이후 공천비용에 상응하는 대가를 회수하기 위한 각종 비리나 인사 부정 등)가 발생하고 있으며, 정당공천 결과에 대한 공천후보자들의 시비 및 공천 결과에 대한 불복 등(예컨대 법적 소송이나 탈당 후 무소속 출마 등)으로 인한 정쟁과 혼란이 선거마다 되풀이되면서 정당공천제도에 대한 주민의 신뢰가 크게 추락한 상황이다.[134] ②지역

---

134 권경선, 지방선거에서의 정당공천제에 관한 법적 과제에 관한 연구, 지방자치법

주의적 정치행태: 정당제 민주주의의 현실이 건강하지 않으면, 지방선거에서의 정당공천제도를 매개해서 건강하지 못한 정당제 민주주의가 지방자치의 영역에서도 반복된다. 예컨대 지방선거에서의 정당공천제도는 지역주의적 선거행태를 지방선거에까지 전달하는 통로가 되어서, 중앙정치와 지방정치 양자 모두에서 고질적인 양당의 지역분할구도를 강화하고 있다.[135] 특히 중앙정치의 영향으로 지방정치에서 반복된 특정 정당의 지역할거주의는, 해당 지방자치단체 내에서 입법기관(지방의회)과 집행기관(지방자치단체의 장) 모두를 특정 정당이 장악하는 강력한 계기로 작동함으로써 무엇보다도 양 기관 상호 간 견제와 감시 시스템을 기능부전에 처하게 한다.[136] ③기득권을 강화하는 정당공천제도: 지방선거에서의 정당공천제도를 통해서 정당은 한편으로는 지방선거에서 강세를 보일 수 있는 기존 정치인을 중심으로 정당공천을 진행하여 유능한 신진인사의 진

---

연구 21-1(한국지방자치법학회), 2021, 4쪽; 조소영, 앞의 글 6-7쪽; 최근열, 앞의 글, 200쪽.

**135** 조소영, 앞의 글, 6-7쪽.

**136** 이종수, 6·2 전국동시지방선거의 특징과 문제점, 자치의정 73(지방의회발전연구원), 2010, 31쪽.

출을 어렵게 하는 경향을 강화하면서도,[137] 다른 한편으로는 정당에 의한 후보 검증이란 이름으로 이미 해당 정당에서 기득권을 보유한 유명 정당인이나 국회의원의 잠재적 경쟁자를 배제하기 위한 수단으로 정당공천제도를 활용하여 결국 정당공천은 공천이 아니라 유력 정당인이나 국회의원 개인의 사천에 불과한 것이 되고, 공천과정은 모양새를 갖추기 위한 위장의식으로 전락하고 있다.[138] ④과잉정치화: 지방자치 또는 지방자치행정은 지역 주민에 대한 공공서비스를 제공하고 지역개발 등 지역적 기능에 주목해야 하므로 비정치적 성격을 가져야 하는데, 지방선거에서의 정당공천제도는 지방자치의 정치화를 초래한다는 문제점이 있다.[139] 특히 지방선거에 정당이 개입하면서 선거는 과열되고 지방행정이 과잉정치화되며, 정당이 지방의 축제인 지방선거를 중앙정치의 싸움판으로 오염시켜 지방자치가 황폐화한다.[140]

---

137 최근열, 앞의 글, 199-200쪽.

138 이기우, 지방선거 정당공천제 폐지, 지금이 적기, 공공정책 155(한국자치학회), 2018, 14쪽.

139 안순철, 한국 지방선거제도 개혁의 방향과 과제, 정치·정보연구 4-2(한국정치정보학회), 2001, 99쪽.

140 이기우, 앞의 글(주 138), 15쪽.

반면에 전자, 즉 지방자치제의 기능확보 및 지방자치의 본질과 이념을 강조하는 관점에서 지방선거에서의 정당공천제도를 반대하는 견해들은 대체로 다음과 같은 문제들을 그 이유로 제시하고 있다. ①중앙정치인에 대한 지방정치인의 예속: 정당공천에 따라 지방선거가 이루어지게 되면 지방선거에 입후보하려는 자가 주민의 의사보다는 정당공천을 받는 데 집중할 가능성이 커지며, 무엇보다도 지방정치인은 당해 지역에 영향력이 큰 정당인이나 국회의원의 눈치를 살필 수밖에 없게 된다.[141] 나아가 지방선거에서 책임은 주민에 대한 책임이어야하는데, 정당에서 후보자를 공천하게 되면, 지방선거 후보자는 정당의 공천권자를 위해서 헌신할 개연성이 크다. 따라서 지방선거에서의 정당공천은 주민에 대한 책임정치를 강화하는 것이 아니라 사실상 무책임정치를 유도하고, 정당공천을 통해 당선된 지방정치인에게는 정당의 유력 인사나 국회의원의 정치적 활동을 보좌하는 일이 주민을 위한 의정활동보다 더 중요한 과제가 되는바, 결국 공천과정을 통해서 지방정치인들은 중

---

141 이기우, 기초지방선거와 정당공천, 지방자치법연구 9-4(한국지방자치법학회), 2009, 75쪽.

앙정치인의 하수인 혹은 추종자로 전락하게 된다.[142] ②중앙정치에 대한 지방정치의 예속: 지방자치는 지방의 자율과 창의에 의한 의사결정을 통하여 주민의 복리를 증진하기 위한 것인데, 정당을 통한 중앙정치의 영향은 지방의 의사결정을 획일적으로 고착시키거나 갈등 구조로 몰고 감으로써 지방자치의 발전을 저해하는 경향이 작지 않다. 이러한 경향은 지방선거에서의 정당공천제도를 통해서 강화된다.[143] 특히 중앙과 지구당 간의 수직적 구조로 인해 중앙당의 정책과 과제에 우선순위가 부여되고 중앙의 정치적 쟁점이 지방선거를 지배할 가능성이 커지며, 그 결과 지방의 과제와 이슈는 덜 주목받게 된다.[144] 실제로 지방선거에서 지방자치단체의 장이나 지방의원이 지역발전과 주민의 복리를 위한 활동을 잘했는지가 기본적인 판단의 기준이 되기는커녕, 지방 문제는 실종되고 해당 지역의 문제가 아닌 정권심판론이나 남북문제 등이 핵심적 의제로 등장하거나,[145] 지방선거가 중앙정치에 대한 중간평가적 성격으로 전락

---

**142** 이기우, 앞의 글(주 138), 2018, 15쪽.

**143** 이승종, 지방자치발전을 위한 정당참여 방향, 한국지방자치학회 정책토론회 논문집, 2009, 5-6쪽.

**144** 조소영, 앞의 글, 5쪽.

**145** 권경선, 앞의 글, 4쪽; 이기우, 앞의 글(주 138), 2018, 15쪽.

하는 경우가 적지 않다.[146] ③방해받고 왜곡되는 주민참여: 지방선거에 정당이 개입하면서 지방선거 후에도 지방자치단체의 운영이 주민 의사와 괴리되고 주민참여가 방해받을 가능성이 증대할 뿐만 아니라 참여한 주민도 중앙의 문제에 휘둘리게 될 우려가 크다는 점에서, 지방자치제의 이념인 풀뿌리 민주주의가 위협을 받는다.[147] ④지방자치의 질 저하: 당내 민주주의가 제대로 실현되지 않고 있는 우리 현실에서 지방선거에의 정당공천제도는, 지방의 특유한 사정이나 지역적 이해관계에 대해서 잘 모르거나 소홀히 생각하는 중앙당에 의해 지방정치가 좌우될 개연성을 높여서 지방자치의 질을 저해하고, 각 지역적 특성이 반영된 다양한 지방정치·행정 구현을 방해한다.[148] 나아가 지방선거에 정당 특히 여당이 개입하게 되면, 중앙집권화를 꾀하는 집권 여당의 조직을 통해 지방분권 및 자치행정이 왜곡될 가능성이 크며 그 결과 지역적 특성에 맞는 지방행정은

---

146 최근열, 앞의 글, 198쪽.

147 김동훈, 지방자치와 정당, 자치행정 146(지방행정연구소), 2000, 19-20쪽; 이부하, 지방자치와 정당국가론 – 기초의회의원 선거 시 정당공천을 중심으로 –, 공법학연구 9-1(한국비교공법학회), 2008, 267쪽.

148 권경선, 앞의 글, 11쪽.

그 취지가 퇴색할 가능성이 크다.[149] ⑤이중으로 예속된 기초 지방자치단체 : 현행 「정당법」은 기초지방자치단체에 대응하는 기존의 정당조직인 지구당을 폐지하고, 정당은 수도에 소재하는 중앙당과 특별시·광역시·도에 각각 소재하는 시·도당으로 구성하고 있다(제3조). 따라서 시·군·구와 같은 기초지방자치단체의 기관을 구성하기 위한 지방선거에는 정당의 중앙당뿐만 아니라 시·도당의 영향력 또한 개입될 가능성이 크고 그 결과 기초지방자치단체의 정치인은 이중으로 예속되고 기초지방자치단체의 자치는 이중으로 왜곡될 우려가 크다. 이러한 「정당법」 체제는 지방선거에서의 정당공천제도를 찬성하는 견해의 주요 논거 중 하나인 정당정치의 상향식 발전 및 정당 하부구조의 체질 개선 등과는 거리가 멀다.[150]

### (2) 찬성론(유지론)

한편 지방선거에서의 정당공천제도를 찬성하거나 유지되어야 한다는 견해는 대체로 정당의 자유와 현대 정치에 있어

---

149 정세욱, 『지방자치학』, 법문사, 2000, 327쪽.
150 박진우, 앞의 글, 78쪽.

서 정당이 갖는 중요성 및 기능 때문에 정당의 역할이 활성화
되어야 한다는 관점에서, 다음과 같은 이유를 내세우고 있다.
①정당의 자유 : 정당의 공직선거후보자추천행위는 사적 결사
체의 자율행위라는 점에서, 지방선거에서 정당이 후보자를 추
천할 것인지는 현재와 같이 자율적으로 맡기는 것이 바람직
하다.[151] 나아가 정당공천제도 폐지는 정당의 가장 중요한 기능
중 하나인 선거참여를 부정하는 것이란 점에서 헌법상 정당제
도에 역행하는 측면이 있다.[152] ②정당의 중요성과 대체 수단
의 부재 : 오늘날 대의제 민주주의는 사실상 정당정치를 의미
한다. 이미 정당은 정부 구성, 여론의 집약과 조직화, 정치신
인의 충원, 정치훈련, 정책형성 등 대의민주주의의 핵심 기능
을 담당하고 있으며, 무엇보다도 다양하게 표출되는 주민의
뜻을 수렴·집약하고 조직화해서 지역 정책에 반영하는 데 있
어서 정당을 대신할 수 있는 뾰족한 대안이 현재로서는 마땅
치 않다.[153] ③지방자치의 책임성 담보 : 정당은 독자적인 정책
을 제시하고 그 결과에 대하여 책임을 지는 집단인데, 지방선

---

151 권경선, 앞의 글, 4쪽.

152 정연주, 기초지방선거 정당공천제 폐지의 문제점, 법조 693(법조협회), 2014, 5
쪽, 37쪽.

153 안순철, 앞의 글, 100쪽.

거에서 정당의 참여가 배제되면 잘못된 정책들에 대해 사후적으로라도 책임을 물을 수 있는 대상이 없게 되어 책임정치가 실종된다. ④토호 세력에 대한 견제: 지방선거에서 정당의 활동이 금지되면 이익집단의 영향력이 강해져서 정당의 기능을 상당 부분 흡수할 가능성이 있고, 후보자들은 당선을 위해 이익집단이나 지역의 토호나 유력자들로부터 인적·물적 지원을 받을 가능성이 커져서 결과적으로는 당선 후 공직자의 정책 결정에 이익집단 및 지역의 토호나 유력자들이 과도하게 영향을 미쳐 지방자치가 왜곡될 우려가 있다.[154] ⑤정당정치의 역기능 개선: 지방선거에 정당의 개입이 봉쇄되면 주민들이 정당에 가입하고 활동하는 통로가 부족해질 것이며, 이러한 현상은 당내 의사결정 구조를 상향식으로 개선하는 것에 부정적으로 영향을 미칠 가능성을 높인다. 따라서 정당의 지방자치에 대한 개입은 우리나라와 같이 취약한 정당의 하부구조를 강화하는 데 도움이 되며[155] 현재의 정당정치의 문제점을 지방정치의 차원에서 더 적극적으로 지적 및 시정하여 정

---

**154** 한상우, 정당공천제 시행상의 문제점 개선을 위한 대안, 한국정책연구 9-3(경인행정학회), 2009, 451~452쪽; 정연주, 앞의 글, 10쪽.

**155** 이부하, 앞의 글, 266쪽.

당의 당내 민주주의 구현 및 아래로부터의 민주주의를 구현하는 데에도 좋은 계기가 될 수 있다.[156] ⑥지방정치의 활성화와 유능한 정치인 양성의 계기 : 지방선거에서의 정당공천제도는 정당을 통한 지방정치의 활성화에 도움 되며, 특히 정당의 전문성과 경험은 지방의 정치적 지도자 발굴 및 양성에 이바지한다.[157] 나아가 지방자치의 실험과 훈련을 통한 경험의 축적과 단련은 중앙정치가 필요로 하는 유능한 정치지도자를 육성하는 중요한 기회이며, 이러한 점은 세계적으로 유능한 정치인들이 지방의회의원과 지방자치단체의 장을 지낸 경력을 가졌다는 사실을 통해서도 뒷받침된다.[158] ⑦지방자치단체의 장에 대한 효과적인 견제와 지방의원의 의정활동 지원 : 지방자치에 정당이 배제되면, 지방의회의 힘이 분산되고 지방자치단체의 집행기관(특히 지방자치단체의 장)의 독주를 쉽게 견제하기 어려우며, 지방의회의원은 지역사회 전체를 위한 정책적 방향의 제시보다는 개별적인 민원의 해결에 집중하게 되는 경향이

---

156 이종수, 선거과정의 민주화와 정당, 헌법학연구 8-2(한국헌법학회), 2002, 112-113쪽.

157 권경선, 앞의 글, 10쪽; 이부하, 앞의 글, 266쪽.

158 한상우, 앞의 글, 2009, 452-453쪽.

커진다.[159] ⑧효과적인 기능적 권력통제: 지방자치제도에 내포된 기능적 권력통제(특히 중앙정부와 지방자치단체 상호 간 수직적 권력통제)를 효과적으로 하기 위해서는 정당의 개입과 역할이 중요한데, 지방선거에서 정당의 후보자추천을 금지하여 정당의 참여를 원천적으로 봉쇄하는 것은 지방자치제도가 갖는 권력 통제의 기능을 훼손하는 것이 된다.[160] ⑨지역적 이해관계의 조정과 국가 전체의사의 통일적 형성: 지방선거에서의 정당공천제도를 통해 정당이 지방자치 영역에 개입하게 되면, 지방자치단체 상호 간이나 국가와 지방자치단체 간 그리고 국가기관의 사무와 지방자치단체의 사무 상호 간의 유기적 관계가 쉽게 형성될 수 있을 것이며, 이를 통해서 지역적 이해관계의 대립을 넘어선 국민 전체의사의 통일적 형성에도 도움이 될 것이다.[161] ⑩지방선거에서의 정당공천제도 폐지의 실효성에 대한 의심: 「공직선거법」이 허용하는 무소속후보자의 정당표방제와 후보자의 당원경력의 표시제 등[162]을 계기로 무소속

---

159  김병준, 『한국지방자치론』, 법문사, 2002, 270쪽; 권경선, 앞의 글, 10-11쪽.

160  정연주, 앞의 글, 22-24쪽.

161  이부하, 앞의 글, 266쪽.

162  「공직선거법」 제84조(무소속후보자의 정당표방제한) 무소속후보자는 특정 정당으로부터의 지지 또는 추천받음을 표방할 수 없다. 다만, 다음 각 호의 어느 하나에 해

후보자와 정당과의 관련성 및 선거와 선거 이후의 의정활동에 대한 정당의 영향력은 유지될 수 있으므로, 지방선거에서의 정당공천제도를 폐지하더라도 정당의 영향 배제를 통한 지방자치의 자율성 회복이라는 그 소기의 목적은 달성되기 어렵다.[163]

당하는 행위는 그러하지 아니하다. 1. 정당의 당원경력을 표시하는 행위 2. 해당 선거구에 후보자를 추천하지 아니한 정당이 무소속후보자를 지지하거나 지원하는 경우 그 사실을 표방하는 행위.

163 정연주, 앞의 글, 5쪽.

# 5. 비판적 검토

## (1) 서두 : 검토의 입각점과 순서

지방선거에서의 정당공천제도를 둘러싼 찬·반론(유지론과 폐지론)이 팽팽하게 대립하고 있으며, 특히 반대론(폐지론)은 앞서 일별한 것처럼 크게 보면 정당정치의 부작용과 부정·부패 및 과잉정치로 얼룩진 현실에 대한 우려로부터 제기된 견해들과 지방자치의 기능확보에 주목한 견해들로 나뉘어 협력과 각축을 벌이고 있다. 물론 이러한 주장들 모두 나름의 합리성과 일리가 있을 것이다. 하지만 이들에 대한 합리적인 검토와 의미 있는 평가를 위해서는 우선 판단의 기준부터 점검해야 한다는 점에서, 지방선거에서의 정당공천제도를 통해서 달성하려는 과제와 목표부터 성찰될 필요가 있다. 왜냐하면 특정 제도를 둘러싼 찬·반론의 실천적 과제는, 해당 제도를 통해서 달성하려는 가치나 이념 혹은 목적을 현실화함에 있어서 그 제도를 폐지하는 것이 좋은지 혹은 현상을 그대로 유지를 하는 것이 바람직한지 아니면 일부분을 수정 및 보완하거나 새로운 대안을 마련하는 것이 마땅한지 등에 대한 나름의 결론을 얻는 데 있기 때문이다.

따라서 앞서 살펴본 찬·반론 중에서 지방선거에서의 정당공천제도를 헌법상 지방자치의 본질과 그 기능확보라는 관점에서 반대하는 견해와 헌법상 정당이 갖는 중요성과 그 기능확보라는 관점에서 찬성하는 견해를 특히 주의 깊게 비교하고 검토해야 할 것으로 본다. 왜냐하면 지방선거에서의 정당공천제도는 헌법상 지방자치의 이념을 구현하기 위한 '지방선거제도'와 헌법이 예정하고 있는 정당정치의 이상 실현을 위한 '정당공천제도'가 만나는 접점이란 점에서, '지방선거제도'와 '정당공천제도'가 지향하고 형성한 함수관계 속에서 지방선거에서의 정당공천제도의 합리성을 검토하고 폐지나 보완 혹은 대안을 고민해야 하기 때문이다. 그리고 이러한 고민 과정에서 지방선거에서의 정당공천제도로 직접 영향을 받는 두 행위자 즉 지방선거에 참여하여 공천하는 주체인 '정당'과 지방선거의 결과로 등장한 '지방자치단체의 기관(특히 지방의회의원과 지방자치단체의 장)' 각각의 지위와 역할 및 이들의 관계 또한 함께 고려되어야 함은 물론이다.[164] 왜냐하면 양자는 선거 결과에 따라 원인

---

164 관련해서 김소연 교수는 특히 민주적 의사형성 과정에 있어서 정당정치는 전국

과 결과의 관계에 놓이게 될 수 있으며,[165] 무엇보다도 양자 모두 법률적 차원의 제도인 지방선거에서의 정당공천제도(「공직선거법」 제47조 제1항 제1문)와는 달리 이러한 제도를 평가·검토하는 데 기준이 되는 헌법상 개념으로서 헌법을 통해서 그 지위와 의미가 직접 규명되어야 할 헌법적 차원의 행위자이기 때

---

가적 규모의 정치적 의사형성에 기대어 국가권력에 접근하여 집권을 추구하는 반면에 지방자치는 지역적 규모의 정치적 의사형성에 기대어 국가권력의 분산을 시도하여 자치를 달성하려고 한다는 점에 주목해서, 정당과 지방자치단체(의 기관) 상호 간의 긴장관계를 부각하고 있다(김소연, 대의제 민주주의 하에서 정당과 지방자치의 관계, 공법학연구 21-4(한국비교공법학회), 2020, 318-319쪽 참조). 하지만 정당은 자신의 정치적 이상을 지방자치 영역에 침투하기 위한 계기로 지방자치단체나 지방자치단체의 기관을, 그리고 지방자치단체(의 기관)는 정당의 영향에 기대어 지방자치에 우호적인 국가적 차원의 윤곽질서를 구축하려는 시도를 할 수 있다는 점에서 양자의 상호활용 혹은 상호보완의 관계 또한 함께 고려되어야 할 것으로 생각한다. 물론 이러한 고려는 헌법상 정당 및 지방자치단체(의 기관)의 지위와 본질 그리고 그 역할이 침해되어 위헌에 이르지 않아야 한다는 대전제 아래에서 행해져야 한다.

**165** 실제로 정당공천이 금지되고 있는 교육·학계에 관한 사무에 있어서 지방자치단체의 장이라고 할 수 있는 교육감과 제주특별자치도에서 선출된 교육의원을 제외하면, 지방선거에서 정당공천 없이 당선된 무소속후보자는 많지 않으며, 특히 비례대표 지방의회 의원선거에는 정당추천 없이는 애당초 후보자로 참여할 수도 없는 상황이다. 2018년 제7회 전국동시지방선거의 경우 243명의 지방자치단체의 장 당선자 중에서 무소속 당선자는 18명, 3750명의 지방의회의원 당선자 중에서 무소속 당선자는 188명에 불과하며, 2022년 제8회 전국동시지방선거의 경우 무소속 당선자는 지방자치단체의 장 17명, 지방의회의원 149명으로 모두 166명에 불과하다(중앙선거관리위원회, 선거통계시스템 http://info.nec.go.kr, 당선인 통계 참조).

문이다.[166]

여기서는 지방선거에서의 정당공천제도를 둘러싸고 등장한 각각의 개별적 의견들에 대한 세세한 검토를 시도하기보다는, 지방선거에서의 정당공천제도를 통해서 도모하고 실천하려는 가치나 목적 그리고 관련된 두 행위자인 정당과 지방자치단체의 기관이 갖는 헌법상 지위와 역할에 주목해서 찬성론과 반대론에 내포된 기본적 문제의식을 밝히고 이를 비평하는 데 집중하고자 한다. 이를 위해서 우선 지방선거에서의 정당공천제도를 반대하는 또 다른 한쪽 축이라고 할 수 있는 '정치현실의 후진성 및 정당정치의 부작용 등으로부터 비롯된 반대론'의 문제점을 간략히 환기한 후, '정당정치의 필요성과 활성화를 위해서 지방선거에서의 정당공천제도를 찬성하는 견해'를 비판적으로 검토하고 결론에 갈음하여 '지방자치의 기능확보 및 자치이념 실현을 위해 지방선거에서의 정당공천제도를 폐지할 필요가 있다는 견해(반대론)'를 옹호하면서 이와 더불어 검토 혹은 보완해야 할 점들을 더 나은 제도 설계라는 관점에서 간략히 언급하도록 한다.

---

166 정당에 관해서는 헌법 제8조, 지방자치단체의 의회(지방의회)와 이를 구성하는 지방의회의 의원 및 지방자치단체의 장에 관해서는 헌법 제118조 제2항 참조.

## (2) 정치현실에 대한 우려 및 정당정치의 부작용 등에 기초한 반대론에 대한 평가

정치에 대한 기대와 신뢰가 낮고 다른 영역에 비해 상대적으로 후진적 측면이 많은 우리 정치현실에 대한 우려와 정당정치의 부작용 및 역기능을 경계해야 할 현실적 상황을 고려할 때, 한국 정치에 대한 회의적 시각을 배경으로 지방자치에서의 과잉정치를 우려하고 지방자치의 탈정치화를 옹호하려는 맥락에 기초한 지방선거에서의 정당공천제도 반대론(폐지론)은 대중들로부터 많은 호응을 얻을 수 있는 측면이 있겠으나, 합리성이 떨어져서 받아들이기는 어렵다고 생각한다. 왜냐하면 반대론자들이 거론한 많은 문제(특히 앞서 언급한 정당공천과 결부된 부정·부패, 지역주의적 정치행태, 기득권을 강화하는 정당공천제도 등)는 지방선거에서의 정당공천제도 그 자체에 대한 본질적인 비판이나 지방정치를 둘러싼 특유의 문제가 아니라 모든 공직선거나 중앙정치에서도 함께 발생하는 문제로서 정당 내부의 상향식 의사결정 구조 구축과 당내 민주화 실현, 선거 및 정치 제도 전반에 대한 개선과 선거문화 및 정치의식 성숙 등을 통해서 해결하고 극복해야 할 과제일 뿐만 아니라,[167] 무엇보다도 이러한 문제들로 인해서 지방선거에서의 정당공천제도를 반대하거나 폐지하자는 주장은 정치과정(지방선거에서 정당의 공천과정)에서 발생하는 각종 문제를 정치제도(지방선거에서의 정당공천제도) 그 자체의 문제로 오해한 것으로서 논리적으로는 '현실 정치에서 부정부패나 지역주의가 문제라고 해서 정치를 외면하거나 정치를 포기하겠다는 것, 혹은 정당공천제도에 문제가 있다고 해서 공직선거에서의 후보자추천을 공천(公薦)이 아닌 사천(私薦)으로 진행하거나 아니면 아예 정당을 없애겠다는 것'과 크게 다르지 않기 때문이다. 아울러 만약 우리의 과제가 생활 속의 경험을 통한 정치의 효능감을 높여서 정치에 대한 무관심과 환멸을 극복하는 데 있는 것이라면, 지방정치 및 지방자치 영역에서의 탈정치화는 바람직하지 않으며 과잉정치가 아니라 오히려 과소정치를 경계해야 한다는 점에서, 정치 불신과 과잉정치에 대한 우려 및 현실 정치에 대한 경험에 기대어 탈정치화에 손쉽게 편승하려는 반대론은 규범적·당위적 차원의 논거로 보강되지 않는 한 경솔한 주장으로 평가될 가능성이

---

167 실제로 지방선거에서의 정당공천제도가 필요하다고 주장하는 학자들도 전근대적인 비민주적인 정당정치와 결부된 정당공천제도의 폐해가 크다는 점은 인정하고 있다(이에 관해서는 최근열, 앞의 글, 190쪽).

크다고 하겠다.

## (3) 정당의 기능확보 및 정당정치의 활성화에 기초한 찬성론에 대한 평가

### 1) 서두

헌법상 정당의 중요성과 정당정치의 순기능에 기대어 주장되는 찬성론은 '지방선거의 정당공천제 실시 → 지역정치의 활성화 → 주민의 정치참여 증대 → 정당의 하부조직(지방조직) 발전 → 대의민주주의 발전 → 정치발전'이라는 지나치게 단선적이고 낙관적인 장밋빛 전망에 사로잡혀 있다는 의심을 받고 있다.[168] 하지만 이러한 의심 이전에 혹은 별도로, 찬성론은 지방자치와의 관련 속에서 정당의 본질적·본래적 의미와 기능을 왜곡·오해했거나 간과하고 있는 것은 아닌지를 점검해볼 필요가 있다.

우선 정당은 헌법상 개념이다. 헌법은 제8조에서 정당설립

---

**168** 허철행, 지방선거에 있어서 정당공천제의 한계와 개선방안에 관한 연구, 지방정부연구 15-1(한국지방정부학회), 2011, 237쪽; 박진우, 앞의 글, 64쪽.

의 자유와 복수정당제도를 보장하면서(제1항) 동시에 정당에 대한 국가의 보호(제3항)와 위헌정당해산제도(제4항)를 마련하고 있으며, 특히 제2항에서 "정당은 그 목적·조직과 활동이 민주적이어야 하며, 국민의 정치적 의사형성에 참여하는 데 필요한 조직을 가져야 한다."라는 점을 명확히 하고 있다. 그리고 헌법 제8조에 의해 보장되는 이러한 정당제도와 관련해서 헌법재판소는 "정당이라 함은 국민의 이익을 위하여 책임 있는 정치적 주장이나 정책을 추진하고 공직선거의 후보자를 추천 또는 지지함으로써 국민의 정치적 의사형성에 참여함을 목적으로 하는 국민의 자발적 조직을 의미하는 것"으로 이해하고 있으며,[169] 헌법상 정당 및 정당제도를 구체화하고 있는 법률인 「정당법」 또한 제2조에서 정당을 다음과 같이 정의하고 있다: "이 법에서 '정당'이라 함은 국민의 이익을 위하여 책임있는 정치적 주장이나 정책을 추진하고 공직선거의 후보자를 추천 또는 지지함으로써 국민의 정치적 의사형성에 참여함을 목적으로 하는 국민의 자발적 조직을 말한다." 따라서 "국민의 정치적 의사형성에 참여"는 정당 개념의 본질적 요소이자 포기

---

[169] 헌재 1991. 3. 11. 91헌마21, 판례집 3, 113쪽; 헌재 2014. 4. 24. 2012헌마287, 판례집 26-1하, 244-245쪽.

할 수 없는 정당의 핵심적 역할이라고 할 수 있다.[170] 그런데 바로 이 지점에서 '지방선거에 정당이 후보자를 추천하여 적극적으로 개입하는 것이 과연 정당의 기능확보와 정당정치 활성화에 도움 되는 수단인지', 나아가 '헌법상 지방자치의 이념 구현과 관련해서 이러한 수단은 합리성을 갖는지'에 대한 의문이 생긴다. 왜냐하면 정당이 국민의 이익·의사를 대변해서 국가사무를 처리해야 할 국가기관을 중개하면서도 동시에 주민의 이익·의사를 대변해서 자치사무를 처리해야 할 지방자치단체의 기관을 중개할 수 있게 됨으로써, 정당 내부 상황과 정치현실에 따라서 어느 하나의 중개가 다른 중개를 위한 수단으로 전락할 수 있고 이 경우 국민의 이익·의사와 주민의 이익·의사 중 어느 하나가 과잉 중개되거나 훼손되어 국가사무와 자치사무의 합리적 배분과 경계를 위협하며 궁극적으로는 헌법이 지향하는 국가기관과 지방자치단체 상호 간 건전한 견제와 균형 관계를 뒤틀리게 할 수 있기 때문이다. 이 과정에서 정당 자신

---

170  실제로 국민의 정치적 의사형성에 참여하는 핵심 제도인 공직선거와 관련해서,「정당법」은 정당 내부의 최고규범이라고 할 수 있는 당헌으로 공직선거후보자 선출에 관한 사항을 규정하도록 하고 있으며(제28조 제2항 제8호),「공직선거법」은 "정당은 선거에 있어 선거구별로 선거할 정수 범위안에서 그 소속당원을 후보자로 추천할 수 있다."라는 점을 명확히 하고 있다(제47조 제1항 제1문).

도 딜레마 상황에 빠져 허우적댈 수 있음은 물론이다. 이와 관련된 구체적 내용을 목차를 바꾸어 살피되 특히 지방자치의 이념과 정당정치의 이상에 주목하여 지방선거에서의 정당공천제도에 대한 찬성론을 비판하도록 한다.

### 2) 지방자치의 이념 구현과 지방선거에서의 정당공천제도

우선 지방의회의원이나 지방자치단체의 장 등을 선출하기 위한 지방선거는 본질상 정당정치를 활성화하기 위한 수단이나 제도가 아니라, 헌법상 지방자치의 이념을 실현하기 위한 수단이자 제도이다.[171] 그리고 헌법상 지방자치의 이념은 "지역적 주체로서의 주민에 의한 자기통치의 실현"으로 요약할 수 있다.[172] 실제로 헌법상 지방자치제도는 "지방시정에 직접적인 관심과 이해관계가 있는 지방주민으로 하여금 스스로 다스리게 한다면 자연히 민주주의가 육성·발전될 수 있다는 소위 '풀

---

171  이러한 점은 지방의회 의원선거와 지방자치단체의 장 선임방법 등에 관한 사항을 명시한 조항(헌법 제118조 제2항)을 헌법 제8장 지방자치 아래에 조직하고 있는 헌법 규범체계를 통해서도 뒷받침된다.

172  헌재 1998. 4. 30. 96헌바62, 판례집 10-1, 384쪽; 헌재 2014. 6. 26. 2013헌바122, 판례집 26-1하, 566쪽.

뿌리 민주주의'를 그 이념적 배경"으로 한 제도로 이해되고 있으며,[173] 헌법재판소 또한 지방선거를 통해 구성되는 지방의회와 관련해서 다음과 같이 판시하고 있다: "지방자치제도는 민주정치의 요체이며 현대의 다원적 복합사회가 요구하는 정치적 다원주의를 실현시키기 위한 제도적 장치로서 주민의 자발적인 참여·협조로 지역 내의 행정관리·주민복지·재산관리·산업진흥·지역개발·문화진흥·지역민방위 등 그 지방의 공동관심사를 자율적으로 척결해 나간다면, 국가의 과제(課題)도 그만큼 감축되고 주민의 자치역량도 아울러 배양되어 국민주권주의와 자유민주주의 이념 구현에 크게 이바지할 수 있다. 민주주의의 본질은 국가권력의 형성 및 행사의 근거를 국민적 합의에 두므로 지방자치가 진실로 민주정치의 발전에 기여할 수 있기 위하여서는 무엇보다도 지방의회의 구성이 당해 지역주민 각계각층의 의견이 민주적이고도 합리적으로 수렴된 유루(遺漏) 없는 합의에 의하여 이루어질 수 있도록 제도화되어야 할 필요가 있는 것이다."[174]

---

[173] 헌재 1991. 3. 11. 91헌마21, 판례집 3, 100쪽; 헌재 1999. 11. 25. 99헌바28, 11-2, 550-551쪽.

[174] 헌재 1991. 3. 11. 91헌마21, 판례집 3, 99-101쪽; 헌재 1999. 11. 25. 99헌바28, 판례집 11-2, 550-551쪽.

따라서 '국민의 정치적 의사를 형성 및 확인하기 위한 과정이 아니라, 주민의 정치적 의사를 확인 및 결집해서 주민의 대표자인 지방자치단체의 기관을 선출해야 하는 지방선거'에 국민의 정치적 의사형성에 참여하는 것을 목표로 하는 정당이 후보자를 추천해서 개입하는 것은, 지방자치의 이념에 부합하기는커녕 오히려 그 이념 구현에 장애가 될 수 있다는 우려와 비판은 자연스러운 측면이 있다. 그리고 이러한 비판(지방선거에서의 정당공천제도를 찬성하는 견해에 대한 비판)은 앞서 조망한 중앙정치인에 대한 지방정치인의 예속·중앙정치에 대한 지방정치의 예속·방해받고 왜곡되는 주민참여·지방자치의 질 저하·이중으로 예속된 기초지방자치단체 등과 같은 문제에 주목해서 발굴 및 확인된 구체적인 경험적 증거와 사례들의 축적을 통해서도 합리성을 담보할 수 있겠지만, 무엇보다도 국민과 주민을 분별하고 국가기관과 지방자치단체를 분별하고 있는 헌법 문언의 태도[175]와 헌법 제8장 지방자치의 이념과 그 제도의 보장 그리고 헌법 제8조 제2항이 규정한 정당의 의미와

---

175　우리 헌법은 국민과 주민을 분별하고 국가기관과 지방자치단체를 뚜렷하게 대립시켜 이들의 이질성과 갈등을 전제하면서도, 동시에 이들 모두의 지위나 역할이 현실에서 조화롭게 보장되고 구현되어야 한다는 당위적 요청에서 이들 모두를 대한민국이라는 정치공동체 안에 함께 결속시키고 있다. 이에 관해서는 주 5 참조.

역할에 근거한 규범적·당위적 차원의 논거들을 통해서도 폭넓은 설득력을 얻을 수 있을 것으로 본다. 왜냐하면 국민의 정치적 의사형성에 참여하여 장악한 국가기관을 통해서 자신의 정치적 이상을 실현하려는 것을 목표로 하는 정당이 (주민에 의한 자기통치 실현으로 요약되는 지방자치의 이념을 구현하기 위해 지방자치단체의 기관을 선출하는 제도인) 지방선거에 후보자를 추천해서 직접 개입하는 것은, 헌법 제8조 제2항에 따른 정당의 본질이나 역할과는 괴리가 있으며 헌법 제8장을 통해 구현하려는 지방자치의 이념을 왜곡할 우려가 있는 데다가 무엇보다도 국민과 주민 그리고 국가기관과 지방자치단체(의 기관)를 분별하고 있는 헌법의 규범적 태도와도 이질적이기 때문이다.

특히 자신의 정치적 이상 실현을 위해 국민 전체의 정치적 의사형성에 민주적으로 참여하여 국가기관을 장악하는 데 성공한 정당이 지방선거에 후보자들을 추천하고, 그 후보자들이 당선되어 지방자치단체의 핵심 기관으로서 지방자치단체를 실질적으로 장악하게 된다면, 해당 지방자치단체는 정당을 매개해서 국가기관에 예속될 단순 가능성을 넘어서서 정당이나 국가기관의 위장기관으로 기능하게 될 현실적 위험 속에 놓이게 된다. 왜냐하면 해당 지방자치단체는 국가기관을 장악한 정당이 설정한 국가적 과제수행이나 국가기관을 장악한 정당의 지배력을 강화하고 지속하는 데 복무할 것을 요청받을 경우, 이를 도외시하기가 쉽지 않기 때문이다. 실제로 정당의 추천을 통해 지방자치단체의 기관으로 선출된 지방정치인에게 다음 선거에서 정당이 행사할 공천권이나 정당을 통해 국가의 정치인으로 성장할 수 있다는 유인책은 주민의 의사나 이익을 거슬러서까지 정당이나 국가기관을 위해 헌신하도록 하는 강력한 동기부여 장치나 압박으로 기능하고 있으며, 그 결과 국민의 정치적 의사형성에 참여해야 하는 정당의 과제와 국가기관이 담당해야 할 국가적 차원의 과제를 지방자치단체의 기관이 지방 차원에서 떠맡게 되어 본래의 사명인 지방자치의 이념 구현을 소홀히 할 가능성이 농후하다. 그 과정에서 주민의 이익과 의사는 소외되거나 국민의 이익과 의사로 교체되어 지방자치가 교란되고 주민에 의한 자기통치 실현이라는 지방자치의 이념은 조롱받게 되며, 지방자치단체는 정당을 배후로 둔 국가기관에 의해 조종되어 권한은 줄고 책임이 늘어날 가능성이 크다. 나아가 지방선거에서의 정당공천제도를 통해 지방자치 영역에 개입해온 정당을 매개해서 행해진 '국가기관에 대한 지방자치단체의 예속화 현상'은 국가기관을 장악한 정당과 지방자치단체를 장악한 정당이 상이하거나 서로 대립하고 있다고 해서 간과될 수 있는 문제도 아니다. 왜냐하면 국가기관을 장악하고 있는 정당이 다음 지방선거를 염두에 두거나 혹은 자신의 주도권을 강화하기 위해서, 자신과 대립하는 지방자치단체(의 기관)의 자치업무 수행을 방해하여 성과를 쌓지 못하도록 하거나 국가기관으로서 마땅히 지원해야 할 것을 소홀히 할 우려가 있기 때문이다.

요컨대 지방선거에서의 정당공천제도는 국민과 주민 그리고 국가기관과 지방자치단체를 분별하고 있는 헌법 문언의 태도와도 이질적이며, 무엇보다도 헌법상 정당의 의미와 역할에 대한 주목을 소홀히 하여 결과적으로 지방자치의 이념 구현이라는 헌법적 가치에 현실적인 흠집을 남기게 될 가능성이 크다고 하겠다. 그리고 이러한 가능성은 정당 중심의 정치가 활성화되고 정당국가적 경향이 강화되면 될수록, 더욱 증대하게 된다. 그런데 공직선거에서의 정당공천제도는 정당 중심의 정치를 활성화하고 정당국가적 경향을 강화하는 핵심 요인이라는 점에서, 과연 지방선거에서의 정당공천제도가 헌법이 추구하는 정당정치의 이상 및 정당의 기능확보와 정당정치의 활성화를 도모하는 데 긍정적 측면이 많은지를 별도로 확인할 필요가 있다. 왜냐하면 지방선거에서의 정당공천제도가 헌법상 지방자치의 이념과는 다소 상충하는 측면들이 있다고 하더라도 헌법상 정당정치의 이상을 실현하는 데 현실적으로 많은 장점이 있다면, 종합적 차원에서 지방선거에서의 정당공천제도는 긍정적으로 평가될 수 있기 때문이다. 이에 관해서는 목차를 바꾸어 살피도록 한다.

### 3) 정당정치의 이상과 지방선거에서의 정당공천제도

헌법이 지향하는 정당정치의 이상을 실현하는 데 있어서, 지방선거에서의 정당공천제도가 도움 되는지도 불명확하다. 우선 지방선거에서의 정당공천제도를 통해서 지방선거에 참여하는 정당은 당위적 차원에서 어려운 딜레마에 처하게 된다. 즉 정당이 헌법상 부여받은 자신의 본질적 과제를 잘 수행하기 위해 노력하면 노력할수록, 국민의 이익과 국민의 의사에 경도되어 주민의 이익과 주민의 의사를 간과하거나 훼손할 우려가 증대하는 반면에, 만약 정당이 지방자치 이념 구현을 위한 제도인 지방선거에 성실히 참여해서 주민의 이익과 주민의 의사에 부응하려고 노력한다면, 자신의 본질적 과제를 배반하는 데까지 이른 것은 아니라고 하더라도 국민의 이익에 주목해서 국민의 정치적 의사형성과 참여를 위해 투여해야 할 자신의 자원과 능력을 비본질적 목표 달성을 위해 소진하는 것이 될 수 있기 때문이다.

나아가 지방선거에서의 정당공천제도를 통해서 유력 정당인이 특정 지방자치단체의 기관으로 선출되거나 혹은 정당 내에서 특정 지역 주민의 영향력이 과도해지면, 정당을 매개한 국가 전체적 차원의 의사결정이 특정 주민과 그들을 대표하는 지방정치인에 의해 좌우될 우려가 있다. 특히 지방선거에서의 정당공천제도를 통해서 정당과 결합한 지방자치단체가 정당을 매개해서 '자치에 관한' 자신의 과제와 업무를 국가적 차원의 관심사로 부각하고 이를 정당이 장악한 국가기관을 통해 처리할 경우, 지방자치단체는 자치에 관한 역량을 배양할 수 있는 계기를 상실하고 국가기관은 정당을 매개해서 특정 지방자치단체에 편파적으로 예속될 위험이 있다. 이는 국민의 이익을 위해 국민의 정치적 의사형성에 참여하여 국가기관을 장악하는 데 애써야 할 정당이, 특정 지역 주민의 이익과 의사를 대변하여 국가기관을 활용한 것이란 점에서 그 문제의 심각성이 있다. 그리고 이러한 문제는 고질적인 양당의 지역분할구도와 그로 인한 지역주의적 폐해가 적지 않고 심각한 수도권 집중 현상과 서울특별시를 특별히 취급하고 있는 우리 정치현실 및 제도를 고려하면 단순한 노파심에 그치지 않을 가능성이

있다.[176]

한편 지방선거에서의 정당공천제도를 통해서 정당은 국민의 정치적 의사형성에 참여하여 국민을 위해 국가사무를 처리해야 할 국가기관을 장악하려는 것에 덧붙여 주민의 정치적 의사형성에 참여해서 주민을 위해 자치사무를 처리해야 할 지방자치단체를 장악할 수 있는 실질적 계기를 제도적으로 확보했으며, 특히 선거결과에 따라 특정 정당이 국가기관과 다수의 지방자치단체를 장악할 가능성 또한 적지 않다.[177] 그런데 이러한 정치시스템 속에서 만약 정당국가화 경향이 강화되어 (선거

---

176 실제로 대통령을 수반으로 하는 정부의 최고정책심의기관인 국무회의에 지방자치단체의 장으로는 유일하게 서울특별시장만이 배석할 수 있도록 제도화되어 있는데(대통령령 제28211호, 「국무회의 규정」 제8조), 이러한 제도는 국가기관과 지방자치단체 상호 간 관계 형성에 있어서 다른 지방자치단체와 비교해서 보면 유독 서울특별시 —— 서울특별시는 인구가 더 많고 공간적 관할범위도 더 넓은 경기도와도 혹은 인구가 훨씬 적은 경상북도 울릉군과도 '자치에 관한 한' 대등한 지방자치단체이다(2022. 6. 3. 갱신된 국가통계포털(https://kosis.kr/index/index.do)의 주민등록인구 현황에 따르면, 경기도는 13,581,496명, 서울특별시는 9,496,887명, 경상북도 울릉군은 9,014명이다) —— 를 편파적으로 특별 취급하고 있다는 구체적 증거라고 하겠다.

177 예컨대 2018년 제7회 전국동시지방선거에서는 243명의 지방자치단체의 장 당선자 중 165명, 3750명의 지방의회의원 당선자 중 2290명이 여당의 추천을 받은 당선자이다. 당시 여당은 국회에서도 다수당이었다. 그리고 2022년 제8회 전국동시지방선거에서는 243명의 지방자치단체의 장 당선자 중 167명, 3859명의 지방의회의원 당선자 중 1975명이 여당의 추천을 받은 당선자이다(중앙선거관리위원회, 선거통계시스템 http://info.nec.go.kr, 당선인 통계 참조).

권자나 피선거권자 혹은 공직선거의 후보자들이 아니라) 정당이 정치의 중심이 되고 정당중심의 정치가 더 활성화되면, 국가기관의 의사도 지방자치단체의 의사도 정당을 매개해서 통합되고 국가기관과 지방자치단체는 중개권력자인 정당의 의사를 실행하는 수족의 역할을 담당하게 될 가능성이 크다. 그 결과 정당의 이해관계·국가기관의 이해관계·지방자치단체의 이해관계가 정당으로 수렴되면서 주민에 의한 자기통치가 왜곡되고 정당국가 현상의 부작용이 더 심각해질 것이며, 나아가 이러한 상황은 정치공동체의 구성원들의 심성구조에 영향을 미쳐서 주민의 대표자나 국민의 대표자보다 당원을 대표하는 유력한 정당인을 추종하는 경향을 만들어내고 무엇보다도 국민과 주민을 분별하고, 국가사무와 자치사무를 분별하고, 국가기관과 지방자치단체를 분별하는 힘과 동기를 떨어뜨려 분별해야 할 대상들 상호 간 긴장이 느슨해지고 경계가 뒤죽박죽되다가[178] 결국 어느 한쪽이 다른 한쪽에 포섭되어 사라져버리거나 형해화로 이어질 위험성을 높인다. 왜냐하면 국민으로서의 정체성이 없는 공동체에서 국가는 타도되어야 할 압제의 주체로만 존

---

178 큰 문제의식 없이 자치사무를 국가기관이 처리하고, 국가사무를 지방자치단체가 처리하는 것이 일상화되는 경우를 의미한다.

재할 뿐 국가답게 존재할 수 없으며,[179] 주민의 정체성이 없는 곳에서 지방자치단체는 유명무실한 존재이거나 기껏해야 국가의 위장기관일 뿐이기 때문이다. 만약 헌법상 지방자치 이념이 잘 구현되어야 하며 이러한 이념 구현을 위한 수단이 바로 지방선거이어야 한다면 그리고 우리가 국민으로서의 정체성에 비해서 주민으로서의 정체성이 미약하여 주민으로서의 정체성을 고양할 수 있는 계기를 특별히 마련할 필요가 있다면, 지방선거에서의 정당공천제도를 현행과 같이 유지해야 한다는 견해(찬성론)는 설득력을 얻기가 어려울 것이다.

결론적으로 지방선거에서의 정당공천제도는 한편으로는 국민의 이익·의사와 주민의 이익·의사 사이에서 진퇴양난의 딜레마에 빠지기 쉬운 정당을 구출해내어 국가전체적 차원에서 헌법이 지향하는 정당정치의 이상과 지방자치의 이상 양자 모두가 조화롭게 구현될 수 있는 방향으로, 다른 한편으로는 우리 헌법이 지향하는 정치공동체가 지방차원에서도 국가차원

---

179 이러한 점은 근대 국민국가를 성립시킨 프랑스 혁명이 국민의식에 의해 고취되고 수행된 점 그리고 국민을 만들어내는 혁명적 의례 및 축제에 대한 국가의 역할 등을 통해서도 옹호될 수 있다(관련해서 특히 홍태영, 프랑스 공화주의 축제와 국민적 정체성, 정치사상연구 11-1(한국정치사상학회), 2005, 158쪽 이하 참조). 물론 이러한 이해가 프랑스혁명 이전 절대주의 왕정 체제에서 국가의식 및 국민의식이 싹트기 시작했음을 부정하는 것은 아니다.

에서도 온전히 구현될 수 있도록 정치공동체 구성원들의 심성구조를 쇄신할 수 있는 방향으로 개선 혹은 변화될 필요가 있다고 하겠다. 그리고 이 지점에서 우리는 지방선거에서의 정당공천제 반대론(폐지론)을 다시 주목하게 된다.

## (4) 소결 : 지방자치의 이념 구현에 주목한 반대론(폐지론)에 대한 옹호와 보완

### 1) 반대론에 대한 옹호

물론 정치현실에서 정당이 국가기관 구성을 위한 선거와 지방자치단체의 기관을 구성하기 위한 선거를 잘 분별해서 전자의 경우에는 국민의 이익·의사를 후자의 경우에는 주민의 이익·의사를 각각 잘 대변할 수 있는 자를 후보자로 추천할 가능성이 없는 것은 아니며, 정당이 국가기관과 지방자치단체 상호간 긴장을 유지하면서도 갈등을 합리적으로 조정하고 지방자치단체 상호 간 바람직한 경쟁 관계를 구축하는 데 자신의 역량을 발휘할 의지와 실력이 있을 수도 있다. 그리고 지방선거에서 정당의 후보자추천이 갖는 실질적 영향력이 미미하거나 오히려 당선에 불리한 요인으로 작동하는 상황이라면,[180] 정당의 자유 보장이라는 관점에서 정당 스스로 지방선거에 참여할지 말지를 선택하도록 하는 것(즉 지방선거에서의 정당공천제도를 유지하는 것)이 합리적일 수도 있다. 하지만 이러한 정치현실은 현재 우리의 상황과는 판이하며,[181] 오히려 우리의 현실은 지방자치 영역에서 정당의 영향력을 줄이고 지방자치단체의 기관들에 대한 주민의 통제를 강화하기 위해 마련된 제도들(예컨대 주민투표제도, 주민조례발안제도, 주민의 감사청구 및 주민소송, 주민소환제도 등)[182]조차도 실질적으로 활용하거나 활성화하는 데까지 나아가지 못하고 있는 것으로 보인다. 따라서 반대론(폐지론)은 정당 및 지방자치를 규율하고 있는 헌법 규정의 의미와 국민과 주민 그리고 국가기관과 지방자치단체를 각각 분별하고 있는 헌법 문언의 태도와도 친화성을 가지면서 동시에 '모든 권력은 국민으로부터 나오지만, 그 권력은 이미 정당으로 귀속되어 버

---

180 예컨대 정당정치에 대한 혐오감과 불신이 커지거나 주민의 정치적 의사형성에 정당이 방해꾼이라는 여론이 팽배해져서 지방선거에서 정당공천을 받은 후보자가 당선될 가능성이 낮은 경우 등을 생각해볼 수 있겠다.

181 실제로 지방선거에서 정당으로부터 추천받지 않은 후보자가 당선될 현실적 가능성은 아주 낮다. 이에 관해서는 주 165 참조.

182 「지방자치법」 제18조, 제19조, 제25조 등과 「주민조례발안에 관한 법률」 및 「주민투표법」 참조.

린 현실[183]의 문제를 개선하는 방향에도 부합하는바, 헌법규범적 차원에서도 헌법현실적 차원에서도 찬성론(유지론)보다 더 많은 지지와 설득력을 확보할 수 있으리라고 본다.

### 2) 반대론을 위한 제도적 구상

지방선거에서의 정당공천제도를 반대한다고 하더라도, 정당공천제도를 통해서 유발될 수 있는 정당정치의 장점들 ── 특히 정당을 통해서 ①정치공동체 내의 다양한 의사가 다양한 형태로 지속해서 정치체의 의사형성 과정에 반영될 수 있게 되었으며(정치적 의사의 효과적인 중개와 책임정치의 실현), ② 의회 내의 의견이 사전적으로 조정되어 의사결정의 효율성을 높일 수 있게 되었고(의사결정의 효율성), ③정치공동체의 구성원들이 정치를 학습하고 참여하는 터전과 정치인을 교육 및 충원해서 정치문화를 쇄신하는 교두보가 마련된다(정치교육 및 정치인 양성).[184] ── 을 지방자치의 영역에서 도외시할 필요는 없

---

183 볼프강 뢰버(著)/이원우(譯), 정당국가에 있어서 자유위임, 공법연구 28-2(한국공법학회), 2000, 1쪽 참조.
184 장영수, 헌법상 입법권자의 임무와 역할: 이상과 현실, 공법연구 35-2(한국공법학회), 2006, 46-47쪽; 정당의 기능과 역할에 관해서는 특히 이영우, 정당론 소고, 토

을 것이다. 그리고 풀뿌리 민주주의에 기초한 지방자치라고 하더라도, 구성원 개개인들의 다원적 의사와 이해관계를 조정 없이 날것 그대로 직접 반영시키는 방식으로 지방자치를 실현하는 것은 불가능에 가까우며, 무엇보다도 다양한 의사와 이해관계의 실질적 반영을 위해서는 비슷한 것끼리 묶어서 이를 정치적 의제화할 수 있는 '자율적으로 형성된 다원적 집단'에 의한 중개에 기대는 것은 불가피한 측면이 있다.[185] 따라서 지방선거에서의 정당공천제도를 폐지한다고 하더라도, '주민의 이익을 위하여 책임 있는 정치적 주장이나 정책을 추진하고 지방선거의 후보자를 추천 또는 지지함으로써 주민의 정치적 의사형성에 참여함을 목적으로 하는 주민의 자발적 조직으로서의 정치적 결사체'가 지방자치단체 차원에서 지속해서 활성화될 방안을 제도적으로 고민할 필요가 있을 것이다.

관련해서 특히 '전국가적인 국민의사 형성과정에의 참여는 이차적인 목적에 지나지 않고 주로 특정 지역적 차원에서의 정치적 의사형성에 참여하여 해당 지역문제의 해결을 목적으로 하는 정치적 결사체'를 의미하는 소위 지역정당(혹은 지방정당)

---

지공법연구 94(한국토지공법학회), 2021, 311-313쪽.

185 장영수, 앞의 글(주 184), 44-47쪽 참조.

의 도입을 위해서,[186] 현행 「정당법」 제3조의 '수도 소재' 규정을 완화하고,[187] 5 이상의 시·도당을 두면서 동시에 각 시·도당은 당해 시·도당의 관할구역 안에 주소를 둔 1천인 이상의 당원을 가져야 한다는 정당성립요건(제17조 및 제18조)에 대한 개정의 필요성을 강조하는 견해가 있다.[188] 하지만 지역정당을 통해서 지나치게 많은 정당이 난립하고 국가의사가 특정 지방자치단체 중심으로 왜곡될 우려 —— 예컨대 각 지방자치단체를 기반으로 하는 지역정당들이 (소속 주민의 의사·이익을 관철하기 위해 국가기관 및 국가권력에 접근하려고) 국회에 무분별하게 진출 및 난립하여 대한민국의 공통성을 떨어뜨리고 분열을 조장할 우려 혹은 국회의원선거나 대통령선거에 인구가 많은 지역정당(예컨대 '수도권당'이나 '서울특별시당' 등)이 참여하여 국가이익을

---

**186** 차재권/옥진주/이영주, 지역정치 활성화를 위한 지역정당 설립 방안 연구: 해외 주요국 지역정당 사례의 비교분석, 한국지방정치학회보 11-2(한국지방정치학회), 2021, 113쪽; 장영수, 지방자치와 정당,『정당과 헌법질서』(심천 계희열 박사 화갑기념논문집), 박영사, 1995, 351쪽; 강재규, 지방자치구현과 지역정당, 지방자치법연구 11-2(한국지방자치법학회), 2011, 223쪽.

**187** 「정당법」 제3조(구성) 정당은 수도에 소재하는 중앙당과 특별시·광역시·도에 각각 소재하는 시·도당(이하 "시·도당"이라 한다)으로 구성한다.

**188** 김소연, 앞의 글, 330-331쪽; 권경선, 앞의 글, 23-25쪽; 강재규, 앞의 글, 225-227쪽; 고선규/이정진, 지역정당 활성화를 위한 제도개선 방안, 의정논총 13-1(한국의정연구회), 2018, 129쪽.

교란하고 국가의사를 왜곡할 우려 —— 가 있을 뿐만 아니라, 무엇보다도 지역정당은 헌법상 정당의 핵심 개념요소인 헌법 제8조 제2항 "국민의 정치적 의사형성에 참여"와는 이질적인 정치적 결사체이다. 따라서 지역정당이 국가적 차원에서 국민의 정치적 의사형성에 직접 참여하는 것은 엄격히 통제될 필요가 있다고 본다.[189] 나아가 법·제도적 차원의 어떤 현상·관념을 특정 용어로 포착할 경우, 포착된 용어가 언어공동체의 일반적 이해에 부합하면서도 법적 논증의 특수성을 해치지 않아야 할 것인데[190] '지역정당'은 헌법적 차원에서도 법률적 차원에서도 '정당'으로 볼 수 없다는 점에서 현재 '지역정당' 혹은 '지방정당' 등과 같은 용어로 포착되고 있는 현상·관념을 지칭할 때, '정당'이란 표현을 대체할 다른 용어(예, '주민 결사' 혹은 '주민자치

---

**189** 이러한 관점에서 "전국정당과 지방정당의 2원적 구조를 전제로 하여 지방정당의 지방선거참여를 보장하는 것"을 강조하는 견해(정만희, 앞의 글, 28쪽)나 "적어도 지방선거에서만큼은 지역정당이 허용되는 것이 필요하다."는 견해(고선규/이정진, 앞의 글, 129쪽)를 주목할 수 있다고 본다.

**190** 규범적 언명의 정당성을 문제 삼는 법적 논증대화는 기본적으로 일반적 실천적 논증대화와 다르지 않지만, 현행법에 대한 구속, 선례의 고려, 도그마틱 및 소송규칙들에 의한 제약 하에서 이루어진다는 점에서 특수성이 있다. 관련해서 특히 R. Alexy, Theorie der juristischen Argumentation: Die Theorie des rationalen Diskurses als Theorie der juristischen Begründung, Suhrkamp, 2. Aufl., 1991, S. 261ff.; Vgl. U. Neumann, Juristische Argumentationslehre, Wiss. Buchges., 1986, S. 118.

결사' 등)를 고민할 필요가 있다고 본다. 헌법국가의 요소인 언어가 상호이해의 지평을 벗어나서 유대감과 신뢰성을 잃고 불명확하게 사용되면 담론공동체(Diskursgemeinschaft)로서의 국가 형성과 유지에 장애가 될 수밖에 없을 터인데,[191] 우리의 언어공동체에서 '지역정당' 혹은 '지방정당'은 일반적으로 일단 '정당'으로 이해될 가능성이 크기 때문이다.[192] 특히 주민의 정치적 의사형성에 참여함을 목적으로 하는 주민의 자발적 조직으로서의 정치적 결사체가 국민의 정치적 의사형성에 참여함을 목적으로 하는 국민의 자발적 조직인 정당으로 오해되고 그것이 정치공동체의 집단적 심성구조 혹은 공통관념으로 고착되면, 정치공동체 구성원들이 자신의 정체성을 주민과 국민으로 분별하여 확립할 수 있는 계기가 교란되고 지방자치단체의 사무(자치사무)와 국가기관의 사무(국가사무)를 구분하고 지방자

---

191 헌법국가의 요소로서 언어, 담론공동체로서의 국가에 관해서는 Vgl. J. Isensee, Staat im Wort - Sprache als Element des Verfassungsstaates, in: Verfassungsrecht im Wandel, J. Ipsen/H.-W. Rengeling/J. M. Mössner/A. Weber (Hrsg.), Carl Heymanns, 1995, S. 571ff.

192 우리 언어생활에서 지방의 정당(혹은 지역의 정당)을 줄여서 지방정당(혹은 지역정당)으로 명명할 수 있는데, 이 경우 지방정당(혹은 지역정당)에서 '지방'(혹은 '지역')은 정당을 한정하는 말(즉 조사 없이 관형어의 역할을 하는 관형성 명사)로 볼 수 있기 때문이다(유현경 외 9명, 『한국어 표준문법』 집문당, 2019, 426쪽; 고영근/구본관, 『우리말 문법론』 집문당, 2010, 304쪽 참조).

치단체와 국가기관이 상호 견제하고 협력하면서 국가 전체적 차원에서 위험을 분산하고 다양성을 실현할 수 있는 바람직한 긴장 관계를 구축하는 데 장애가 될 우려가 있다. 따라서 지방 자치가 잘 구현되기 위해서는 국민과 주민의 범위가 규범적으로도 현실적으로도 완전히 일치하는 것은 아님에도[193] 지방자치단체의 주민 대부분은 동시에 국민인 현실을 고려해서, 관련 제도 구축에 있어서 특별히 국민과 주민·국가기관과 지방자치단체·국가사무와 자치사무 각각에 대해 민감하게 분별할 수 있는 합리적인 계기를 의도적으로 쌓아갈 필요가 있겠다.[194]

---

[193] 헌법은 대한민국의 국민이 되는 요건은 법률로 정하도록 하고 있으며(제2조), 이는 「국적법」을 통해서 구체화되고 있다. 반면에 주민은 헌법은 제117조 제1항에서 한 번 언급되고 있고, 「지방자치법」제16조를 통해서 "지방자치단체의 구역에 주소를 가진 자"로 정의되고 있다. 재외국민 중에서는 국내에 주소를 갖고 있지 않아서 국민이지만 주민이 아닌 자도 있을 것이며, 국민이 아닌 외국인도 일정한 경우에는 주민으로서 지위를 갖고 「공직선거법」및 「주민투표법」에 따라 지방선거에서 선거권을 행사하거나 주민투표에 참여할 수 있다.

[194] 지방자치단체의 주민들은 대부분 국민이기도 하다. 따라서 지방자치단체의 주민들은 대체로 지방자치단체와 국가기관 상호 간 사무의 귀속 주체나 재정 분담 등을 알 필요 없이, 그저 편리하게 공권력주체로부터 기본적인 급부를 받고 자신의 문제를 해결할 수 있으면 족한 경우가 많을 것이며, 이러한 이유로 인해서 주민들은 자치권 확보나 국가기관과 지방자치단체 상호 간 권력배분 등에 대해서는 둔감할 가능성이 크다(김수진, 한국·독일 비교를 통한 인구규모에 따른 자치권배분논의와 지방의회 운영·지원방안 개선에 관한 연구, 지방자치법연구 19-3(한국지방자치법학회), 2019, 204쪽). 그런데 이러한 현실적 조건은 헌법상 지방자치의 이념을 구현하는 과정에서,

결국 지방선거와 정당의 관계를 어떻게 설계할 것인가의 문제를 둘러싸고 제도론적 차원에서는 ①지방선거에서 정당의 후보자추천을 금지하는 방안과 ②지방선거의 후보자추천에 있어서 정당의 독점적 지위를 배제하는 방안을 중심에 두고 고민하되, 구체적으로는 지방선거에서 정당을 제외한 정치적 결사의 선거 참여를 제도화하고 그 지위 보장을 법제화할 필요가 있다고 본다. 특히 주민을 위해 주민이 중심이 된 지방의 정치적 결사는 지방자치 영역에서 정당을 성공적으로 대체하여 지방선거에서의 정당공천제도를 통해서 기대할 수 있는 대부분의 순기능(예컨대, 지방자치의 책임성 담보, 토호 세력에 대한 견제, 지방정치의 활성화 및 유능한 지방정치인 양성과 교육, 지방자치단체의 장에 대한 효과적인 견제와 지방의원의 의정활동 지원 등)을 큰 누수 없이 승계하면서도, 지방선거에서의 정당공천제도로 인해서 유발될 수 있는 각종 부정적 효과들(예컨대, 중앙정치인에 대한 지방정치인의 예속, 중앙정치에 대한 지방정치의 예속, 방해받고 왜곡되는 주민참여, 이중으로 예속되는 기초지방자치단체의 문제 등등)로부터 상당 부분 벗어나는 데 이바지할 것으로 기대한다. 왜냐하면 지

---

극복 혹은 교정되어야 할 과제이다. 주민과 자치사무 없는 지방자치와 지방자치단체
는, 팥소 없는 단팥빵 혹은 내장 없는 내장탕과 다르지 않기 때문이다.

방자치단체 차원에서 주민의 이익·의사를 중개하려는 정치적 결사와 국가 차원에서 국민의 이익·의사를 중개하려는 정당은 그 존재 목적이나 지향점은 서로 다르나 양자 모두 정치적 의사형성에 지속적으로 참여하기 위한 자발적 조직이란 점에서는 유사한바, 결국 지방자치 영역에 국민의 이익·의사가 개입해서 유발되는 문제점은 상당 부분 줄어들고 정치적 의사형성에 지속적이고 조직적으로 참여함으로 인해서 얻을 수 있는 효과는 큰 변화 없이 유지될 수 있을 것이기 때문이다. 아울러 지방선거에서 정당(임의)표방제,[195] 지역주민·단체추천제,[196] 주민

---

195 정당이 독점하는 후보자추천을 대신해서 지방공직후보자가 지지하는 정당을 선택 표시하게 하는 제도인 정당표방제에 관한 일반론은 최근열, 앞의 글, 201-202쪽; 안철현, 지방선거에서의 정당공천제 찬반 논리와 대안 평가, 한국지방자치연구 12-4(대한지방자치학회), 2011, 70-72쪽; 정방표방제가 구현되는 구체적인 방식은 후보자 임의로 지지정당을 선택하는 것을 인정하는 방식, 각 정당이 자신의 정당에 대해 지지의사를 표방하는 후보자에 대하여 인증 또는 반대의사를 표명하는 방식, 정당임의표방제와 정당공천제를 결합시키는 방식 등등 다양한 설계가 가능하다(이에 관해서는 이승종, 앞의 글, 16-17쪽).

196 관련한 일반적 논의는 최근열, 앞의 글, 202-203쪽; 송광운, 한국 지방선거 정당공천제의 한계와 과제, 동북아연구 23-2(조선대학교 동북아연구소), 2008, 132-133쪽; 강경태, 정당공천제 개선방안: 기초의회의원선거를 중심으로, 한국정당학회보 8-1(한국정당학회), 2009, 248-249쪽; 한편 독일의 경우에는 정당이라고 할 수 없는 선거인단체/유권자단체(Wählergruppe) ─ 이와 같은 선거인단체는 지방선거에만 참여하고 또 통상 지방선거 이후에도 정치적 의사형성에 참여할 것을 의도하지 않는다는 점에서 독일 정당법상 정당으로 인정되지 않는다 ─ 도 지방선거에 후보자를

공천경선제[197] 등과 같은 제도의 도입 또한 함께 검토할 필요가 있다고 본다.

한편 지방선거에서의 정당공천제도와 관련해서 「지방자치법」 제2조 제1항 제1호의 지방자치단체(특별시, 광역시, 특별자치시, 도, 특별자치도 : 소위 '광역지방자치단체')와 제2조 제1항 제2호의 지방자치단체(시, 군, 구 : 소위 '기초지방자치단체')를 분리하여 광역지방자치단체 차원에서는 정당의 후보자추천을 허용하되, 기초지방자치단체 차원에서는 정당공천을 불허하는 방식을 제안하는 견해가 있다.[198] 하지만 이 견해는 지방선거에서의 정당공천제도를 폐지하는 방향에서 과도기적 차원으로는 고

---

추천할 수 있으며(특히 김남철, 다양한 정치세력의 지방선거참여를 위한 법적 과제, 공법연구 35-3(한국공법학회), 2007, 183-184쪽), 일본의 경우에는 일정 조건을 만족시키는 정치 단체를 공식적으로 확인받을 수 있도록 한 후, 이렇게 확인받은 단체(확인단체)가 지방선거에 후보자를 추천할 수 있도록 하고 있다(이에 관해서는 이정진, 지방정치 활성화를 위한 제도적 개선방안: 지방선거와 정당의 역할을 중심으로, 한국동북아논총 23-4(한국동북아학회), 2018, 139쪽).

**197** 성기중, 지방선거에서의 정당공천제 문제의 개선방안, 대한정치학회보 18-1(대한정치학회), 2010, 287-289쪽.

**198** 박진우, 앞의 글, 77-80쪽; 송광운, 앞의 글, 132쪽; 육동일, 지방선거 정당공천제의 평가와 과제, 한국지방자치학회 정택토론회 논문집, 2009, 45-46쪽; 한편 광역지방자치단체에 관해서는 특별한 주목 없이, 기초지방자치단체의 지방선거에서는 정당공천제를 폐지해야 한다는 주장으로는 하세헌, 기초 지방선거에 있어 정당공천제의 문제점과 개선방안, 한국지방자치연구 8-1(대한지방자치학회), 2006, 49-51쪽.

민해볼 수 있겠으나, 앞서 살폈던 지방선거에서의 정당공천제도가 갖는 문제점들이 광역지방자치단체 차원에서 그대로 유지될 것이란 점에서 제도의 합리성이 떨어지며 무엇보다도 광역지방자치단체와 기초지방자치단체는 헌법 제117조 제1항 "자치에 관한" 한 대등한 지방자치단체라는 점을 간과한 것으로서 헌법상 지방자치의 이념이나 평등원칙을 경시했다는 비판에서 벗어나기 어렵다고 본다.[199] 그리고 지방자치단체와 국가기관 상호 간 협력과 연계를 통한 전체의사의 통일적 형성을 도모하고 지방자치단체 상호 간 갈등을 예방·조정하기 위해서라도, 이를 중개하기 위한 존재가 필요하고 바로 이러한 점에서 지방선거에서의 정당공천제도가 필요하다는 견해가 있으나,[200] 이러한 역할은 사적 결사체인 정당에 기대어 해결하기보다는, 별도의 공식적 협의체나 권위체를 제도화하고 이를 통해서 처리하는 것이 마땅하다고 본다. 따라서 현재 마련되어 있는 '중앙지방협력회의'나 '중앙행정기관·지방자치단체 정책협의회' 등과 같은 기구의 역할과 그 의미부터 성찰할 일이

---

**199** 정연주, 앞의 글, 24-25쪽.

**200** 이부하, 앞의 글, 266쪽.

지,[201] 국가기관과 지방자치단체 혹은 지방자치단체 상호 간 이해관계의 조정자로서의 정당의 역할을 기대하여 지방선거에서의 정당공천제도를 찬성할 일은 아니다.

---

201 '중앙지방협력회의'에 관해서는 「지방자치법」 제186조 및 「중앙지방협력회의의 구성 및 운영에 관한 법률」을, '중앙행정기관·지방자치단체 정책협의회'에 관해서는 「중앙행정기관·지방자치단체 정책협의회 운영 규정」(대통령령 제28211호)을 각각 참조.

## 6. 결론 : 위헌론 극복과 관련 문제

「공직선거법」제47조 제1항에 근거하여 행해지는 지방선거에서의 정당공천제도를 폐지하는 것은 사적 결사체의 자율행위(특히 선거에 참여할 정당의 자유)를 억압하는 것이며,[202] '지방선거에서 정당이 특정 후보자를 지지한다거나 특정 후보자가 특정 정당의 지지를 받고 있다는 사실을 표방하는 것'을 금지하는 것과 다르지 않다는 점에서 정당과 후보자의 정치적 표현의 자유를 침해하는 것이라는 의견이 있다.[203] 하지만 사적 결사체인 정당의 공천행위는 정당 내부적 자율행위로서의 성격만 갖는 것이 아니라 공적 선거제도의 한 부분이란 점에서 제한을 받을 수밖에 없으며,[204] 지방선거는 지방자치의 이념('지역적 주체로서의 주민에 의한 자기통치의 실현')을 구현하기 위해서 지방자치단체의 기관을 선출하기 위한 제도인 점, 정당은 본질

---

202 권경선, 앞의 글, 4쪽.

203 특히 김래영, 지방선거에서 정당배제는 합헌인가?, 외법논집 38-1(한국외국어대학교 법학연구소), 2014, 65-66쪽.

204 권경선, 앞의 글, 6쪽.

적으로 주민의 정치적 의사형성에 참여하기 위한 조직이 아니라 국민의 정치적 의사형성에 참여하기 위한 조직인 점, 헌법이 국민과 주민을 분별하고 국가기관과 지방자치단체를 뚜렷하게 대립시키면서 동시에 국가사무와 "자치에 관한" 사무(자치사무)의 구분을 예정하고 있는 점, 지방자치 영역에 정당이 개입하여 그 영향력을 키워가는 것은 헌법이 예정한 분별과 대립 및 구분을 흐릿하게 하고 국민이면서 동시에 주민인 정치공동체 구성원들의 심성구조를 왜곡할 우려가 있는 점 등을 고려한다면, 법률로써 지방선거에서 정당의 후보자추천을 금지하는 것을 위헌이라고 할 수 없을 것이며 오히려 지방선거에서의 정당공천제도 폐지는 정당의 본질적 기능을 강화하고 지방자치 이념을 구현하는 데 부합할 뿐만 아니라 정당정치로 초래되는 각종 부작용을 일부 완화하는 데 긍정적으로 기여할 수 있을 것으로 기대한다. 이러한 맥락에서 지방선거와 관련한 정당과 후보자의 정치적 표현의 자유 또한 법률로써 적절히 조정될 수 있고 또 그래야 한다고 본다. 관련해서 특히 무소속후보자의 정당표방을 금지하면서도 그 단서에서 후보자의 당원경력의 표시를 허용하고 있는 「공직선거법」 제84조가 문제 된다. 왜냐하면 「공직선거법」 제84조에 따른 당원경력의 표시는 헌법재판소가 2001헌가4 사건에서 밝힌 것처럼, 사실상 정당표방의 일환으로 행해지는 것이 통상적이어서 제84조 본문과 단서는 서로 중첩되는 규율영역을 가지게 되어 후보자에게 선거운동 과정에서 정당 관련 사항을 얼마나 표시해도 좋은지 예측하기 힘들게 하고 국가형벌권의 자의적 행사의 빌미마저 제공하며 명확성 원칙에도 위반될 소지가 있다는 점에서 지방선거에서의 정당공천제도와는 별도로 적절하게 개정되어야 하겠지만,[205] 만약 지방선거에서 정당의 후보자추천을 금지하는 경우 「공직선거법」 제84조 단서는 사실상 정당의 지지·추천 또는 일정한 관련성을 의미하게 되어 정당공천에 준하는 기능을 할 수 있다는 점 ── "실제로 중앙당에서 당해 선거구의 내부경선을 거치는 등으로 기초의회의원 후보자를 확정한 다음 그에게 일률적으로 그 선거구의 '지방자치위원장' 등 통일적인 당직을 부여하는 방법으로 후보자를 사실상 추천하는 경우가 많다."[206] ── 에서 지방선거에서의 정당공천제도의 폐지와 더불어서도 적절하게 개정될 필요가 있기 때문이다.[207]

---

205 헌재 2003. 1. 30. 2001헌가4, 판례집 15-1, 19-20쪽 참조.

206 헌재 2003. 1. 30. 2001헌가4, 판례집 15-1, 19쪽 참조.

207 한편 현재 「공직선거법」 제84조 단서 때문에 정당공천제를 폐지한다고 하더라도 그 효과를 담보할 수 없다는 이유로 지방선거에서의 정당공천제도 폐지를 반대하는 견해가 있다(정연주, 앞의 글, 5쪽, 28쪽). 하지만 이러한 견해는 정당공천제도와 정

그리고 지방자치 영역에서도 정치적 의사의 효과적인 중개나 책임정치의 실현 및 지방자치단체의 기관들에 대한 감시·통제, 그리고 의사결정의 효율성은 중요하며 유능한 지방정치인의 양성과 교육 또한 도외시할 수 없다. 따라서 지방선거에서의 정당공천제도를 폐지하더라도, 정당 혹은 지역정당과는 구별되는 '주민의 이익·의사를 위해서 주민의 정치적 의사형성에 참여함을 목적으로 하는 주민의 자발적 조직으로서의 정치적 결사(주민 결사/주민자치결사)'가 지방자치단체 차원에서 지속적이고 안정적으로 활성화될 수 있는 제도적 방안을 마련하기 위한 노력은 계속되어야 할 것이다.

당표방제에 관한 문제를 거칠게 결부시킨 것으로서, '지방선거에서의 정당공천제도 폐지와 함께 「공직선거법」 제84조에 대한 개정 및 보완'을 통해서 해결될 문제를 오해한 것으로 보인다. 관련해서 박진우 교수는 "정당의 후보자추천을 폐지하고 정당표방을 금지하게 되면 후보자의 정치적 표현의 자유를 제약하는 것이 되므로 후보자가 정당으로부터 추천 또는 지지받았음을 표방하는 정당표방은 금지하되 자기가 지지하는 정당을 후보자가 표방하는 것을 허용하는 방안을 고려할 필요가 있다"고 하면서, "당원경력의 표시를 허용하되 […] 명확성의 원칙에 위배되지 않도록 허용되는 당원경력의 표시가 어떤 것인지 구체적인 범위를 규범수범자가 분명히 인식할 수 있는 방안을 검토하여야 한다."는 견해를 피력하고 있다(박진우, 앞의 글, 79-80쪽).

# VI

## 지방자치를 위한
## 정치공동체의 심성구조

# 1. 서두 : 지방자치를 위한 의식 분열과 과제

　지금까지 원칙적 지방자치권자인 지방자치단체와 보충적 지방자치권자인 국가기관, 그리고 이들에 의해 형성된 제도에 주목해서 지방자치와 지방자치권을 살폈다. 그런데 독립된 정치적 통일체인 대한민국에서 지방자치가 잘 구현되고 지방자치단체와 국가기관의 지방자치권이 조화롭고 질서정연하게 실현되기 위해서는, 근본적으로 정치공동체의 구성원인 우리들의 정체성과 이를 형성하는 집단적 심성구조가 잘 구축되어야 한다. 왜냐하면 우리는 모든 권력의 원천일 뿐만 아니라,[208] 무엇보다도 국민으로서의 정체성이 없는 곳에서 국가는 국가답게 존재할 수 없으며 국가기관은 압제의 주체일 뿐이고, 주민으로서의 정체성이 없는 곳에서 지방자치는 유명무실하며 지방자치단체는 기껏해야 국가기관의 위장에 지나지 않기 때문이다. 따라서 우리는 문명화된 호모 사피엔스 사피엔스

---

**208** 헌법 제1조 제2항: "대한민국의 주권은 국민에게 있고, 모든 권력은 국민으로부터 나온다."

(Homo sapiens sapiens)로서 지녀야 할 공통감각에 기초한 세계시민으로서의 의식은 차치하더라도, 적어도 대한민국 헌법이 정초하고 있는 정치공동체의 구성원답게 대한민국의 국민의식, 지방자치단체인 특별시·광역시·특별자치시·도·특별자치도의 주민의식, 그리고 또 다른 지방자치단체인 구·시·군의 주민의식 각각을 예리하게 분별하여 각성시킬 수 있어야 하며 이러한 분별과 각성 및 이에 기초한 의식 분열을 전제로 정치적 통일체인 국가를 향한 조화와 통합을 시도해야 한다. 왜냐하면 분열은 통합의 전제조건이며, 무엇보다도 뚜렷한 분열은 정확하고 올바른 통합의 계기를 마련하기 때문이다. 설사 우리 삶의 현장이 뚜렷하지 않고 혼돈 속에 놓여 있다고 하더라도 (공적인 것과 사적인 것을 분별해야 하듯) 현실 정치에서는 세계시민인 나, 대한민국 국민인 나, 광역지방자치단체의 주민인 나 그리고 대등한 또 다른 지방자치단체인 기초지방자치단체의 주민인 나 각각을 잘 분별해서, 2중·3중 또는 4중으로[209] 분열되어 등장한 각각 다른 나의 이익과 의사를 잘 대표할 수 있는 자

---

209 제주특별자치도는 「지방자치법」의 규정에도 불구하고 그 관할구역에 지방자치단체인 시와 군을 두고 있지 않다(「제주특별자치도 설치 및 국제자유도시 조성을 위한 특별법」 제10조 제1항 참조). 재외국민의 경우에는 대한민국 주민이라는 의식은 불필요할 수 있다.

를 각각 선거할 수 있어야 한다. 동네 길고양이를 돌보거나 마을버스 노선을 설계하고 가까운 어장과 어구를 관리하며 마을 농사를 위한 품앗이 순번을 짜는 데 적합한 사람을 선출하려는 기회에 정권 심판을 외치거나 남북통일을 최우선 과제로 여기는 사람을 선택하거나, 혹은 국군의 외국 파병 여부를 결정하고 경제 민주화를 위한 기본질서를 형성해야 할 기관을 구성해야 할 때 우리 마을의 주차장을 관리하고 꽃길을 조성하는 데 능력이 뛰어난 사람이나 동네에 백화점을 유치하겠다는 사람을 선출하는 것은, (자신이 보유하고 있는 주민으로서의 지위와 국민으로서의 지위 양자 모두를 스스로 조롱하고 훼손하는) 자기 파괴적 정치 행위에 가깝기 때문이다.

그런데 이러한 정치적 자해행위와 결별하기 위해서는 무엇보다도 우리들의 집단적 심성구조를 주민의식과 국민의식 각각에 대한 각성과 이에 기초한 의식 분열, 그리고 분열된 의식에 대한 성찰 위에 구축하는 것이 필요할 것이다. 국민의식 없이 좋은 국민의 대표자를 기대하기는 어렵고 주민의식 없이 좋은 주민의 대표자를 만들어내는 것은 어불성설이며, 국민의식과 주민의식으로 분열된 의식을 성찰하여 분열 속에서도 조화와 통합을 이룩할 수 있는 계기를 쌓지 않고서는 정치적 통일체의 안정적 형성과 유지는 꿈 같은 희망에 그칠 가능성이 크기 때문이다. 그리고 이러한 각성과 의식 분열 및 성찰은 특히 헌법 제117조 제1항 "자치에 관한" 것을 구체적 생활영역에서 발견·확인·확정하고 이를 자율적으로 처리하는 가운데 계발되고 성장할 수 있을 것으로 생각한다. 왜냐하면 이러한 실천 과정을 통해서 우리의 심성과 의식이 막연한 추상이나 고귀한 이념의 세계에 갇혀있지 않고 질퍽질퍽한 구체적 현실의 변화를 추동하는 힘으로 작동할 수 있으며, 정신과 신체 그리고 이상과 현실의 괴리를 줄이는 토대가 마련될 수 있기 때문이다. 나아가 이러한 실천의 결과를 통해서 추동 및 강화된 의식 분열과 각성의 수준에 걸맞게 관련 제도가 형성되고 적절한 응원이 뒤따르면, 지방자치의 계기가 된 심성(주민의식)은 지방자치를 위한 신념(주민자치)으로 수월하게 굳어질 수 있고 지방자치를 둘러싼 우리의 신념체계는 물론이고 정치문화와 정치제도 또한 근본적으로 쇄신할 수 있는 새로운 전기가 마련될 수 있을 것이다.

지금까지의 논의 또한 이러한 문제의식의 연장선 위에 있다. 즉 국가기관과 지방자치단체가 행사하고 있는 모든 권력의 원천으로서 '대한민국 국민이면서 동시에 지방자치단체의 주민'이라는 중첩된 지위를 보유한 총체적 존재인 우리들이 구축해야 할 집단적 심성구조 및 신념체계를 지향·겨냥하면서, 이러한 집단적 심성 및 신념을 촉발할 수 있는 성찰의 계기와 기초를 마련하고자 특히 "자치에 관한" 것에 주목했다. 그리고 그 결과 헌법에 기대어 국가기관도 침범할 수 없는 '자치에 관한' 지방자치단체의 고유영역이 규범적으로 논증되었고[210] 그 영역 안에 위치할 수 있는 구체적인 사무를 자치적으로 발견·정돈·처리하는 것을 독려하는 실천의 계기로 조례안이 제안되었으며[211] 헌법의 침묵에도 불구하고 자치에 관한 분쟁 해결 기관으로서 자치법원의 가능성 또한 탐색할 수 있었다.[212] 아울러 '지방선거에서의 정당공천제도'의 문제점을 강조하면서 주민과 지방자치단체(의 기관) 사이에서 자치에 관한 것을 중개하는 진정한 지방정치의 행위자이자 주체로서 '주민자치결사'를 지역정당을 대신한 새로운 대안으로 부각할 수 있었다.[213]

이러한 논증과 실천적 제안 및 제도적 대안은 국민과 주민을 분별하면서 국가기관과 지방자치단체를 대립시키고 있는 헌법의 태도에 부합할 뿐만 아니라 헌법상 지방자치의 이념과도 상통한다는 점에서, 규범적·당위적 차원에서는 어렵지 않게

---

210 목차 II.

211 목차 III.

212 목차 IV.

213 목차 V.

설득력을 확보할 수 있을 것으로 본다. 하지만 그 실현은 헌법현실 및 헌법현실과 상호작용하면서 형성된 우리들의 심성 및 신념의 간섭으로 인해서 간단치 않을 것으로 생각된다. 왜냐하면 총체적 존재로서 우리의 삶은 의식 —— 의식은 처음부터 이미 하나의 사회적 산물이다 —— 을 통해서 좌우되기보다는, 현실을 통해서 규정되는 경향이 강하며,[214] 우리의 현실은 지방자치단체보다는 국가기관의 역할과 책임에 훨씬 많이 의존하고 있기 때문이다. 실제로 우리 대부분은 국민이면서 동시에 주민인 중첩된 지위 보유자라는 점에서, 국가기관이나 지방자치단체를 분별하지 않고 그저 편리하게 공권력주체로부터 자신의 문제를 해결하는 데 필요한 도움을 받을 수 있으면 족하다고 생각하기 쉬우며, 또 바로 이러한 이유에서 우리는 이왕이면 더 많은 재원과 자원을 보유하고 있는 더 강력하고 더 넉넉한 권력기관으로부터 지지를 받고자 할 가능성이 크다. 이는 기초지방자치단체보다는 광역지방자치단체에 그리고 광역지방자치단체보다는 국가기관에 의존하는 경향성을 강화하고 과잉된 국민의식과 과소한 주민의식을 유발해서 궁극적으로는 자

---

214 Vgl. K. Marx/F. Engels, Die Deutsche Ideologie, MEW 3, Dietz Verlag, Berlin, 1978, S. 27, 30f.: "Das Bewußtsein ist also von vornherein schon ein gesellschaftliche Produkt [⋯]."

치를 통한 문제해결에 대한 기대감이나 신뢰는 낮아지고 그로 인하여 자율적인 문제해결 능력을 성장시키기에 어려운 환경이 점점 구축되는 악순환을 예고한다. 하지만 글을 시작하면서 밝혔듯이 우리가 중앙이라는 관념에 완전히 포획되어 중앙의 종속변수나 중앙집권 국가의 부속물로 전락하거나 혹은 중앙이라는 관념으로부터 철저히 유리된 고립상태나 중앙이 해체된 내란 상황 속에서의 생존을 바라는 것이 아니라면, 국민의식과 주민의식을 분별하고 양 지위로부터 초래되는 내적 긴장과 분열을 통찰하면서도 이를 조화롭게 통합하는 노력을 계속할 필요가 있다. 여기서는 이러한 노력 과정에서 우리가 경계해야 할 과잉된 두 신념(VI. 2, VI. 3)과 지방자치를 위한 집단적 심성구조 및 신념체계 형성과 관련해서 특별히 극복해야 할 과제를 밝히면서(VI. 4), 이러한 과제수행을 통해 지방자치의 진정한 주체로서 거듭나는 과정은 헌법이 예정한 인간상을 구현하는 과정임을 간단히 환기하도록 한다(VI. 5).

## 2. 국가를 향한 과잉신념과 과잉된 통합의지

우선 독립된 정치적 통일체인 국가를 향한 과잉신념에 기대어 국민의식과 주민의식의 분열을 가로막는 과잉된 통합의식을 경계해야 한다. 이러한 신념의 밑바닥에는, '지방자치를 위한 주민의식이 강화되면 2중·3중 혹은 4중의 의식 분열이 일어날 것이고 이러한 의식 분열은 국가와 지방자치단체 간 혹은 지방자치단체 상호 간 분열·갈등을 유발하고 지역주의를 심화시킬 것이며 그 결과 대한민국이라는 국가의 통일성은 저해되고 분리·독립의식을 촉발하는 먼 원인이 될 씨앗이 발아되어 일정한 역사적 국면에서 독립된 정치적 통일체인 대한민국의 해체로 이어지는 것은 아닌가' 하는 보이지 않는 두려움이 도사리고 있을 수 있다. 하지만 이러한 두려움은 (주민의 대표를 선출하는 지방선거에서조차도 해당 지역의 과제보다는 국가적 과제를 부각하고 정권 심판을 중심 이슈로 내세우고 있는 우리 현실을 고려하면) 노파심의 발로일 가능성이 클 뿐만 아니라, 무엇보다도 지역적 주체로서 주민에 의한 자기통치 실현을 이념으로 하는 지방자치를 위한 의식 분열은 사실 국가를 향한 통합의 전제를 마련하는 과정이면서 동시에 좋은 통합을 위한 연습·실천과정이란 점을 간과한 것으로부터 기인한 것이라고 할 수 있다. 왜냐하면 정확한 의식 분열을 위해 자치에 관한 것을 뚜렷하게 확정하는 것은 결국 자치적으로 할 수 없는 혹은 하기 적합하지 않은 국가적 차원의 업무를 뚜렷하게 확인하는 과정이며, 이를 통해서 국가의 중요성과 필요성이 자각되고 강화되어 통일된 정치공동체인 국가를 향한 신념체계로서 적확한 국민의식 또한 튼튼하게 성장하는 계기가 마련되기 때문이다. 따라서 총체적 존재인 우리가 생활영역에서 자치에 관한 것을 구체적으로 확인하며 이를 주체적으로 실현해나가는 실천을 통해서 각성된 주민의식과 그 과정에서 요청·형성된 국민의식에 기초한 의식 분열과, 이렇게 분열된 두 의식을 다시 존재의 총체성 속에서 상호참조하며 행하는 성찰은 특정한 역사적 위기 국면에서 오히려 훈련된 강력한 통합의 계기로 작동할 수 있을 것으로 생각한다. 실제로 결합에 대한 갈망은 분열되어 흩어진 이산의 속에서 더 잘 싹트고, 함께하려는 실천을 통해서 현실화되기 때문이다.

나아가 헌법재판소도 밝힌 것처럼 지방자치단체가 그 지방의 공동관심사를 자율적으로 잘 척결해 나가면 국가의 과제 또한 감축될 것인바,[215] 지방자치의 온전한 구현은 국가로 하여금 한반도통일 · 지역균형발전 · 지역주의 극복 등과 같은 정치공동체의 통합을 위한 자신의 본래적 과제[216]에 더 많은 힘과 자원을 쏟을 수 있도록 해서 궁극적으로 '분열을 위한 분열'을 억제하고 '국가공동체로 더 강하게 결집하기 위한 분열(통합을 위한 분열)'을 장려하는 계기 마련에 도움이 될 것이다. 아울러 민주공화국으로서 우리 헌법이 지향하는 통합은 내부적 이질성을 절멸시키지 않고 이를 관리하며 지속적 화합을 이루어 나가는 과정으로서의 통합이지, 이질성을 파괴하여 획일화를 달성하기 위한 통합인 것은 아니다.[217] 실제로 주민에 의한 자기통치 실현이라는 지방자치의 이념을 구현한다는 것은 민주주의를 육성 · 발전시키고 권력분립 및 법치주의 실현을 도모하려는 추상적 · 관념적 차원의 기대에 부응하려는 것에 그치는 것이 아니라, 통일된 정치공동체 내에서 다양성을 확보하여 위험을

---

215 헌재 1991. 3. 11. 91헌마21, 판례집 3, 99-101쪽; 헌재 1999. 11. 25. 99헌바28, 판례집 11-2, 550-551쪽.

216 물론 이러한 과제는 원칙적으로 국가기관의 통치권 행사를 통해서 처리되어야 할 것이지, 지방자치단체의 지방자치권에 기대어 수행되거나 해결할 것은 아니다. 따라서 지방자치권에 주목하고 있는 본 글에서는 본격적으로 다루지 않았다.

217 이에 관해서는 특히 김해원, 헌법 제1조 제1항 "공화"의 개념, 헌법재판연구 6-1(헌법재판소 헌법재판연구원), 2019, 175-180쪽 참조.

분산시키고 더 나은 공동체를 위한 내부적 경쟁을 유발하여 궁극적으로는 구성원 모두의 삶이 고양될 수 있는 정치공동체로서의 대한민국 형성이라는 실익을 염두에 둔 것이다. 그러므로 헌법이 지향하는 통합과 그로 인한 실익을 우리가 포기하지 않는 한, 국민의식과 주민의식의 뚜렷한 분열에 기초한 지방자치는 정확한 그리고 완전한 통합을 위한 필수적 전제이자 과제가 된다. 오히려 분열에 대한 막연한 두려움으로 지방자치에 소극적이거나 이를 억압하는 과잉통합 혹은 합리적 이유나 근거 없는 국가에 대한 과잉신념은 애국주의나 광신적 정치운동으로 흘러갈 위험성을 내포하고 있는바,[218] 적대적 공존이라는 분단체제로 말미암아 과잉된 국가주의가 발현될 가능성이 큰 우리 현실에서는 특별히 경계될 필요가 있다.

---

218 관련해서 특히 독일국민은 왜 독재자 히틀러에게 열광했는지에 주목한 라파엘 젤리히만(지음)/박정희·정지인(옮김), 『집단애국의 탄생, 히틀러』, 생각의나무, 2008 참조.

# 3. 자치를 향한 과잉신념과 과잉된 분열의지

지방자치를 위해서는 국가를 향한 과잉신념에 기댄 과잉된 통합의지 못지않게 자치를 향한 과잉신념에 기댄 과잉된 분열의식 또한 경계해야 한다. 물론 앞서서 지방자치를 위한 2중·3중·4중의 의식 분열이 갖는 중요성 및 필요성을 환기했다. 하지만 자치에 관한 것을 먼저 구체적으로 확보하고 이를 계기로 형성된 의식 분열과 각성에 기초하지 않고 또 이를 위한 실력과 능력을 함양하는 것은 도외시하거나 혹은 침묵하면서, 자치를 향한 과잉된 신념에 의존해서 행해지는 소위 읍·면·동 자치나 마을 자치 운동(근린자치운동) 등과 같은 정치운동은 경계할 필요가 있다는 것이다.[219] 읍·면·동 자치나 마을 자치(근린자치)

---

219 예컨대 현재 하부행정기관의 지위에 있는 읍·면·동을 자치기관으로 전환하는 것을 읍·면·동 민주화의 출발점으로 여기고 있는 입장(전상직, 읍·면·동은 왜 식민지화되었나?, 시민정치연구 2-1(건국대학교 시민정치연구소), 2021, 73쪽 이하)이나 주민자치회 연합회를 법정기구로 설치해 지방정부 수준의 의사결정과정에 주민자치회가 공식적으로 참여하는 민관협치형 주민자치를 실현해야 한다는 주장(안권욱, 주민자치의 이해와 주민자치회 도입 쟁점과 대안적 방향모색: 주민자치회 도입 인한 지방자치 기능·권한 축소는 오해, 주민자치 68(한국자치학회), 2017, 92쪽) 등은 경계심을 갖

를 폄훼하거나 이러한 자치가 금지되어야 한다는 것은 아니다. 다만 근린자치를 부르짖기 위해서는 그 전제로서 기초지방자치단체나 광역지방자치단체 혹은 국가기관이 처리해서는 안 되고, 마땅히 읍·면·동이나 마을 차원에서 처리하고 결정되어야만 하는 자치에 관한 것들의 목록이 먼저 구체적이고 세세하게 확인 및 확보되어 있어야 한다는 것이다. 이러한 구체적 업무들이 확인되지 않은 상황에서 주민참여·주민주권·직접민주주의·분권 등과 같은 구호에 기대어 행해지는 자치 운동[220]은 내용 없는 자치 운동이 되면서 자칫 자치에 대한 회의감을 심어줄 가능성이 작지 않다. 이러한 맥락에서 근린자치운동가들뿐만 아니라 각 지방자치단체 또한 스스로 처리해야 할 '자치에 관한 것'을 구체적으로 확인·조사하여 이에 상응하는 정도를 넘어선 권한·책임을 요구하고 있거나 혹은 이미 과잉된 권한·책임을 부여받은 것은 아닌지도 살펴야 하며, 이러한 확인 및 조사 결과에 따라서 지방자치권의 범위는 물론이고 해당 근린자치운동 및 지방자치단체의 존폐 또한 고민되어야 할 것

---

고 비판적으로 검토되어야 할 것으로 생각한다.

[220] 읍·면·동 민주화 및 주민주권론에 기대고 있는 채진원, 주민자치회 활성화 통해 읍·면·동 민주화 촉진, 주민자치 111(한국자치학회), 2021, 36-39쪽.

이다. 예컨대 기초지방자치단체 차원에서 해당 지방공동체에 뿌리를 두고 있거나 그 지방공동체와 특유한 관련이 있는 사무가 별로 없다면, 업무의 효율성과 책임성 담보를 위해 해당 기초지방자치단체의 권한과 책임을 대폭 감축하거나 다른 지방자치단체와의 통·폐합을 고민하거나 혹은 광역지방자치단체에 흡수·편입시키는 것 또한 고려할 필요가 있을 것이며, 반면에 특정 광역지방자치단체 차원에서 처리해야 할 자치에 관한 고유한 사무가 미미하거나 혹은 교통·통신의 발달로 시공간이 압축된 오늘날의 현실에서 해당 사무들은 국가적 차원에서 일반성과 통일성을 갖고 처리하는 것이 더 마땅하고 합리적이라고 평가된다면, 해당 광역지방자치단체를 해체하고 기초지방자치단체 중심으로 지방자치단체를 재편성할 것인지 또한 고민할 필요가 있다는 것이다. 확인된 혹은 수행해야 할 자치에 관한 업무를 능가해서 더 많은 권한과 책임을 요구하는 것은 자치에 대한 과잉신념의 발로라고 할 수 있으며, 이러한 과잉신념은 결국 업무와 권한 및 책임의 불일치를 야기하고 다른 공권력주체의 정당한 권한을 훼손하거나 위축시키는 것이어서 권력분립 원칙에도 부합하기 어려울 것이다.

결국 자치적으로 처리해야 할 구체적인 사무나 영역에 기초해서 필요한 권한을 주장하고 그 권한을 잘 행사하기 위해서 조직을 어떻게 구성할 것인지에 관한 진지한 고민과 더불어 주장되는 자치나 분권 운동이 아니라면, 해당 자치·분권 운동은 허상이거나 권력으로부터 떡을 얻는 과정에서 소외된 자들이 콩고물이라도 묻혀보려는 심정으로 기획한 '지역 小유지들의 정치프로젝트' 혹은 그들의 동아리 활동이나 관변단체 운동으로 전락할 가능성이 농후할 것이다. 관련해서 특히 근린자치운동은 특별한 조심스러움이 있어야 한다. 왜냐하면 근린자치운동은 사적영역과 공적영역의 점이지대에서 주장되고 행해질 가능성이 크다는 점에서, 통치로부터 자유로운 영역에 대한 보존을 소홀히 할 우려가 있기 때문이다. 자치도 (지배·예속 관계를 본질적 속성으로 하는) 통치가 발현되는 하나의 방식이며 근린자치운동의 성과로 등장한 자율적인 자치단체나 자치권을 갖는 기관 또한 그 본질은 통치조직일 수밖에 없다. 따라서 개인 혹은 특정 집단 관련성이 강해서 공권력을 통한 가치 배분의 대상이 되기에는 의심스러운 영역이나 사회적 연대를 통한 자율이나 사적 자치에 맡기는 것이 바람직한 영역 혹은 상호 신뢰에 기반한 구체적·개별적 타당성에 의존해야 할 상린관계 등에 관한 문제까지도 근린자치 기관에 의해 통치의 대상으로 깊숙하게 편입될 우려가 있다는 것이다. 근린 생활영역의 문제에 있어서 관련된 주민들의 참여기회가 확대되고 해당 업무의 공개성·투명성을 확보하는 문제와 주민참여 결과에 따른 독립된 권한 행사 및 그에 따른 책임의 귀속주체인 새로운 통치조직 내지는 정치체의 등장은 다른 차원의 문제이다. 만약 '근린자치운동'이 후자를 지향하는 것이라면, 특별한 신중함으로 해당 운동이 자치에 대한 과잉신념에 사로잡혀, 구체적인 자치업무 확보와 그에 상응한 역량을 갖추는 것을 등한시한 채 자치영역의 분별없는 확대를 꾀하고 있는 것은 아닌지를 점검해야 한다고 본다.

## 4. 극복의 대상으로서 '신체배반적 의식화'

자치를 향한 과잉신념에 기댄 과잉된 분열의식과 국가를 향한 과잉신념에 기댄 과잉된 통합의식 양자 모두 경계해야 하겠지만, 지방자치는 기본적으로 이념정치가 아니라 공간정치라는 점에서 무엇보다 특별히 경계하고 극복해야 할 것은 구체적 삶의 터전인 '지방'에 살면서 의식은 관념의 산물인 '중앙'을 지향하는 것, 나아가 시공간으로부터 자유로운 관념에 따라 시공간에 예속된 신체를 이동시키고자 하는 '신체배반적 의식화'이다. 사실 우리는 관념의 세계에 있는 상상의 존재가 아니라 구체적으로 실존하는 현실적 존재라는 점에서 관념에 따라 신체를 이동시키는 것은, 애당초 불가능하다. 설사 관념을 좇아 신체를 이동시켜도 그 관념은 많은 경우에 이미 또 다른 곳으로 이동했거나 이동 중인 경우가 태반이다. 관념에 신체를 예속시켜 이동시키는 것이 무절제하게 행해지면, 단기적으로는 현실 도피적 경향을 강화하는 데 그치겠지만, 그러다가 지치면 현실을 위한 도피가 아니라 도피를 위한 현실을 갈구하다가 끝내 현실을 외면하는 고립된 정신승리의 길로 나아가거나 혹은 현실에 굴복하여 정신을 파괴하는 정신없는 초라한 현실주의자의 길이 예고될 것이다. 관념의 산물인 중앙을 지향하며 시골에서 읍내로, 읍내에서 도시로, 도시에서 대도시로, 대도시에서 수도권으로, 수도권에서 다시 수도인 서울로, 나아가 서울특별시 강남구로 신체를 이동했다고 하더라도, 관념은 이미 뉴욕이나 몰디브에 가 있을지도 모른다. 이러한 관념을 따라 신체가 이동하지 못하게 되면, 내 신체가 놓여 있는 곳을 몰디브라고 선언해버리거나 열등감 속에서 정신적 지향점을 상실한 채 그저 욕망덩어리로만 남겨질지도 모른다는 것이다. 물론 자신의 신체가 있는 곳을 중앙 혹은 중심으로 만들기 위한 노력을 하거나 혹은 자신의 신체가 어느 지방에 있건 항상 국가로부터 존엄하게 대우받으면서 자신을 실현할 수 있는 현실적 가능성이 열려있는 정치공동체를 만들기 위한 권력투쟁을 감행하는 것보다는, 때로는 뉴욕이나 몰디브로 신체를 옮겨가는 것이 더 현명하고 편리한 방법일 수 있다. 이러한 방법을 우리 헌법이 막고 있는 것도 아니며, 특히 헌법 제14조의 "거주·이전의 자유"는 이러한 이동을 헌법적 차원의 권리로 수용하여 존중하고 있다. 무엇보다도 우리는 공간을 위한 존재가 아니라, 공간의 목적이고 또 그래야 한다.

하지만 분명한 것은 자신이 주거하고 있는 공간과 그 공간에

엮인 삶들에 대한 존중과 관심 없이는 좋은 지방자치는 어불성설이란 점이다. 오늘날 지역적 주체로서 주민에 의한 자기통치의 이상이 현실에서 잘 구현되지 않고 있는 주요한 근본적 이유는, 무엇보다도 그 공간에 대한 주민의식 없는 주민이 늘어났거나 이들이 해당 공간의 주인의식 없이 그저 군림하는 지배자가 되었기 때문일 가능성이 크다. 지금 내 신체가 놓여 있는 이 공간을 찬찬히 살피기보다는 집값 따라 정신없이 부유하는 시간이 더 많고, 현재 주거하고 있는 공간보다는 전세 기간 만료 후 이사 갈 동네나 자녀들이 진학할 학교가 있는 지역 혹은 주말에 만날 가족이 있는 도시에 대한 애정과 갈망을 키워가거나, 현재의 공간과 일상으로부터 늘 탈출을 꿈꾸며 휴양지를 좇는 경향이 커지면 커질수록, 현재 이곳은 미래의 다른 곳을 위한 식민지에 가까워진다. 특별한 이타심이 아니라면 식민지로 삼을 공간을 잘 가꾸고 그 공간에 얼기설기 얽혀있는 이웃들과 그들의 현재 삶에 대한 존중을 기대하는 것은 난망할 것인바, '지방자치'는 '주민' 없는 지방자치로 '자치단체'는 '자치' 없는 자치단체로 전락하여 각각 지배의 정당화를 위한 알리바이와 지배를 위한 위장기관으로 기능하기 십상이다. 관련해서 특히 神國을 지향하며 현실을 가꾸지 않음으로써 내팽개쳐진

중세 암흑기의 쓰라리고 비참한 현실을 기억할 필요가 있다.[221] 만약 우리가 헌법적 당위를 거슬러서 지방자치를 포기하려는 것이 아니라면, 설사 우리가 중앙을 동경하고 있다고 하더라도 또 우리가 동경하는 중앙이 神國이라고 하더라도, 우리 신체가 중앙에 도달하기 전에는 현실 세계에서 현재 신체를 둘러싼 공간을 가꾸어야 하며, 이를 위해서 '신체배반적 의식화'는 극복되어야 한다는 것이다. 우리가 신체가 놓여 있는 공간과 그 공간 속의 관계를 가꾸는 것은 공간과 그 관계를 위함이 아니라, 그 공간과 그 관계에 놓여 있는 우리의 신체와 현재를 돌보기 위함이다. 그리고 우리는 과거를 기반으로 현재를 살면서 미래를 꿈꾸는, 과거·현재·미래가 뒤엉켜있는 총체적 존재이다. 그런데 과잉된 신체배반적 의식화는 현재를 과거나 미래에 종속시키는 경향을 강화하면서 우리의 현재성을 왜곡하거나 외면하여 존재의 총체성에 상처를 남긴다. 이러한 상처를 보듬고 현재를 살며 존재의 총체성을 복원하려는 삶을 지향할 경우에,

---

221 요한 호이징아(지음)/최홍숙(옮김), 『중세의 가을』, 문학과지성사, 2011, 11쪽 이하, 특히 39쪽: "참으로 악한 세계이다. 증오와 폭력이 횡행하고 불의가 만연하며 악마는 그 어두운 날개 밑에 땅을 암흑으로 뒤덮고 있다. 그리고는 전반적인 쇠퇴가 찾아온다. 그러나 인간성엔 변함이 없다. 교회는 싸우고 설교가와 시인들은 슬퍼하고 권고한다. 그러나 아무 소용이 없다."

헌법상 지방자치 이념과 그에 따른 지방자치 운동은 유용한 처방이자 치유행위가 될 수 있을 것이며 또 그렇게 되도록 권력을 통제해야 한다고 본다.

물론 신체를 일탈하여 관념이 중앙을 자주 동경하는 것은, 무엇보다도 우리의 신체가 중앙으로 표상되는 권력이나 자본으로부터 소외되었기 때문이라고 할 수 있다. 따라서 권력소외를 해결해야 한다. 그런데 이러한 권력소외는 유목적 공간정치에 기대어 권력의 원천을 좇아가는 방식으로 일부 그리고 일시적으로 해소될 수도 있겠지만, 고단한 유목적 삶과 같은 끝없는 좇음으로부터 조금이나마 근본적으로 벗어나고자 한다면 현재 나와 이웃의 신체가 있는 이 공간에서 다른 누구도 아닌 내가 존엄하게 존중받고 지금 여기에서 이웃과 더불어 행복할 수 있는 실천을 함께해야 한다. 지방자치는 이러한 실천의 다른 이름이고, 이러한 실천의 누적된 결과로 쟁취한 권력이 바로 (국가기관과 지방자치단체가 보유한) 지방자치권의 원천이어야 한다. 이러한 점에서 지방자치는 중앙으로부터 권력이나 자본을 가져오려는 정치기획도 아니며, 내 신체가 있는 장소를 세상의 중심·중앙(즉 모든 이들의 중심·중앙)으로 만들어서 기존의 중심·중앙을 허물어뜨리고 새로운 중심·중앙을 건설하거나 기존의 중심·중앙과 대결하려는 운동도 아니다.[222] 오히려 지방자치는 소박하지만 견고하게 지금 이 공간을 나와 이웃에게 가장 좋은 곳(즉 나와 이웃의 중심·중앙)으로 만들어서 궁극적으로는 이 세상의 중심·중앙을 흩어놓고 다원화·다양화를 추구하는 가장 발본적이면서 거대한 '반중심·반중앙 운동'이면서, 이를 통해서 중앙의 존재 이유와 중앙권력의 역할을 성찰토록 하여 중앙을 중앙답게 복원하고 쇄신하고자 하는(즉 중앙을 위한 중앙 혹은 군림하는 중앙이 아니라, 지방과 자치를 위한 중앙 혹은 지방과 자치에 의해 옹호되는 중앙으로 탈바꿈하려는) 가장 근본적이면서 치밀한 '중심·중앙 운동'이기도 하다. 헌법 또한 이러한 맥락에서 지방자치권이 원칙적으로는 지방자치단체를 통해서 그리고

---

222 이런 맥락에서 국가균형발전 차원에서 수도권 일극 체제에 대응해야 한다는 명분을 내걸고 부산광역시와 경상남도·울산광역시 등을 중심으로 주장되었던 소위 '부울경 메가시티'에 대한 구상이나(https://www.kpnnews.org/bbs/board.php?section=mm_01&bo_table=local&wr_id=630582&city=lc_14&gugun=lc_14_13 참조), 이러한 구상을 「지방자치법」 제12장 특별지방자치단체에 관한 규정을 매개해서 2022년 4월 13일 공식 출범된 '부산울산경남특별연합'은 지방자치의 관점에서는 비판적으로 재검토되어야 한다고 본다. 왜냐하면 국가균형발전은 본질적으로 국가기관이 노력해야 할 국가의 과제이지 지방자치단체 차원의 과제는 아니며(특히 헌법 제123조 제2항: "국가는 지역 간의 균형있는 발전을 위하여 지역경제를 육성할 의무를 진다."), '부산울산경남특별연합'은 국가균형발전의 성과일 수는 있어도 지방자치의 성과로 평가할 것은 아니기 때문이다('부산울산경남특별연합'에 관해서는 경상남도 공식블로거, 특히 https://m.blog.naver.com/gnfeel/222704909096 참조).

보충적으로는 국가기관을 통해서 행사될 수 있도록 하면서도, 이러한 권력기관을 부리고 그들의 권력 행위에 책임을 물을 수 있는 지방자치단체의 진정한 주인으로 국민과 분별하여 주민을 내세운 것으로 이해된다.

## 5. 결론 : 헌법의 인간상과 지방자치의 진정한 주체

헌법재판소도 판결을 통해서 여러 차례 밝힌 것처럼, 우리 헌법질서가 예정하고 있는 인간상은 "자신이 스스로 선택한 인생관·사회관을 바탕으로 사회공동체 안에서 각자의 생활을 자신의 책임 아래 스스로 결정하고 형성하는 성숙한 민주시민"으로서[223] 특히 "사회와 고립된 주관적 개인이나 공동체의 단순한 구성분자가 아니라, 공동체에 관련되고 공동체에 구속되어 있기는 하지만 그로 인하여 자신의 고유가치를 훼손당하지 아니하고 개인과 공동체의 상호연관 속에서 균형을 잡고 있는 인격체"이다.[224] 물론 개별·구체적 인간이 이러한 인간상과 다르다고 하여 존엄하지 않은 것은 아니나,[225] 자신의 선택과 책

---

**223** 헌재 1998. 5. 28. 96헌가5, 판례집 10-1, 555쪽; 헌재 2000. 4. 27. 98헌가16 등, 판례집 12-1, 461쪽; 헌재 2000. 4. 27. 98헌가16 등, 판례집 12-1, 461쪽; 헌재 2003. 10. 30. 2002헌마518, 판례집 15-2하, 201쪽.

**224** 헌재 2003. 10. 30. 2002헌마518, 판례집 15-2하, 201쪽; 헌재 2019. 4. 11. 2017헌바127, 판례집 31-1, 439쪽.

**225** 헌재 2019. 4. 11. 2017헌바127, 판례집 31-1, 439쪽.

임 그리고 개인과 공동체의 상호관계에 대한 균형 있는 통찰을 통해서 자신을 실현해나가는 존재가 정치공동체의 온전한 주체이자 중심세력으로 대우받아야 한다는 점은 분명하다. 그러므로 변화무쌍한 시공간 속에서 과거·현재·미래를 함께 담고 있는 정치공동체의 주민으로서도 또 국민으로서도 자신의 존재를 완성해야 할 총체적 존재인 우리가, 과거를 성찰하고 미래를 기대하면서도 현재를 중심에 놓고 '주민의식'과 '국민의식' 각각을 계발하고 각성시켜 이를 **분열**시키는 한편, 동시에 현실적 공간 세계에 놓인 '신체'와 욕망과 이념으로 점철된 관념 세계를 넘나드는 '정신'의 괴리를 줄이기 위한 **통합**을 이룩하기 위해서, 필요한 실천을 책임 있게 하고 자신과 자신을 둘러싼 주변 그리고 이들이 함께 이룩한 지역공동체와 국가공동체의 상호연관 속에서 균형감각을 상실하지 않으며 자신의 고유가치를 실현해나가는 것은, 지방자치의 이념을 담고 있는 헌법정신에 부합하는 것이며 우리 헌법이 예정하고 있는 인간상을 구현하는 과정이 된다. 따라서 이러한 실천을 위해 헌신하는 자는 지방자치를 지향하는 정치공동체인 대한민국의 진정한 주인으로서 외면받지 않아야 하며, 이러한 주인의 의지를 좇아서 분열과 통합을 위한 실천이 수월하게 행해질 수 있는 조건을 만들고 그 의지를 받들어 구체적 실현에 앞장서는 것은 지방자치권을 보유한 권력기관인 지방자치단체나 국가기관의 마땅한 의무가 된다.

한편 이러한 과제로서의 분열과 통합을 조화롭게 구현해나가기 위한 실천의 힘은, 무엇보다도 이 글 전체를 관통하면서 주목하고 있는 헌법 제117조 제1항 "자치에 관한" 것(즉 특정 지방공동체에 뿌리를 두고 있거나 그 지방공동체와 특유한 관련이 있는 것)을 구체적으로 발견·확인·확보하고 이를 공동체 구성원들과 함께 생활 속에서 정성껏 처리하여 신체가 향유할 수 있는 현실적 성과를 만들어내는 과정을 통해서 견인되고 탄력받을 수 있을 것으로 본다. 아울러 한반도와 그 부속도서를 영토로 하는 정치적 통일체 차원에서는, 내부적으로 다양한 지방자치가 다채롭게 활성화되면서도 이러한 지방자치가 국가로 강력하게 결집할 수 있는 계기 및 유인을 생산 및 축적해낼 수 있는 '분열과 통합의 과정이자 결과'인 정치체로서의 대한민국을 끝없이 갱신해 나가면서 분열의 힘과 통합의 힘을 각각 튼실하게 단련하는 것, 바로 그것이 헌법상 지방자치가 실질적으로 그리고 온전하게 구현되는 과정이라고 할 수 있을 것이다. 요컨대 분열과 통합은 정치공동체 내에서 다양성을 풍부하게 확보하면서도 통일성을 견고하게 유지해야 할 국가의 과제이기도 하지만, 동시에 주민의식과 국민의식 각각을 각성시켜 분별하면서도 신체와 정신의 일치 속에서 현실을 지탱해야 할 정치공동체의 주체인 우리들이 염두에 두어야 할 과제이기도 하다. 대한민국에서 지방자치는 이러한 중첩된 분열과 통합이라는 과제 속에 놓여 있고, 이를 위해서 권력(특히 지방자치단체와 국가기관)은 그 능력을 발휘해야 하며, 그 권력의 진정한 주인으로서 우리는 스스로에 대한 성찰을 회피하지 않아야 한다.

# VII

마치며

# 1. 요약·정리

## (1) 목적과 문제상황

①이 글은 국가기관과 지방자치단체 상호 간 관계 맺음의 기본원칙 및 구현되어야 할 권력관계의 내용을 밝혀 지방자치의 실질적 구현을 위한 이론적·규범적 기초 및 실천적·제도적 대안을 마련하고, (보충적·예외적 지방자치권자인) 국가기관과 (원칙적·일차적 지방자치권자인) 지방자치단체는 물론이고 대한민국 국민이면서 동시에 지방자치단체의 주민인 우리가 지방자치와 관련해서 특별히 고민하고 성찰해야 할 계기를 구축하는 데 그 목적이 있다.[226]

②헌법은 국민과 주민을 분별하고 (국가전체적 차원에서 일반성을 갖고 통일성 있게 처리되어야 할 업무 즉 국가사무를 관장하는) 국가기관과 (특정 지방공동체에 뿌리를 두고 있거나 그 지방공동체와 특유한

---

226 목차 I. 1.

관련이 있는 사무, 즉 자치사무를 담당하는) 지방자치단체를 대립시켜 이들의 이질성과 갈등을 전제 및 예정하고 있음에도 불구하고, 동시에 이들 모두의 지위나 역할이 현실에서 조화롭게 보장되고 구현되어야 한다는 당위적 요청에서 이들 모두를 독립된 정치공동체인 대한민국 안에 함께 결속시켜두었다. 이러한 당위적 요청에 부응하는 것은, 헌법의 수범자인 국가기관과 지방자치단체의 의무이다.[227]

③그리고 헌법은 지방자치를 별도의 독립된 장으로 편제하고, 지방자치단체를 통해서 '지역적 주체로서의 주민에 의한 자기통치의 실현'이라는 지방자치의 이념을 실현하고자 한다. 이러한 점에서 지방자치단체는 지방자치와 관련해서 제1차적 권한과 책임이 있다고 할 수 있는바, 지방자치권은 기본적으로 헌법 제117조 제1항 "자치에 관한" 지방자치단체의 권한 —— 자치에 관한 입법권(자치입법권) · 자치에 관한 행정권(자치행정권) · 자치에 관한 사법권(자치사법권) —— 으로 이해할 수 있다. 하지만 헌법은 자치에 관한 권한을 지방자치단체뿐만 아니라 국가기관도 행사할 수 있도록 하고 있다. 특히 국가

---

227 목차 I. 2.

기관은 헌법 제118조 제2항에 기대어 지방자치를 위한 기본적 윤곽 질서(특히 "지방의회의 조직·권한·의원선거와 지방자치단체의 장의 선임방법 기타 지방자치단체의 조직과 운영에 관한" 질서)를 형성 및 관리하고, 헌법 제117조 제1항 "법령"을 정립하고 집행 및 해석·적용해서 분쟁을 해결하는 방법으로 지방자치에 관한 일정한 권한을 행사할 수 있다. 요컨대 헌법은 지방자치에 관한 원칙적·제1차적 지방자치권자로 지방자치단체를, 그리고 예외적·보충적 지방자치권자로서 국가기관을 각각 예정하고 있다.[228]

④이러한 점에서 지방자치의 이념을 실현하는 과정에서, 국가기관과 지방자치단체 상호 간 권한관계를 어떻게 형성하고 권한 갈등을 어떻게 조정할 것인지는 중요한 과제가 되며, 무엇보다도 헌법 제117조 제1항 "법령의 범위 안"과 "자치에 관한"은 지방자치권을 둘러싼 국가기관과 지방자치단체 상호 간 갈등유발의 핵심 계기이면서 동시에 갈등해결의 핵심 준거가 된다.[229]

---

228 목차 I. 3.
229 목차 I. 3.

## (2) 자치입법권

①헌법은 제117조 제1항에서 "지방자치단체는 […] 자치에 관한 규정을 제정할 수 있다."라고 하면서도, "법령의 범위 안에서"라는 한정어를 마련해둠으로써 국가기관인 법령정립권자(특히 국회·대통령·국무총리·행정각부의 장 등) 또한 "자치에 관한 규정"을 정립할 수 있음을 전제하고 있다. 따라서 자치에 관한 사항을 규율하는 문제에서, 국가기관과 지방자치단체 상호 간 권한 배분과 권한 충돌을 해결하는 것은 중요한 과제가 된다. 특히 지방자치 영역에 침투해오는 국가기관의 입법권을 통제할 수 있는 헌법적 차원의 규준을 마련하는 것은, 지방자치단체의 지방자치권을 보존하고 지방자치의 실질적 구현을 위해서 사활적 의미를 갖는다.[230]

②우선 지방자치단체는 헌법 제117조 제1항에 근거하여 "자치에 관한 규정"을 제정할 수 있는바, '국가사무 혹은 다른 지방자치단체의 사무에 관한 규정'을 정립할 수 있는 권한은 갖고 있지 않다. 따라서 관할 구역의 자치사무에 해당하지 않

---

230 목차 Ⅱ. 1.

는 업무를 지방자치단체의 동의 없이 떠맡기는 법령과 이러한 법령에 근거해서 제정된 지방자치단체의 위임조례 및 위임규칙은 헌법에 합치하기 어렵다. 이러한 점에서 「지방자치법」 제13조 제1항은 위헌의 문제를 유발할 수 있다.[231]

③헌법이 제118조 제1항에서 "지방자치단체에 의회를 둔다."라고 하여 지방자치단체와 지방의회를 필수적 헌법기관으로 규정한 것은, 다른 기관에 의해 대체될 수 없는 지방자치단체의 의회(지방의회)의 고유 권한과 역할을 헌법이 인정한 것이라고 보아야 한다. 따라서 국가기관이 간섭할 수 없는 지방자치 고유의 독자적 영역이나 그 내용을 헌법이 명시적으로 밝히고 있지 않다는 이유로 국가기관인 법령정립권자가 헌법 제117조 제1항 후단 "법령의 범위 안"을 매개해서 아무런 제약 없이 지방자치 영역으로 자유롭게 침투해올 수 있다는 취지의 주장은, 필수적 헌법기관인 지방자치단체와 지방의회의 헌법상 지위와 권한(특히 자치입법권 : 헌법 제117조 제1항 "지방자치단체는 […] 자치에 관한 규정을 제정할 수 있다.")을 형해화시키는 것과 다르지 않으며, 헌법기관충실원칙에도 어긋난다. 이러한 점에

---

231 목차 II. 4.

서 지방자치의 본질 내지는 핵심 영역에 해당하는 사항에 대해서는 지방의회가 배타적 입법권을 갖는다고 해야 하며(지방의회유보원칙), "자치에 관한" 사항은 헌법상 지방자치의 본질을 침해하지 않는 한도 내에서 법률유보 아래에 놓여 있을 수 있다. 결국 '지방의회유보원칙'은 지방자치영역에 침투하는 국회의 입법권행사와 관련된 최외곽 한계선으로 기능한다.[232]

④반면에 지방자치를 헌법 규범 속으로 밀어 넣은 정당화 및 당위성에 관한 논거이자 헌법현실에서 지방자치단체의 업무처리 능력에 주목해서 국가기관과 지방자치단체 상호 간 헌법적 차원의 권한·기능 분배규준으로 활용되는 '보충성원칙'은, 자치영역에 개입하는 국가기관(특히 국회)의 입법권행사에 대한 제1차적 차단막으로 기능한다. 따라서 국가기관의 개입 없이도 헌법현실에서 지방자치단체가 순조롭게 잘 처리할 수 있는 자치에 관한 사항을 국가기관이 법령으로 규율하거나 규율권한을 수권함으로써 피수권자인 지방자치단체의 입법권행사에 직·간접적으로 개입한다면, 이러한 국가기관의 입법행위 및 그 입법의 산물인 법령은 (단순히 지방자치단체의 입법권을 확인

---

[232] 목차 II. 3. (1)

혹은 지원해주는 것에 그치는 것이 아닌 한) 보충성원칙에 합치되지 않아 위헌이라고 평가해야 할 것이며, 같은 맥락에서 "자치에 관한"사항 중에서도 지방자치단체의 업무처리 능력을 기대할 수 없거나 기대하기 어려운 경우 혹은 그 기대치가 낮을수록 그에 비례하여 광역지방자치단체나 국가기관이 개입할 수 있는 여지가 커지게 된다. 물론 이 경우 자치에 관한 특정 사항을 해당 지방자치단체가 스스로 잘 처리할 수 있고, 해당 지방의회가 이를 잘 규율할 수 있는지에 관한 판단(지방자치단체의 업무처리능력에 관한 판단)은 지방자치단체의 행정력이나 재정적 여건, 면적 및 구조나 소속된 주민의 수 등과 같은 헌법현실과 (규율대상에 해당하는) 자치에 관한 특정 사항이 갖는 광역적·국가적 공익과의 관련성 등을 고려해서 구체적으로 행해져야 하겠지만, 일반적으로 규율대상에 해당하는 자치에 관한 사항이 광역적·국가적 공익과의 관련성이 높으면 높을수록, 그리고 지방자치단체의 업무처리 능력이 낮으면 낮을수록, 보충성원칙에 기초해서 국가개입을 통제할 수 있는 심사강도는 상대적으로 낮아진다고 할 수 있다. 그러나 단순히 행정 간소화나 일반적인 경제성·효율성 및 절약의 원칙에 근거한 사무박탈 및 입

법적 개입은 억제 혹은 금지되어야 한다.[233]

⑤지방자치의 본질·핵심에 해당하지 않는 자치에 관한 사항 중에서, 지방자치단체가 자신의 능력으로 온전한 수행을 담보하기가 현실적으로 어렵거나 곤란하여 국가기관의 보충적 개입이 요청되는 영역에 대한 규율권한은 원칙적으로 국가기관과 지방자치단체가 함께 공유한다. 국가기관의 입법권과 지방자치단체의 입법권이 공존할 수 있는 자치에 관한 영역(즉 지방의회유보원칙 및 보충성원칙에 위반되지 않아서 국가기관의 개입이 가능한 자치에 관한 영역)에서는 '법률유보원칙'에 기초한 국가기관인 국회와 '조례유보원칙'에 기초한 지방자치단체의 의회(지방의회) 상호 간 권한 충돌이 발생할 수 있다. 하지만 이러한 갈등은 헌법 제117조 제1항 문언에 근거하여 도출될 수 있는 '법령우위원칙'이 관철됨으로써 해소될 수 있다.[234]

⑥법률유보원칙은 국회 입법권이 미치는 영역에서 활용될 수 있는 규준인바, 지방의회유보원칙과 보충성원칙에 의해서

---

233 목차 Ⅱ. 3. (2)
234 목차 Ⅱ. 3. (3)

국회 입법권이 침투할 수 없는 영역(즉, 지방의회의 배타적 입법권한이 인정되는 영역)에 대해서는 법률유보원칙이 관철되지 않는다. 따라서 「지방자치법」 제28조 제1항 제2문이 (헌법 제37조 제2항에 근거하는 기본권 관계에서의 법률유보원칙을 확인하는 법률조항으로서) 헌법에 합치되기 위해서는, 국가기관의 입법권과 지방자치단체의 입법권이 공존할 수 있는 영역에 국한해서 적용되는 것으로 한정해석되어야 한다.[235]

⑦지금까지 요약·정리한 자치입법권을 둘러싼 지방자치단체와 국가기관의 권한 배분 원칙 및 그 근거와 내용은 특히 [규율내용에 따른 국회와 지방자치단체(지방의회) 상호 간 입법권한 배분기준]이라는 표(79쪽)를 통해서 일목요연하게 정리되었다.[236]

### (3) 자치행정권

①헌법 제117조 제1항은 "지방자치단체는 주민의 복리에

---

235 목차 II. 3. (4)
236 목차 II. 5.

관한 사무를 처리하고 재산을 관리하며"라고 명시하여 지방자
치단체에게 별다른 유보 없이 자치에 관한 행정권을 부여하고
있다. 하지만 행정의 본질 및 법치주의·법치행정에 따라 이러
한 행정권은 자치에 관한 규정을 집행하는 권한일 수밖에 없다
는 점에서, 결국 자치행정권의 본질·핵심은 지방자치단체가
정립하는 자치에 관한 규정에 대한 집행권(특히 조례집행권)이라
고 할 수 있다. 그런데 국가기관인 법령정립권자 또한 헌법 제
117조 제1항 "법령"에 기대어 자치에 관한 사항을 규율할 수
있다는 점에서 지방자치단체의 자치행정권은 때로는 법령집
행권으로 드러나기도 할 것이다. 나아가 헌법은 제66조 제4항
에서 (대통령을 수반으로 하는) 정부 중심의 행정원칙을 밝히고 있
는바, 일정한 경우에는 지방자치단체가 아닌 국가기관이 자치
에 관한 법령집행권자로서 직접 자치행정권을 행사할 수도 있
을 것이다.[237]

②지방자치단체는 원칙적·제1차적 지방자치권자로서 헌법
으로부터 부여받은 고유한 자치행정권을 실질적으로 구현하
기 위해서, 한편으로는 헌법해석을 통해서 구체적으로 어떠한

---

237 목차 III. 1.

업무들이 자치사무에 해당할 수 있는지 그리고 해당하는 자치사무 중에서도 '국가기관이 절대적으로 관여할 수 없는 자치사무'와 '국가기관이 보충성원칙에 따라서 관여할 수 있는 자치사무'를 분별 —— 이러한 분별의 규범적 규준이 바로 앞서 논증한 '지방의회유보원칙'과 '보충성원칙'이다 —— 하여 이를 설득력 있는 논거들과 함께 구체적이고 세밀하게 파악하고 있어야 하며, 나아가 지방자치단체의 행정기관이 담당하고 있는 사무 중에서 그 본질상 국가사무로 이해될 수 있는 것은 없는지를 자체적으로 점검할 수 있어야 한다. 그리고 다른 한편으로는 지방자치단체의 행정기관이 국가기관에 종속되어 국가기관으로부터 위임받은 사무를 처리하느라 자신이 담당해야 할 고유한 업무(자치사무)를 처리할 능력의 상당 부분을 소진하면서 국가기관의 위장기관이 되는 경향을 저지하면서도 동시에 예외적·보충적 지방자치권자인 국가기관으로부터 받아야 할 마땅한 지원과 권한을 설득력 있게 요구하여 관철할 수 있어야 한다.[238]

③따라서 지방자치단체가 헌법으로부터 부여받은 자신의

---

[238] 목차 Ⅲ. 1.

행정권을 실효적으로 구현할 수 있도록 하는 규범적 계기를 중앙정부 차원이 아닌 지방자치단체 차원에서 적극적으로 마련하고, 필요한 경우에는 예외적·보충적 지방자치권자인 국가기관(특히 국회)이 마련한 지방자치단체의 사무 배분·처리원칙과 사무범위(특히 「지방자치법」 제11조~제15조) 및 이에 근거한 구체적인 국가기관의 집행행위와 대결할 수 있어야 한다. 바로 이러한 문제의식에서 지방자치단체 차원에서의 사무분별을 강제하여 지방자치단체가 헌법기관으로서 헌법으로부터 부여받은 자신의 임무 수행에 상응하는 권한과 책임을 현실에서 적정하게 보유하고 있는지를 스스로 확인 및 점검하도록 하고, 이를 바탕으로 부여받은 과업에 비해 현실적으로 보유하고 있는 과잉된 혹은 과소한 권한이나 책임을 국가기관이나 다른 지방자치단체와의 관계 속에서 설득력 있게 조정할 수 있는 계기이자 근거로 기능할 수 있는 조례안('지방자치단체의 사무분별 및 사무처리에 관한 기본조례안')을 제안·해설했다.[239]

④제안·해설한 조례안을 통해서 자치영역으로 무분별하게 침투해오는 국가기관의 권력행위를 지방자치단체 차원에서

---

239 목차 III. 2·3.

방어할 수 있는 기반을 구축하면서 동시에 헌법상 자치이념 구현을 위해 행해야 할 지원과 도움에 소극적인 국가기관의 태도 변화를 견인할 수 있는 계기가 마련될 수 있기를 기대한다. 아울러 제안·해설한 조례안이 헌법상 지방자치 이념을 구현하기 위해 헌법의 수범자인 국가기관과 지방자치단체 양자 모두 조화롭게 협력하는 정치공동체로서의 대한민국을 형성하는 과정에서는 물론이고, 헌법의 테두리 안에서 지방자치와 지방분권의 실질화에 관심 있는 모든 지방자치단체에게 특별한 참고가 될 수 있기를 희망한다.[240]

## (4) 자치사법권

①헌법은 지방자치단체의 고유한 입법권 및 행정권(즉 자치입법권 및 자치행정권)에 대한 근거만 마련했을 뿐, 지방자치 영역에서의 사법권에 대해서는 침묵하고 있다. 하지만 자치에 관한 분쟁을 자치에 관한 규정에 입각해서 지방자치단체 내부에서 자치적으로 해결할 기회나 가능성을 현행 헌법이 완전히 봉쇄하고 있다고는 할 수 없다. 오히려 지방자치의 이념인 풀

---

240 목차 Ⅲ. 4.

뿌리 민주주의가 스미는 자율적인 자치사법의 영역을 확인하고 이를 법률로써 제도화하려는 것은, 헌법상 지방자치의 이념 및 사법조직 법률주의와도 부합하는 것이며 헌법상 민주주의 원칙이나 권력분립 원칙으로부터도 지지받을 수 있을 것으로 본다.[241]

②관련해서 주민으로부터 기원하는 민주적 정당성의 사슬에 직·간접적으로 얽매여있는 '법관으로 구성된 별도의 특수법원(소위 자치법원)'을 법률로써 지방자치단체에 설치하고 해당 자치법원의 상고심은 대법원에서 관할하도록 하는 것을 입법론적 차원에서 고민해볼 수 있으리라고 생각한다.[242]

## (5) 지방자치권과 지방선거에서의 정당공천제도

①지방자치단체의 지방자치권은 지방선거를 통해서 정당성을 부여받은 지방자치단체의 기관(특히 지방의회 지방의원과 지방자치단체의 장)에 의해 구체적으로 행사되는데, 지방선거가 지방

---

241 목차 Ⅳ.
242 목차 Ⅳ.

자치단체 외부 행위자의 개입을 통해 좌우되거나 강한 영향을 받게 되면 지방자치권의 구체적 행사 또한 왜곡되거나 개입한 외부 행위자를 위해 복무할 가능성이 있다. 관련해서 주민이나 지방자치단체 혹은 국가기관이라고 할 수 없는 존재인 정당이 지방자치단체의 핵심 기관인 지방의회의원과 지방자치단체의 장을 선거하는 과정에서 후보자를 추천하는 방식으로 개입하여, 결과적으로 지방자치가 왜곡되고 지방자치단체와 국가기관의 바람직한 관계 형성을 방해하는 것은 아닌지가 지방선거제도의 변천 과정에서 계속 논란이 되었고 또 되고 있다.[243]

②헌법재판소는 지방선거에서의 정당공천제도의 근거인 현행「공직선거법」제47조 제1항 제1문으로 인해 지방선거에 입후보하려는 자 및 입후보한 자의 공무담임권이 제약되거나 헌법상 지방자치제의 본질이 훼손될 우려가 있음을 인정하면서도, 해당 법률조항을 위헌이라고 판단하지는 않았다. 이러한 헌법재판소의 입장은 헌법상 정당제도와 지방자치의 이념을 생각하면 아쉬움이 없지는 않다. 하지만 중요한 정치적 쟁점이 민주적 정당성에 바탕을 둔 정치과정이 아니라 비선출직 법복

---

243 목차 V. 1·2.

관료의 논리에 의존한 사법 과정으로 해소되는 것은 가능한 한 지양되는 것이 바람직하다는 점에서,「공직선거법」제47조 제1항 제1문을 위헌이라고 판단하지 않은 헌법재판소의 태도만큼은 긍정적으로 이해될 수 있다고 본다.[244]

③그러나 헌법적 최소정의가 아니라 헌법적 최대정의에 주목해서 더 나은 제도를 모색하려는 차원에서 살핀다면, 지방선거에서 정당이 후보자를 추천할 수 없도록 하는 것(즉 지방선거에서의 정당공천제도의 폐지)이 바람직하다고 본다. 정당의 자유 또한 존중되어야 하겠지만 사적 결사체인 정당의 공천행위는 정당 내부적 자율행위로서의 성격만 갖는 것이 아니라 공적 선거제도의 한 부분이란 점에서 일정한 제한을 받을 수밖에 없으며, 지방선거는 지방자치의 이념('지역적 주체로서의 주민에 의한 자기통치의 실현')을 구현하기 위해서 지방자치단체의 기관을 선출하기 위한 제도인 점, 정당은 본질적으로 주민의 정치적 의사형성에 참여하기 위한 조직이 아니라 국민의 정치적 의사형성에 참여하기 위한 조직인 점, 헌법이 국민과 주민을 분별하고 국가기관과 지방자치단체를 뚜렷하게 대립시키면서 동시

---

244 목차 V. 3.

에 국가사무와 자치사무의 구분을 예정하고 있는 점, 지방자치 영역에 정당이 개입하여 그 영향력을 키워가는 것은 헌법이 예정한 분별과 대립 및 구분을 흐릿하게 하고 국민이면서 동시에 주민인 정치공동체 구성원들의 심성구조를 왜곡할 우려가 있는 점 등을 고려한다면, 법률로써 지방선거에서 정당의 후보자 추천을 금지하는 것을 위헌이라고 할 수 없을 것이며, 오히려 지방선거에서 정당공천제도를 폐지하는 것은 정당의 본질적 기능을 강화하고 정당을 매개하여 초래되는 중앙정치(인)에 대한 지방정치(인)의 예속과 국민의 이익·의사에 의해 주민의 이익·의사가 왜곡되는 현상을 완화하여 지방자치 이념을 구현하는 데 이바지할 것으로 기대한다.[245]

④다만 지방자치 영역에서도 정치적 의사의 효과적인 중개나 책임정치의 실현 및 지방자치단체의 기관들에 대한 감시·통제, 그리고 의사결정의 효율성은 중요하며 유능한 지방정치인의 양성과 교육 또한 도외시할 수 없다. 그리고 지방자치단체의 주민 대부분은 동시에 국민인 현실을 고려해서, 지방자치를 위한 선거제도를 설계 및 구축함에 있어서 특별히 국민과

---

245 목차 V. 4·5.

주민 · 국가기관과 지방자치단체 · 국가사무와 자치사무 각각에 대해 민감하게 분별할 수 있는 합리적인 계기 또한 의도적으로 쌓아갈 필요가 있다. 따라서 지방선거에서의 정당공천제도를 폐지하더라도, 정당 혹은 지역정당과는 구별되는 '주민의 이익·의사를 위해서 주민의 정치적 의사형성에 참여함을 목적으로 하는 주민의 자발적 조직으로서의 정치적 결사(주민자치결사)'가 지방자치단체 차원에서 지속적이고 안정적으로 활성화될 수 있는 제도적 방안을 마련하기 위한 노력을 (지방선거에서의 정당(임의)표방제·지역주민/단체추천제·주민공천경선제 등과 같은 제도의 도입에 대한 검토와 함께) 계속할 필요가 있다. 그리고 대안으로 많이 거론되어 온 지역정당을 통한 후보자공천제도는 헌법상 지방자치 이념을 고양하는 것에도 헌법상 정당제도의 이념을 구현하는 것에도 모두 적절치 않으며, 지방자치를 지향하는 정치공동체 구성원들의 심성구조를 교란할 수 있다는 점에서 재고되어야 할 것으로 본다.[246]

---

246 목차 V. 5·6.

## (6) 지방자치를 위한 정치공동체의 심성구조

①지방자치는 중앙으로부터 권력이나 자본을 가져오려는 정치기획도 아니며, 내 신체가 있는 장소를 세상의 중앙으로 만들어서 기존의 중앙을 허물어뜨리고 새로운 중앙을 건설하거나 기존의 중앙과 대결하려는 운동도 아니다. 오히려 지방자치는 소박하지만 견고하게 지금 이 공간을 나와 이웃의 중앙으로 만들어서 궁극적으로 이 세상의 중앙을 흩어놓고 다원화·다양화를 추구하는 가장 발본적이면서 거대한 '反중앙운동'이면서, 이를 통해서 중앙의 존재 이유와 중앙권력의 역할을 성찰토록 하여 중앙을 중앙답게 복원하고 쇄신하고자 하는 가장 근본적이면서 치밀한 '중앙운동'이다.[247]

②지방자치를 온전하게 실현하기 위해서는 정치공동체의 집단적 심성구조 및 신념체계가 질서정연하게 형성되어 있어야 한다. 특히 지방자치에 있어서 분열과 통합은 정치공동체 내에서 다양성을 풍부하게 확보하면서도 통일성을 견고하게 유지해야 할 국가의 과제이기도 하지만, 다른 한편으로는 주민

---

247 목차 Ⅵ. 4.

의식과 국민의식 각각을 각성시켜 분별하면서도 신체와 정신의 통합을 도모해서 현실을 지탱해야 할 정치공동체의 주체인 우리들의 과제이기도 하다. 대한민국에서 지방자치는 이러한 중첩된 분열과 통합이라는 과제 속에 놓여 있고 이를 위해서 권력은 그 능력을 발휘해야 하며, 정치공동체의 주체인 우리는 특히 헌법 제117조 제1항 "자치에 관한 것"을 구체적 생활영역에서 발견·확인·확정하고 이를 자율적으로 처리하는 참여와 실천을 통해서 의식 분열과 통합을 위한 심성과 신념을 계발하고 단련할 수 있을 것이다. 이 과정에서 우리는 국가를 향한 과잉신념과 이에 따른 과잉된 통합의지는 물론이고, 자치를 향한 과잉신념과 이에 따른 과잉된 분열의지 양자 모두를 경계하면서도, 특히 권력 소외로부터 비롯된 '신체배반적 의식화'를 극복하여 존재의 현재성을 복원할 필요가 있다.[248]

③'주민의식'과 '국민의식' 각각을 계발하고 각성시켜 이들을 분열시키는 한편, 동시에 현실적 공간 세계에 놓인 '신체'와 욕망·이념으로 점철된 관념 세계를 넘나드는 '정신'의 괴리를 좁히려는 통합을 이룩하기 위해서, 필요한 실천을 책임 있게

---

248 목차 Ⅵ. 1·2·3·4.

하고 자신과 자신을 둘러싼 주변 그리고 이들이 함께 이룩한 지역공동체와 국가공동체의 상호연관 속에서 균형감각을 상실하지 않고 자신의 고유가치를 실현해나가는 것은 우리 헌법이 예정하고 있는 인간상, 특히 지방자치의 이념을 담고 있는 헌법정신에 부합한다. 이러한 분열 의식과 통합 정신 및 실천은 지방자치를 지향하는 정치공동체인 대한민국의 진정한 주인으로서 정립해야 할 정체성의 핵심 덕목이다.[249]

---

249 목차 Ⅵ. 5.

## 2. 과제

지금까지 헌법상 지방자치의 실질적 구현을 위해서 권력(지방자치권 : 자치입법권·자치행정권·자치사법권)과 그 권력을 창출하는 정치 제도(특히 지방선거에서의 정당공천제도), 그리고 권력과 제도 이면에 도사리고 있는 정치공동체의 심성구조 및 신념체계를 분석하고 조명했다. 이러한 검토는 규범학적·정치학적·사회심리학적 문제의식을 아우르면서 지방자치 및 지방자치권과 관련된 기본이념 및 근본원칙을 밝혀, 기존의 이론 및 실천의 지평과도 그리고 쌓아온 이상 및 현실의 지향과도 소통하고 대결하면서 이들을 견인하거나 비판하고 새로운 대안에 대한 탐구로 나아갔다. 하지만 주로 지방자치단체의 지방자치권을 국가기관과의 관련 속에서 살폈으며, 관련된 모든 쟁점과 세세한 문제들을 망라해서 다루지는 않았다. 나아가 지방자치와 지방자치권을 둘러싼 진지한 연구와 실천을 위한 새로운 자극이나 촉매의 역할을 넘어선 구체적 문제에 대한 해결책은 과제로서 남겨두고 있다. 특히 본 글에서 특별히 강조한 실천적 과제를 수행하는 것(특히 헌법 제117조 제1항 "자치에 관한" 것을 실제 생활영역에서 구체적이고 세세하게 찾아내어 이를 목록화해서 정리하고 처리하며 필요한 제도개선 및 권한 다툼을 수행하는 것)은 무엇보다도 자치에 관한 업무를 담당하는 지방자치단체의 기관과 소속된 공직자들 그리고 각성된 주민의식을 갖고 자치 운동에 애쓰는 활동가들과 능동적으로 참여하는 주민들의 근육에 기댈 수밖에 없을 것이다. 그런데 민주주의 체제에서 이들의 활동과 과제수행의 성과는 무엇보다도 지방자치에 대한 올바른 열망을 품고 있는 다수를 조직하는 능력을 통해서 좌우될 것인바, 이와 관련된 연구와 실천 또한 간과할 수 없는 남겨진 과제이다. 그리고 보충적·예외적 지방자치권자인 국가기관의 관점에서 지방자치권을 조망하고 논하는 규범이론적 차원의 연구와 함께 다양한 지방자치가 다채롭게 활성화되면서도 이들이 국가로 강력하게 결집할 수 있는 통합을 위한 권력 통제 및 이에 상응한 지방자치권의 한계 문제는 별도로 보충되어야 하며, 이러한 연구 및 보충을 통해서 얻게 될 규준을 제도화·현실화할 수 있는 현실적 조건 및 가능성을 타진하고 구체적 수행 방법이나 대안 마련 등과 관련된 사회과학적·심리학적 쟁점 또한 앞으로 탐구되어야 할 중요한 과제라고 하겠다.

　하지만 무엇보다도 헌법적 차원의 당위인 지방자치에 대한 신뢰를 의심토록 하는 지방자치를 둘러싼 현실적 조건 변화와 문제상황을 직시하고, 다음과 같은 근본적인 물음 또한 간과되어서는 안 될 것으로 본다: ①어느 마을 사람이라는 정체성이 점점 희박해지는 오늘날, 定住 공간정치에 입각한 지방자치는 퇴행적인 공간정치에 기대어 해당 공간과 특유한 관련이 있는 자들의 기존 권력을 유지·강화하기 위한 정치기획으로서만 그 의미를 갖는 것 아닌가? 특히 ②교통·통신의 발달로 인해 특정 지역을 중심에 두고 행해지는 가치 배분 활동으로서의 공간정치는 이미 시대착오적인 지배·예속을 전제한 것이므로, 헌법상 지방자치는 이제 메타버스(Metaverse)와 같은 온라인공간을 중심으로 재편성되거나 혹은 헌법 제117조 제1항 "주민"에 정주민이나 이주민뿐만 아니라 부유하며 생활하는 현대적 유목민까지도 포함하여 이들 모두를 지방자치단체의 정상적인 구성원으로 온전하게 대우하는 遊牧 공간정치로 전환해야 하고 그에 따른 공권력 행사 및 공권력 통제 또한 재조직·재구성되어 새롭게 평가되고 정당화되어야 하는 것 아닌가? 나아가 어쩌면 ③헌법개정을 통해서 폐기되어야 할 지방자치를 우리는 그리고 이 책은 붙잡고 있는 것 아닌가? 다만 이러한 물음에 대해 우리가 진지하고 구체적이며 현실적인 대답을 얻고자 한다면, 그 또한 우리가 존재하는 현재 이 공간에서부터 출발할 수밖에 없을 것이다. 따라서 이 책에서 강조하고 있는 자치에 관한 것을 구체적 생활 속에서 밝히고 이를 자치적으로 처리하는 실천과 함께 현행 헌법에 주목해서 지금까지 논한 지방자치와 지방자치권에 대한 성찰이 먼저 행해져야 한다. 이러한 점에서 이 책은 헌법규범에 입각해서 헌법상 지방자치의 실현이라는 과제를 수행하는 데에도, 그리고 헌법현실의 변화를 좇아 헌법상 지방자치를 수정 혹은 폐기하려는 과제를 확인하는 데에도 역시 필요한 도구가 되리라고 본다.

# 에필로그

이 책을 쓰는 내내 머릿속을 맴돈 것은 엉뚱하게도 "돈을 벌기 위한 벤담 형제의 모험사업"이었다.[250] 산업혁명기를 살면서 "당대 사회를 완벽한 합리성에 기반을 둔 자본주의로 재배열"하려는 야심을 품고 영국·프랑스 등의 정치권과 접촉하면서 벤담 형제가 전파하고 다닌 판옵티콘(Panoption) 계획안 및 설계도면의 운명[251]과 이 책에서 논증하고 제안한 표(Ⅱ. 5)와 조례안(Ⅲ. 2)의 운명이 닮은 꼴로 겹쳐 다가왔기 때문이다. 실

---

250 칼 폴라니(지음)/홍기빈(옮김),『거대한 전환 ― 우리 시대의 정치 경제적 기원』, 길, 2009, 329쪽.

251 신건수, 파놉티콘과 근대 유토피아,『파놉티콘』(제러미 벤담(지음)/신건수(옮김)), 책세상, 2009, 71-85쪽.

제로 이 책에는 헌법국가 구현이라는 정치공동체의 이상을 품고 243개의 지방자치단체 및 그 주민들과의 소통을 욕망한 이론가의 부족한 연구와 어설픈 참여 그리고 그에 따라 예정된 실패와 이에 대한 성찰이 녹아 있다. 요컨대 이 책은, 헌법 제117조 제1항에 주목해서 국가기관이 개입할 수 없는 지방자치 고유의 영역을 규범적으로 규명한 2016년의 연구 성과를 밑천으로[252] 부경대학교 지방분권발전연구소의 프로젝트 '지역의 역습'에 참여하여 2019년에 성안한 조례안이[253] 현실 지방정치의 우여곡절 끝에 법제화 단계에서 좌초된 실패를 경험하면서[254] 확인한 중앙에 대한 지방정치 주체들의 높은 의존과 예속화에 대한 성찰이자 이를 극복하기 위한 고민의 결과물이다.

산업혁명기 "실업이라는 현상 자체를 거대한 규모로 상품화함으로써 경기 순환의 등락을 제거해보자는" 벤담 형제의 야심 가득한 사업계획은 실패했고 벤담은 파산했다.[255] 그리고 이러한 야심은 세계대전을 경험한 오늘날의 관점에서 보면 철딱서

---

**252** 김해원, 앞의 글(주 19), 323-356쪽.

**253** 김해원/차재권, 앞의 글, 51-93쪽.

**254** 이러한 실패에 대한 고백으로는 차재권/서선영, 앞의 책 참조.

**255** 칼 폴라니(지음)/홍기빈(옮김), 앞의 책, 331쪽; 벤담의 실패와 파산에 관해서는 신건수, 앞의 글, 82-85쪽.

니 없는 모던 보이의 탐욕으로 평가되겠지만, 신이 사라진 세상에서 인간의 합리성에 기대어 유토피아를 갈망한 선한 의지와 이를 실현하기 위한 모험심만큼은 당시 대영제국을 이룩하고 굳건히 하는 원동력이 되었음은 부인하기 어려울 것이다. 물론 물려받은 막대한 유산과 탁월한 재능을 밑천으로 삼고 검소하고 절제된 계획적 삶을 엄격히 유지하면서 유용성과 효율성을 바탕으로 이익을 세상의 중심에 올려놓고자 헌신한 법학자 제러미 벤담(Jeremy Bentham)[256]과 그의 동생인 기술자 새뮤얼 벤담(Samuel Bentham)의 모험사업을, 이 책의 집필과 견줄 수 있는 것은 아니다. 오히려 이 책은 세상과 소통하겠다는 탐욕을 제어하지 못하고 변변치 않은 재능과 초라한 연구에 기대어 섣부르게 내어놓은 경솔하고 게으른 연구자의 민낯으로 읽히거나 혹세무민으로 평가될 수도 있을 것이다. 그럼에도 불구하고 노벨상 수상이나 자본과 권력을 동원할 수 있는 능력을 성공한 연구자의 척도로 여기고 이를 숭배하기 바쁜 시대에, 이 책이 정치공동체의 이상과 그 실현을 꿈꾸는 부족한 연구자의 "이파리 같은 새말 하나 틔우는"[257] 몸부림으로 남을 수 있다면

---

**256** 제러미 벤담의 절제된 삶에 대해서는 신건수, 앞의 글, 74-75쪽.

**257** 변홍철, 「꽃길」, 『이파리 같은 새말 하나』(삶창시선 68), 삶창, 2022, 12쪽.

이 책에 뒤따를 부끄러움은 견딜 수 있을 것 같다.

이 책을 쓰기까지 많은 은혜를 입었다. 주변의 도움과 관심이 없었다면, 지방자치에 관한 두서없는 생각들은 머릿속을 혼란스럽게 맴돌다가 찝찝한 여운만 남기고 증발했을 것이다. 특히 '한국형 지방정치와 지역발전 통합모형 구축 연구단'을 이끌어 온 부경대학교 차재권 교수님의 독려와 지지가 없었다면 권력 행위와 제도에 대해 위헌성 여부를 따져 묻는 비판이나 평가는 곧잘 시도하면서도 새로운 제도를 생각하고 대안을 마련하는 것에 대해서는 소극적인 규범학자 특유의 자질이 개선되기는 어려웠을 것이며, 그 결과 이 책 제3장(Ⅲ. 자치행정권)은 애당초 구상되지도 못했을 것이다. 그리고 '지역의 역습' 프로젝트에 참여하면서 얻은 성찰과 문제의식의 일정부분은 부경대학교 지방분권발전연구소와 연구단의 선생님들로부터 빚지고 있으며, '헌법공부모임'의 선생님들 덕분에 함께 원고를 읽으며 선택한 단어와 표현을 점검하는 기회를 가질 수 있었다. 나정수 변호사는 바쁜 가운데에서도 초고를 꼼꼼히 읽고 오탈자뿐만 아니라 내용과 관련된 중요한 의견을 주었고, 이를 통해서 오해의 소지를 줄일 수 있었다. 무엇보다도 상업성이 희박한 원고 뭉치를 선뜻 출판하는 모험을 감행하면서도 연구자의 이상과 관념에 공감하며 이를 단단한 책으로 물질화하는 수

고를 아끼지 않은 한티재의 오은지 대표를 비롯하여 편집·조판·제작 및 인쇄 노동자들의 애씀 또한 이 책과 함께 마땅히 기억되어야 한다. 이 책이 '지역의 정신과 문화가 서려 있는 책, 자연과 이웃과 미래를 생각하는 책'을 만들어가고 있는 작지만 큰 출판사 한티재의 활동에 짐이 되지 않았으면 한다.

참고 자료 :

# 성찰 및 대결의 대상으로서 「지방자치법」

「지방자치법」은 제3절에서 "지방자치단체의 기능과 사무"
라는 표제어 아래에 5개의 조문을 마련해서 지방자치단체의
사무배분의 기본원칙(제11조)·사무처리의 기본원칙(제12조)
·지방자치단체의 사무 범위(제13조)·지방자치단체의 종류별
사무배분기준(제14조)·국가사무의 처리 제한(제15조) 등을 규
율하고 있다.

그런데 이와 같은 규율 내용은 국가기관인 국회에서 제정
한 것으로서, 법률적 차원의 규범이다. 따라서 국가기관의 의
지에 종속되지 않고 지방자치단체가 '원칙적·제1차적 지방
자치권자'로서 헌법으로부터 직접 부여받은 자신의 고유한 지
방자치권을 실질적으로 보장받고 이를 자신의 의지에 따라 행
사하기 위해서는, 관련 법률조항들에 전적으로 의존하기보다
는 해당 법률조항들을 비판적으로 점검하면서 때로는 국가기
관과 적극적으로 대결할 필요가 있다. 즉 지방자치단체는 「지

방자치법」 제11조 ~ 제15조에 전적으로 의존해서 사무를 처리할 것이 아니라, 해당 법률조항들을 참고하되 무엇보다도 헌법 제117조 제1항에 직접 근거해서 특정 업무나 사무들이 자신이 관할하는 지방공동체에 뿌리를 두고 있거나 그 지방공동체와 특유한 관련이 있다는 점을 구체적인 경험적 증거들을 통해서 설득력 있게 실증하고, 해당 사무는 국가기관의 도움이나 지원 없이도 스스로 잘 처리할 수 있다는 점을 입증하면서 자신의 구체적인 사무들을 확정하고 이를 나름의 원칙에 따라 처리해야 하며, 이러한 과정에서 「지방자치법」의 규정들과 충돌하거나 갈등하게 되면, 해당 법률조항들의 위헌 및 비합리성을 드러내면서 사법적 혹은 정치적 투쟁으로 나아가야 한다는 것이다.

## 지방자치법

### 제3절 지방자치단체의 기능과 사무

제11조(사무배분의 기본원칙) ① 국가는 지방자치단체가 사무를 종합적·자율적으로 수행할 수 있도록 국가와 지방자치단체 간 또는 지방자치단체 상호 간의 사무를 주민의 편익증진, 집행의 효과 등을 고려하여 서로 중복되지 아니하도록 배분하여야 한다.

② 국가는 제1항에 따라 사무를 배분하는 경우 지역주민생활과 밀접한 관련이 있는 사무는 원칙적으로 시·군 및 자치구의 사무로, 시·군 및 자치구가 처리하기 어려운 사무는 시·도의 사무로, 시·도가 처리하기 어려운 사무는 국가의 사무로 각각 배분하여야 한다.

③ 국가가 지방자치단체에 사무를 배분하거나 지방자치단체가 사무를 다른 지방자치단체에 재배분할 때에는 사무를 배분받거나 재배분받는 지방자치단체가 그 사무를 자기의 책임하에 종합적으로 처리할 수 있도록 관련 사무를 포괄적으로 배분하여야 한다.

제12조(사무처리의 기본원칙) ① 지방자치단체는 사무를 처리할 때 주민의 편의와 복리증진을 위하여 노력하여야 한다.

② 지방자치단체는 조직과 운영을 합리적으로 하고 규모를 적절하게 유지하여야 한다.

③ 지방자치단체는 법령을 위반하여 사무를 처리할 수 없으며, 시·군 및 자치구는 해당 구역을 관할하는 시·도의 조례를 위반하여 사무를 처리할 수 없다.

제13조(지방자치단체의 사무 범위) ① 지방자치단체는 관할 구역의 자치사무와 법령에 따라 지방자치단체에 속하는 사무를 처리한다.

② 제1항에 따른 지방자치단체의 사무를 예시하면 다음 각 호와 같다. 다만, 법률에 이와 다른 규정이 있으면 그러하지 아니하다.

1. 지방자치단체의 구역, 조직, 행정관리 등

　가. 관할 구역 안 행정구역의 명칭·위치 및 구역의 조정

　나. 조례·규칙의 제정·개정·폐지 및 그 운영·관리

　다. 산하(傘下) 행정기관의 조직관리

라. 산하 행정기관 및 단체의 지도·감독

마. 소속 공무원의 인사 · 후생복지 및 교육

바. 지방세 및 지방세 외 수입의 부과 및 징수

사. 예산의 편성·집행 및 회계감사와 재산관리

아. 행정장비관리, 행정전산화 및 행정관리개선

자. 공유재산(公有財産) 관리

차. 주민등록 관리

카. 지방자치단체에 필요한 각종 조사 및 통계의 작성

2. 주민의 복지증진

가. 주민복지에 관한 사업

나. 사회복지시설의 설치·운영 및 관리

다. 생활이 어려운 사람의 보호 및 지원

라. 노인·아동·장애인·청소년 및 여성의 보호와 복지증진

마. 공공보건의료기관의 설립·운영

바. 감염병과 그 밖의 질병의 예방과 방역

사. 묘지·화장장(火葬場) 및 봉안당의 운영·관리

아. 공중접객업소의 위생을 개선하기 위한 지도

자. 청소, 생활폐기물의 수거 및 처리

차. 지방공기업의 설치 및 운영

3. 농림·수산·상공업 등 산업 진흥

가. 못·늪지·보(洑) 등 농업용수시설의 설치 및 관리

나. 농산물·임산물·축산물·수산물의 생산 및 유통 지원

다. 농업자재의 관리

라. 복합영농의 운영·지도

마. 농업 외 소득사업의 육성·지도

바. 농가 부업의 장려

사. 공유림 관리

아. 소규모 축산 개발사업 및 낙농 진흥사업

자. 가축전염병 예방

차. 지역산업의 육성·지원

카. 소비자 보호 및 저축 장려

타. 중소기업의 육성

파. 지역특화산업의 개발과 육성·지원

하. 우수지역특산품 개발과 관광민예품 개발

4. 지역개발과 자연환경보전 및 생활환경시설의 설치·관리

가. 지역개발사업

나. 지방 토목·건설사업의 시행

다. 도시·군계획사업의 시행

라. 지방도(地方道), 시도(市道)·군도(郡道)·구도(區道)의 신설·개선·보
수 및 유지

마. 주거생활환경 개선의 장려 및 지원

바. 농어촌주택 개량 및 취락구조 개선

사. 자연보호활동

아. 지방하천 및 소하천의 관리

자. 상수도·하수도의 설치 및 관리

차. 소규모급수시설의 설치 및 관리

카. 도립공원, 광역시립공원, 군립공원, 시립공원 및 구립공원 등의 지
정 및 관리

타. 도시공원 및 공원시설, 녹지, 유원지 등과 그 휴양시설의 설치 및 관
리

파. 관광지, 관광단지 및 관광시설의 설치 및 관리

하. 지방 궤도사업의 경영

거. 주차장·교통표지 등 교통편의시설의 설치 및 관리

너. 재해대책의 수립 및 집행

더. 지역경제의 육성 및 지원

5. 교육·체육·문화·예술의 진흥

가. 어린이집·유치원·초등학교·중학교·고등학교 및 이에 준하는 각종
학교의 설치·운영·지도

나. 도서관·운동장·광장·체육관·박물관·공연장·미술관·음악당 등 공공
교육·체육·문화시설의 설치 및 관리

다. 지방문화재의 지정·등록·보존 및 관리

라. 지방문화·예술의 진흥

마. 지방문화·예술단체의 육성

6. 지역민방위 및 지방소방

가. 지역 및 직장 민방위조직(의용소방대를 포함한다)의 편성과 운영
및 지도·감독

나. 지역의 화재예방·경계·진압·조사 및 구조·구급

7. 국제교류 및 협력

가. 국제기구·행사·대회의 유치·지원

나. 외국 지방자치단체와의 교류·협력

제14조(지방자치단체의 종류별 사무배분기준) ① 제13조에 따른 지방자치단체의 사무를 지방자치단체의 종류별로 배분하는 기준은 다음 각 호와 같다. 다만, 제13조제2항제1호의 사무는 각 지방자치단체에 공통된 사무로 한다.

1. 시·도

가. 행정처리 결과가 2개 이상의 시·군 및 자치구에 미치는 광역적 사무

나. 시·도 단위로 동일한 기준에 따라 처리되어야 할 성질의 사무

다. 지역적 특성을 살리면서 시·도 단위로 통일성을 유지할 필요가 있는 사무

라. 국가와 시·군 및 자치구 사이의 연락·조정 등의 사무

마. 시·군 및 자치구가 독자적으로 처리하기 어려운 사무

바. 2개 이상의 시·군 및 자치구가 공동으로 설치하는 것이 적당하다고 인정되는 규모의 시설을 설치하고 관리하는 사무

2. 시·군 및 자치구

제1호에서 시·도가 처리하는 것으로 되어 있는 사무를 제외한 사무. 다만, 인구 50만 이상의 시에 대해서는 도가 처리하는 사무의 일부를 직접 처리하게 할 수 있다.

② 제1항의 배분기준에 따른 지방자치단체의 종류별 사무는 대통령령으로 정한다.

③ 시·도와 시·군 및 자치구는 사무를 처리할 때 서로 겹치지 아니하도록 하여야 하며, 사무가 서로 겹치면 시·군 및 자치구에서 먼저 처리한다.

제15조(국가사무의 처리 제한) 지방자치단체는 다음 각 호의 국가사무를 처

리할 수 없다. 다만, 법률에 이와 다른 규정이 있는 경우에는 국가사무를 처리할 수 있다.

1. 외교, 국방, 사법(司法), 국세 등 국가의 존립에 필요한 사무

2. 물가정책, 금융정책, 수출입정책 등 전국적으로 통일적 처리를 할 필요가 있는 사무

3. 농산물·임산물·축산물·수산물 및 양곡의 수급조절과 수출입 등 전국적 규모의 사무

4. 국가종합경제개발계획, 국가하천, 국유림, 국토종합개발계획, 지정항만, 고속국도·일반국도, 국립공원 등 전국적 규모나 이와 비슷한 규모의 사무

5. 근로기준, 측량단위 등 전국적으로 기준을 통일하고 조정하여야 할 필요가 있는 사무

6. 우편, 철도 등 전국적 규모나 이와 비슷한 규모의 사무

7. 고도의 기술이 필요한 검사·시험·연구, 항공관리, 기상행정, 원자력개발 등 지방자치단체의 기술과 재정능력으로 감당하기 어려운 사무

# 참고 문헌 목록

강경태, 정당공천제 개선방안 : 기초의회의원선거를 중심으로, 한국정당학회보 8-1(한국정당학회), 2009.

강재규, 지방자치구현과 지역정당, 지방자치법연구 11-2(한국지방자치법학회), 2011.

고선규/이정진, 지역정당 활성화를 위한 제도개선 방안, 의정논총 13-1(한국의정연구회), 2018.

고영근/구본관, 『우리말 문법론』, 집문당, 2010.

권경선, 지방선거에서의 정당공천제에 관한 법적 과제에 관한 연구, 지방자치법연구 21-1(한국지방자치법학회), 2021.

김남철, 다양한 정치세력의 지방선거참여를 위한 법적 과제, 공법연구 35-3(한국공법학회), 2007.

김동훈, 지방자치와 정당, 자치행정 146(지방행정연구소), 2000.

김래영, 지방선거에서 정당배제는 합헌인가?, 외법논집 38-1(한국외국어대학교 법학연구소), 2014.

김명식, 지방자치의 본질과 자치입법권에 관한 재고찰, 공법학연구 16-4(한국비교공법학회), 2015.

김배원, 헌법적 관점에서의 지방자치의 본질, 공법학연구 9-1(한국비교공법학회), 2008.

김병준, 『한국지방자치론』, 법문사, 2002.

김성수, 『일반행정법 – 일반행정법이론의 헌법적 원리 –』, 홍문사, 2014.

김성호, 조례제정권의 범위와 한계, 법과 정책연구 4-1(한국법정책학회), 2004.

김성호, 사법권의 지방분권화 방안 모색, 월간 주민자치 54(한국자치학회), 2016.

김소연, 대의제 민주주의 하에서 정당과 지방자치의 관계, 공법학연구 21-4(한국
　　비교공법학회), 2020.

김수진, 한국·독일 비교를 통한 인구규모에 따른 자치권배분논의와 지방의회운
　　영·지원방안 개선에 관한 연구, 지방자치법연구 19-3(한국지방자치법학회),
　　2019.

김종호, 권력의 개념과 권력론의 구조 – 루크스, 루만, 라스웰의 권력론 비교 –,
　　법이론실무연구 9-2(한국법이론실무학회), 2021.

김지영, 정부간 관계의 효과적 운용방안 연구, 한국행정연구원 연구보고서 2017-
　　13.

김진한, 지방자치단체 자치입법권의 헌법적 보장 및 법률유보원칙과의 관
　　계 – 헌법재판소 결정례의 비판적 분석을 중심으로 –, 헌법학연구 18-4(한국
　　헌법학회), 2012.

김하열, 『헌법소송법』, 박영사, 2014.

김해원, 수권법률에 대한 수권내용통제로서 의회유보원칙 – 기본권심사를 중심
　　으로 –, 공법학연구 16-2(한국비교공법학회), 2015.

김해원, 국회와 지방자치단체 상호 간 입법권한 배분에 관한 헌법적 검토 – 국회
　　의 입법권 수권행위에 대한 헌법적 통제를 중심으로 –, 지방자치법연구 16-
　　2(한국지방자치법학회), 2016.

김해원, 『헌법개정 : 개헌의 이론과 현실』, 한티재, 2017.

김해원, 헌법 제1조 제1항 "공화"의 개념, 헌법재판연구 6-1(헌법재판소 헌법재판

연구원), 2019.

김해원, 헌법, 『민주시민교육 가이드BOOK』(이재성 외 8인, 대구평생교육진흥원/민주시민교육공동체 모디), 2020.

김해원, 지방선거에서의 정당공천제도 – 비판적 검토와 대안을 중심으로 –, 헌법학연구 28-2(한국헌법학회), 2022.

김해원/차재권, 지방자치단체의 자치권 확보를 위한 입법활동 : '조례의 역습'을 통한 부산광역시의 조례 제정논의 및 조례안을 중심으로, 연구방법논총 5-2(경북대학교 사회과학기초자료연구소), 2020.

라파엘 젤리히만(지음)/박정희·정지인(옮김), 『집단애국의 탄생, 히틀러』, 생각의나무, 2008.

류지태, 지방자치단체장의 선임방안 – 정당공천제 문제를 중심으로 –, 지방자치법연구 1-2(한국지방자치법학회), 2001.

문상덕, 조례와 법률유보 재론 – 지방자치법 제22조 단서를 중심으로 –, 행정법연구 19(행정법이론실무학회), 2007.

박진우, 지방선거에서의 정당공천제 개선방안에 관한 연구, 세계헌법연구 19-2(세계헌법학회 한국학회), 2013.

방승주, 중앙정부와 지방자치단체와의 관계 – 지방자치에 대한 헌법적 보장의 내용과 한계를 중심으로 –, 공법연구 35-1(한국공법학회), 2006.

변홍철, 「꽃길」, 『이파리 같은 새말 하나』(삶창시선 68), 삶창, 2022.

볼프강 뢰버(著)/이원우(譯), 정당국가에 있어서 자유위임, 공법연구 28-2(한국공법학회), 2000.

성기중, 지방선거에서의 정당공천제 문제의 개선방안, 대한정치학회보 18-1(대한정치학회), 2010.

송광운, 한국 지방선거 정당공천제의 한계와 과제, 동북아연구 23-2(조선대학교 동북아연구소), 2008.

스기타 야쓰시(지음)/이호윤(옮김), 『권력』, 푸른역사, 2015.

신건수, 파놉티콘과 근대 유토피아, 『파놉티콘』(제러미 벤담(지음)/신건수(옮김)), 책세상, 2009.

안권욱, 주민자치의 이해와 주민자치회 도입 쟁점과 대안적 방향모색 : 주민자치회 도입 인한 지방자치 기능·권한 축소는 오해, 주민자치 68(한국자치학회), 2017.

안순철, 한국 지방선거제도 개혁의 방향과 과제, 정치·정보연구 4-2(한국정치정보학회), 2001.

안철현, 지방선거에서의 정당공천제 찬반 논리와 대안 평가, 한국지방자치연구 12-4(대한지방자치학회), 2011.

옥무석/최승원, 국가와 지방자치단체와의 관계 – 중앙과 지방간의 행정의 일관성과 독자성 –, 지방자치법연구 2-2(한국지방자치법학회), 2002.

요한 호이징아(지음)/최홍숙(옮김), 『중세의 가을』, 문학과지성사, 2011.

유현경 외 9명, 『한국어 표준문법』, 집문당, 2019.

육동일, 지방선거 정당공천제의 평가와 과제, 한국지방자치학회 정택토론회 논문집, 2009.

윤재만, 자치입법권의 국가입법권에 의한 제한, 공법학연구 14-1(한국비교공법학회), 2013.

이국운, 분권사법과 자치사법 – 실천적 모색 –, 법학연구 49-1(부산대학교 법학연구소), 2008.

이부하, 지방자치와 정당국가론 – 기초의회의원 선거시 정당공천을 중심으로 –, 공법학연구 9-1(한국비교공법학회), 2008.

이기우, 『지방자치이론』, 학현사, 1996.

이기우, 부담적 조례와 법률유보에 관한 비판적 검토, 헌법학연구 13-3(한국헌법학회), 2007.

이기우, 기초지방선거와 정당공천, 지방자치법연구 9-4(한국지방자치법학회), 2009.

이기우, 기초지방선거에서의 정당공천제 폐지 논쟁, 지방행정 717(대한지방행정 공제회), 2013.

이기우, 지방선거 정당공천제 폐지, 지금이 적기, 공공정책 155(한국자치학회), 2018.

이상명, 기초자치 선거에서의 정당공천에 관한 고찰 – 위헌 여부의 문제를 중심 으로 –, 한양법학 24-3(한양법학회), 2013.

이승종, 지방자치발전을 위한 정당참여 방향, 한국지방자치학회 정책토론회 논 문집, 2009.

이승환, 지방자치단체 자치권의 본질과 범위, 지방자치법연구 11-3(한국지방자치 법학회), 2011.

이영우, 정당론 소고, 토지공법연구 94(한국토지공법학회), 2021.

이정진, 지방정치 활성화를 위한 제도적 개선방안 : 지방선거와 정당의 역할을 중심으로, 한국동북아논총 23-4(한국동북아학회), 2018.

이종수, 선거과정의 민주화와 정당, 헌법학연구 8-2(한국헌법학회), 2002.

이종수, 6·2 전국동시지방선거의 특징과 문제점, 자치의정 73(지방의회발전연구 원), 2010.

이준일, 『헌법학강의』, 홍문사, 2015.

장영수, 헌법상 입법권자의 임무와 역할 : 이상과 현실, 공법연구 35-2(한국공법 학회), 2006.

장영수, 지방자치와 정당, 『정당과 헌법질서』(심천 계희열 박사 화갑기념논문집), 박영사, 1995.

장영수, 『헌법학』, 홍문사, 2015.

전상직, 읍·면·동은 왜 식민지화 되었나?, 시민정치연구 2-1(건국대학교 시민정치연구소), 2021.

정극원, 헌법상 보충성의 원리, 헌법학연구 12-3(한국헌법학회), 2006.

정만희, 지방선거와 정당참여에 관한 헌법적 고찰, 공법연구 33-1(한국공법학회), 2004.

정세욱, 『지방자치학』, 법문사, 2000.

정연주, 기초지방선거 정당공천제 폐지의 문제점, 법조 693(법조협회), 2014.

정종섭, 『헌법학원론』, 박영사, 2016.

조성규, 지방자치제의 헌법적 보장의 의미, 공법연구 30-2(한국공법학회), 2001.

조성규, 지방자치단체의 고유사무, 공법학연구 5-2(한국비교공법학회), 2004.

조소영, 지방자치단체장의 정당공천 여부에 관한 헌법적 검토, 공법학연구 15-2(한국비교공법학회), 2014.

조정환, 자치입법권 특히 조례제정권과 법률우위와의 관계문제, 공법연구 29-1(한국공법학회), 2000.

차재권/옥진주/이영주, 지역정치 활성화를 위한 지역정당 설립 방안 연구 : 해외 주요국 지역정당 사례의 비교분석, 한국지방정치학회보 11-2(한국지방정치학회), 2021.

차재권/서선영, 『지역의 역습 : 그 1년의 기록』, 세리윤, 2022.

채진원, 주민자치회 활성화 통해 읍·면·동 민주화 촉진, 주민자치 111(한국자치학회), 2021.

최근열, 기초지방선거에서 정당공천제의 개선방안, 한국지방자치연구 14-2(대한지방자치학회), 2012.

칼 폴라니(지음)/홍기빈(옮김), 『거대한 전환 ― 우리 시대의 정치 경제적 기원』, 길, 2009.

하세헌, 기초 지방선거에 있어 정당공천제의 문제점과 개선방안, 한국지방자치연구 8-1(대한지방자치학회), 2006.

한병철(지음)/김남시(옮김), 『권력이란 무엇인가』, 문학과지성사, 2016.

한상우, 정당공천제 시행상의 문제점 개선을 위한 대안, 한국정책연구 9-3(경인
　　행정학회), 2009.

허영, 『한국헌법론』, 박영사, 2008.

허완중, 헌법재판소의 지위와 민주적 정당성, 고려법학 55(고려대학교 법학연구
　　원), 2009.

허완중, 명령·규칙에 대한 법원의 위헌·위법심사권, 저스티스 135(한국법학원),
　　2013.

허완중, 헌법기관충실원칙, 공법연구 42-2(한국공법학회), 2013.

허철행, 지방선거에 있어서 정당공천제의 한계와 개선방안에 관한 연구, 지방정
　　부연구 15-1(한국지방정부학회), 2011.

홍성방, 헌법상 보충성의 원리, 공법연구 36-1(한국공법학회), 2007.

홍완식, 헌법과 사회보장법에 있어서의 보충성의 원리, 공법연구 28-4(2)(한국공
　　법학회), 2000.

홍정선, 『新지방자치법』, 박영사, 2013.

홍태영, 프랑스 공화주의 축제와 국민적 정체성, 정치사상연구 11-1(한국정치사
　　상학회), 2005.


D. Ehlers, Die verfassungsrechtliche Garantie der kommunalen
　　Selbstverwaltung, in: DVBl, 2000.

E. Schmidt-Aßmann, Kommunalrecht, in: ders.(Hrsg.), Besonderes
　　Verwaltungsrecht, 11. Aufl., 1999.

J. Isensee, Staat im Wort - Sprache als Element des Verfassungsstaates, in:
　　Verfassungsrecht im Wandel, J. Ipsen/H.-W. Rengeling/J. M. Mössner/

A. Weber (Hrsg.), Carl Heymanns, 1995.

K. Marx/F. Engels, Die Deutsche Ideologie, MEW 3, Dietz Verlag, Berlin, 1978.

K. Stern, Das Staatsrecht der Bundesrepublik Deutschland, Bd. I, 2. Aufl., 1984.

M. Nierhaus, Art. 28, in: M. Sachs, Grundgesetz Kommentar, 4. Aufl., 2007.

M. Weber, Politik als Beruf (Oktober 1919), in: GPS, J. Winckelmann(Hrsg.), J.C.B. Mohr, 5. Aufl., 1988.

N. Achterberg/M. Schulte, Art. 44, in: H. v. Mangoldt/F. Klein/C. Starck (Hrsg.), Kommentar zum Grundgesetz, 5. Aufl., 2005.

R. Alexy, Theorie der juristischen Argumentation: Die Theorie des rationalen Diskurses als Theorie der juristischen Begründung, Suhrkamp, 2. Aufl., 1991.

U. Neumann, Juristische Argumentationslehre, Wiss. Buchges., 1986.

W. Löwer, Art. 28, in: von Münch/Kunig, Grundgesetz-Kommentar, 3. Aufl., 1995.


경상남도 공식블로거(https://m.blog.naver.com/gnfeel/222704909096).
국가통계포털(https://kosis.kr/index/index.do) 주민등록인구현황.
국립국어원 표준국어대사전(https://stdict.korean.go.kr/main/main.do).
국토정보플랫폼(http://map.ngii.go.kr/mn/mainPage.do).
중앙선거관리위원회, 선거통계시스템(http://info.nec.go.kr) 당선인 통계.

# 헌법과 지방자치권
### 지방자치를 위한 권력·제도·심성

초판 1쇄 발행  2022년 8월 15일

지은이  김해원
펴낸이  오은지
책임편집  변홍철
편집  변우빈
펴낸곳  도서출판 한티재 | 등록  2010년 4월 12일 제2010-000010호
주소  42087  대구시 수성구 달구벌대로 492길 15
전화  053-743-8368 | 팩스  053-743-8367
전자우편  hantibooks@gmail.com | 블로그  blog.naver.com/hanti_books
한티재 온라인 책창고 hantijae-bookstore.com

ⓒ 김해원 2022
ISBN  979-11-92455-02-0 94360
ISBN  978-89-97090-40-2 (세트)